GAME-CHANGING
DOCUMENTARISM

編著｜サムワンズガーデン　　編集協力｜BUG

世界を変えるドキュメンタリー作家たち

ゲームチェンジング・ドキュメンタリズム

©Christopher Kelly

CONTENTS

Introduction

はじめに　ゲームチェンジング・ドキュメンタリズムとは		006
インタビュー　クリス・ケリー		010

第一章　ISM

1-1	「イズム」が世界を埋め尽くした日	020
1-2	インタビュー　ジョシュア・オッペンハイマー	026
1-3	自由な表現で消費社会を扇動し続ける / カレ・ラースン	044
1-4	届かないノイズの言葉を映像にする / チョン・ユンソク	054
1-5	フェアユースを信じ、表現の自由と戦う / ジャン・ユンカーマン	062
1-6	「証言」と「医療」を杜に最前線で戦うこと / 国境なき医師団	070
1-7	ドキュメンタリズムの解剖学	078
	『あなたがここにいてほしい』松井至	080
	『エクス・プレス』ジェット・ライコ	084
	『うたのはじまり〜齋藤陽道〜』(仮) 河合宏樹	088
	『わたしの自由について〜SEALDs 2015〜』西原孝至	092

第二章　SHIP

2-1	運命の船は、世界を繋いでゆく	096
2-2	インタビュー　原一男	102
2-3	「真実」の証言者に向き合い続ける / Blackbox Film&Media	118
2-4	「命」をドキュメントする報道写真家 / アレッシオ・マーモ	126
2-5	秘境に暮らすリス族を暖かく見つめる / ジン・ジャン	132
2-6	ドキュメンタリズムの解剖学	140
	『コンゴプロレス』内山直樹	142
	『ナオトひとりっきり』中村真夕	146
	『A Poet at Heart』カン・シーウェイ	150

『痛ましき謎への子守唄』(フィリピン/2016/489分/監督:ラヴ・ディアス)

第三章 DRAMA	3-1	消えゆく声を代弁し物語を紡ぐ	154
	3-2	インタビュー　ラヴ・ディアス	160
	3-3	「隅に追いやられた記憶」の物語を紡ぐ／ペドロ・コスタ	172
	3-4	演劇の最前線から「社会」とのあり方を問う／高山明	182
	3-5	奇跡の生還を果たしたダンサーのドラマ／ジェイミー・ミラー	192
	3-6	ドキュメンタリズムの解剖学	198
		『李先生と三十人の子どもたち』米本直樹	200
		『ラダック それぞれの物語』奥間勝也	204
		『ボクが見た中国』関強	208

第四章 CHANGE	4-1	ドキュメンタリーは何を変えるのか？	212
	4-2	インタビュー　アピチャッポン・ウィーラセタクン	218
	4-3	国内のドキュメンタリーフォーラム＆映画祭	228
		- Tokyo Docs／天城靱彦	230
		- 山形国際ドキュメンタリー映画祭／藤岡朝子	238
	4-4	海外のドキュメンタリーフォーラム＆映画祭	248
		- Hot Docs／シェーン・スミス（カナダ）	250
		- IDFA DocLab／キャスパー・ソンネン（オランダ）	256
		- 台湾国際ドキュメンタリ映画／ウッド・リン（台湾）	262
	4-5	人と社会を繋ぎ直す実験「ドキュ・メント」／BUG	268
	4-6	雑誌『neoneo』＆「東京ドキュメンタリー映画祭」／金子遊	276
	4-7	クリエイティブ・ドキュメンタリーを届ける／有田浩介（SUNNY FILM）	286
	4-8	ドキュメンタリズムの解剖学	294
		『マザーズ オブ チェンジ』（仮）竹岡寛俊	296
		『わたしたちに許された特別な時間の終わり』太田信吾	300
		『東京クルド』日向史有	304

ポリフォニーな未来／ジュディス・アストン　　　　　308

おわりに　ドキュメンタリーの夢は続く　　　　　314

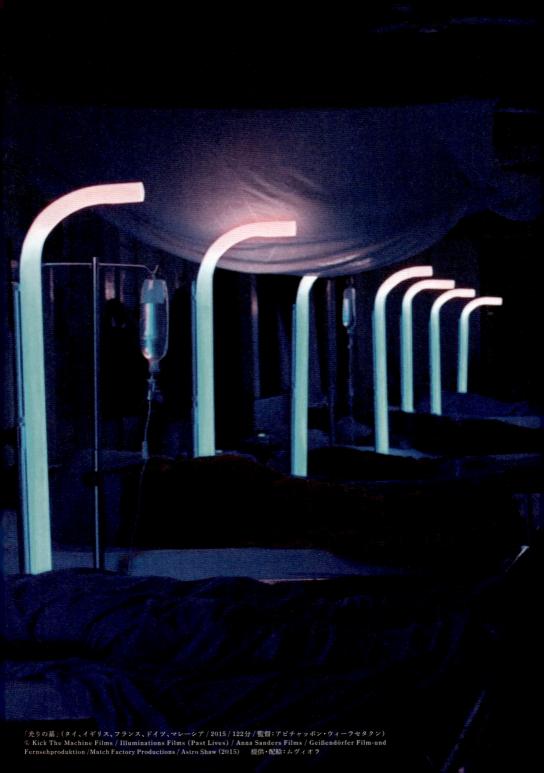

「光りの墓」(タイ、イギリス、フランス、ドイツ、マレーシア / 2015 / 122分 / 監督：アピチャッポン・ウィーラセタクン)
© Kick The Machine Films / Illuminations Films (Past Lives) / Anna Sanders Films / Geißendörfer Film-und Fernsehproduktion /Match Factory Productions / Astro Shaw (2015)　提供・配給：ムヴィオラ

Introduction

はじめに

ゲームチェンジング・ドキュメンタリズムとは

2016年冬、古くからの友人であるドキュメンタリストの竹岡寛俊から、「仲間のドキュメンタリー作家たちが新しいことを始めようとしているから手伝ってほしい」と連絡があった。面白半分に話を聞きに行くと、東京の白地図の上には殴り書きで「LGBT、元ヤクザ、移民問題……」など放送しづらい言葉がびっちりと書き込まれていた。ははーん、ロフトプラスワンみたいなことをやるつもりか……と思った私たちは、もう少し詳しく話を聞きたいと言った。イベントならば、筆者の西村は雑誌『TOKION』を作っていた時代にトークイベントを主催した経験があったこと、津留崎はユーロスペースやUPLINKなどで映画の配給宣伝に携わっていたこと、またそもそもドキュメンタリー作家たちが集まって何をするつもりだろう？という怖いもの見たさもあり、会ってみることにした。

1週間後、秋風寂しい北品川の新馬場駅近くのカフェ（KAIDO books & coffee）で行われた"BUG"なる秘密結社の会合に出向くと、「ドキュメンタリーは社会起業家であるべきだ」「このままだとドキュメンタリーはダメになる」「本当に伝えたいことを届けるための場が足りない」と声高く熱い気持ちをぶつけ合う、松井至や内山直樹をはじめとした若手ドキュメンタリストたちが集まっていた。「なんだこれは？　こんなに（不器用で）面白い人たちがまだ日本にいたのか……」。それが私たちの初めての感想だった。

そうやって知り合った彼らと何度も顔を合わせながら、ドキュメンタリーについて語り合うこと半年以上。人生賭けて旅する旅人をテーマにしたドキュメンタリー番組『旅旅しつれいします。』(NHK)を一緒に制作するなど紆余曲折を経ていくうちに、全く新しいドキュメンタリーの祭典「ドキュ　メント」を作り上げていくこととなった。一方で、ドキュメンタリーを仕事にしている彼らと真正面からドキュメンタリーについて語っていた時、いくつもの疑問が湧き上がっていた。「そもそも、"ドキュメンタリー"って何だっけ？」「退屈な記録映像のこと？」「マックを死ぬほど食べたりGoProで鳥を追いかけたり

エンディングでクジラが泳ぐ感動の映像？」「ネット動画もドキュメンタリー？」「監督の顔がチラチラ映像に入ってくる作品ってリアリティ的にどうなの？」「俳優を使って撮影しているのもドキュメンタリー？」などなど。

そこで私たちは2つのことを思いついた。1つは、「人間味に溢れるドキュメンタリストたちを突き動かしているものの正体を見つけ出したい」ということ。もう1つは、「目の前の現実と取り組むドキュメンタリーには、きっと世界を変える力があるのではないか」という仮説を確かめたいということ。そうして、この『ゲームチェンジング・ドキュメンタリズム』という大げさな冠をつけた書籍プロジェクトが動き出し、30名以上のドキュメンタリー作家、関係者たちを訪ねてまわる旅が始まった。

「ゲームチェンジング・ドキュメンタリズム」という言葉は造語である。企業などが大胆な戦略を打ち出す時に使う「ゲームチェンジング」という言葉と、百年近いドキュメンタリー史の中で数度だけ登場した「ドキュメンタリズム」という言葉を繋げることで、ドキュメンタリーというものを新たに捉え直し定義づけることができるのではないか、と考えた。ではなぜ毎日のようにテレビで流れている慣れ親しんだものを、もう一度新しい言葉で定義する必要があるのだろうか？　それは、ドキュメンタリーには「ゲームチェンジング」な可能性があると、私たちは信じているからだ。フェイクニュースが蔓延し、秒単位で世界が破滅に向かっていると言われる今だからこそ、リアリティを個々の視点で描き出し、観る者の心を揺さぶり、人や社会に「変化」をもたらすことのできるドキュメンタリストたちの姿勢から学べることがきっとたくさんあるはずだ。

本書には、独自の目線で選んだ人物と作品が紹介されている。ネット配信番組や独自メディアなどの普及により、ますます活発化・多様化する現代のドキュメンタリーシーンを様々な角度から照らし出し、ドキュメンタリーが持つ"変化を起こす力"、そしてその精神を伝えることができれば、と願っている。

サムワンズガーデン
津留崎麻子、西村大助

Art by Daisuke Nishimura
Photo by Chris Kelly

「変化を求める思いは、簡単には潰されない」

©Christopher Kelly

Introduction

Interview
Chris Kelly

映画監督　クリス・ケリー

グローバリズムに翻弄され無慈悲な再開発が進むカンボジア。そこでは住民と政府との激しい抗争が続いていた。声なき声に耳を傾け続けるドキュメンタリストのクリス・ケリーが見つめる視線の先には、同じようにカメラを構え民衆を支援しようと撮り続ける僧侶ソバットが立っていた。それから6年間にわたる彼らの戦いが始まった。「変化を求める思いは、簡単には潰されないということを示したかった」と語るケリー監督の想いが込められた作品『A Cambodian Spring（カンボジアの春）』は、世界12ヶ所の映画祭で上映され、Hot Docs 2017審査員特別賞やTIDF2018グランプリ受賞をはじめ多くの賞を受賞している。

Introduction

人間は他者をどう扱うのか

なぜドキュメンタリストになろうと思ったのですか?
Chris Kelly(CK): 大学で映画理論と映画史を勉強し、独学で撮影と編集を学びました。2008年にこの撮影を始める前は、映像編集の仕事をしていました。この作品は私にとって初めての長編ドキュメンタリーで、カンボジアで生活するため、ジャーナリストになりました。私は人間が置かれている状況や何かをする時の動機、他者をどのように扱うのか、そういったことに興味があるのです。

『A Cambodian Spring』の撮影を始めた経緯について教えてください。
CK: 2006年に旅行者としてカンボジアを旅していたとき、映画の舞台である首都プノンペンのボンコック湖に滞在したんです。その時のこの場所はすごく活気があって、バックパッカーや旅行者が集まっていました。そこで強制追放に反対する運動が始まっていると知り、映画にしたいと思い帰国してから仲間を募り、カンボジアに戻って撮影を再開しました。中心的な役割として登場する僧侶ソバット(Venerable Luon Sovath)とは、

©Christopher Kelly

Witness財団の記者会見で出会いました。そこで彼は、僧侶にもかかわらず、古いNokiaのカメラで村の人たちが陳情している様子を撮影していたんです。その時ひとつのアイデアが浮かびました。「僧侶の彼が映像を撮影している行動を映画にしたら面白いのでは？カンボジアで起きている社会政治的なドラマを通し、ドキュメンタリー映画を作る重要性と役割を伝えることができるのでは？」と。その時のソバットはまだ無名の存在でしたが、その後6年間一緒に撮影を続けるうちに、カンボジアでも有名な人権擁護家となり、国際的に認知されていきました。ひとりの仏教僧が世界的な人権擁護活動家へと変化してゆく過程に立ち会うことができた私は、幸運だったと思います。ポル・ポト政権が1975年に樹立して以来、ボンコック湖で起きたこの立ち退き問題は、強制的に家を追われたケースとして最大の出来事でした。村民のほとんどは抵抗運動に関わっていたので、撮影当初は彼ら全員を撮影していました。しかし撮影が進むにつれ、雄弁に語る女性スレイ・ポヴに興味が湧くようになり、特にフォーカスを当てることにしました。彼女が自分の聡明な娘をいい学校に入れるためにも、果敢に抗議活動へ身を投じていく姿に魅了されていったのです。

客観的に迫る現実を、自分なりの主観で描く大切さ

2010年に非暴力の民主化運動「アラブの春」が中東で起きた時も、ドキュメンタリーを撮影していましたか？

CK：「アラブの春」の撮影はしませんでしたが、映画タイトル『A Cambodian Spring』は、「アラブの春」からインスピレーションをもらっています。そこで起きた抗争と彼らの運命を考えたとき、こういった民主化運動は憂鬱になる結末を迎えることが予想されていました。カンボジアの情勢も、そういう意味でよく似ていました。英タイトルの冠詞を「The」ではなく「A」にしたのも、このドキュメンタリーで語る物語が客観的に描かれた歴史のドキュメントではなく、私個人が経験した「主観的」なものだということを観客に伝えたかったからです。主観的な目線が世界の見え方に色や形を与えているのですから、客観的に迫る現実に対して、自分なりの主観で描くことが大切だと思ったんです。

Christopher Kelly

©Christopher Kelly

リアルタイムに起こる感覚をそのまま撮影できること

撮影に困難はありましたか？
CK： 作品に参加してくれた彼らとは、長い時間を共に過ごしました。撮影したりしながら、いつしかとても信頼し合う親しい関係になっていました。そうやって彼らは自然と自分たちの物語を語ってくれたんです。6年間も撮影していたので、自然とお互いのことを深く知るようになりました。彼らはとても勇敢で、私が作品としてメッセージを届けてくれると信じ、喜んで撮影に参加してくれました。大変だったのは、むしろ制作費でした。限られたお金を節約して何年もかけていたので、足りないお金は自分自身で出すこともありました。生活のためにビデオジャーナリストの仕事を時々受けたりもしていました。この撮影が終わるまで、カンボジアを離れたくありませんでした。リアルタイムに出来事が起こる感覚をそのまま撮影できることが、私には本当に重要だったんです。

撮影中や発表の後に、何か身の危険を感じたことはありますか？
CK： 命が狙われるような恐れは一度もありませんが、危険を感じたことは何度かありました。2013年の反対運動に対する軍の反応は厳しく、石を投げていた村人たちに何度も銃を発砲し、私のすぐそばにいた人たちが何人も殺されていきました。恐ろしいと感じていたのは私だけではありません。地元のクメール人ジャーナリストたちは日頃から軍や政府の標的にされており、常に危険な状況であったと思います。

Introduction

中立を守ることで、真実味のある物語を届けられる

あなた自身は抵抗運動に関わったり運動を助けたりしましたか？

CK: 私自身は抵抗運動には関わりませんでしたし、その姿勢は最初から彼らにちゃんと伝えていました。カメラを通して見たものをドキュメントすることが私の役目であり、実際にそこで彼らの抵抗運動に手を貸したとしても、状況を悪くするだけです。実際、これまで多くの外国人がクメール人による抵抗運動の手助けをしようとしてきましたが、外国人の彼らはパスポートを持っていつでも自分の国に帰れます。でもそこで戦っている彼らは権力に追い詰められ、無責任に関わった人たち全ての責任を背負わされることになるんです。私はそれがわかっていたので、中途半端に関わりたくはありませんでした。その場所で独立かつ中立的な立場を守ることが、結果的に真実味のある力強い物語を世界に届けることができるんです。それが、私にできる協力の方法です。

僧侶の彼はどうして人生を捧げるほどの気持ちになれたのでしょうか？

CK: 僧侶の役割とは、静かな寺院で瞑想することではなく、人間社会の「中」にあります。僧侶とは人権を守る者たちであり、僧侶ソバットの言葉を借りると、「社会参画仏教（エンゲージド・ブディズム）」という考え方になります。困っている人たちが世間にいるのなら、社会の一員となって助けることが役目だと、彼は思っているんです。

©Christopher Kelly

変化を求める思いは簡単には潰されない

逮捕された活動家である母のために、娘が奮起する場面へ込めた思いとは？

CK: 変化を求める思いは、そんなに簡単に潰されるものではないということを示したかったんです。作品を観てもらえばわかると思いますが、牢獄に入れられた母親のために重荷を背負い、果敢に挑戦しようと立ち上がった若い世代の姿がここでは描かれています。彼女たちの物語に感じたのは、魂の力強さと変化を求める強い熱望は、世代を超えた経験が織りなしている、ということでした。

あなたのカメラが、彼らに「変化」を生み出したと思いますか？

CK: 私が作品を発表するのは、たいてい抗争が終了して時間が経ってからが多いんです。そのため、時の権力者が私の作品について知ることはないし、政府やNGOの決定に影響することは考えられません。ボンコック湖の開発を巡る衝突はまだ解決しておらず、開発エリアは手つかずの状態です。いまだに家を追われている家族もいて、将来が不安な状態

どのようにすれば、美しく強いメッセージを届けられるのか教えてください。

CK: 私の作品から強いメッセージを感じられたのなら、それはとても嬉しいことです。長時間その作品に取り組み、4人の編集者と共に2年の歳月をかけて編集しました。誰もが観れる、嘘偽りのない本物の映画を作りたかったんです。もし物語が自分が予期しない、時には好ましくないような方向に向かったとしても、それを恐れないと決心していました。撮影しながら起こったことを受け止めていなかったら、きっと全く違った映画になっていたと思います。困難をしっかり受け入れ、ありのままの自分たちを見せれるような映画を作ろうと心を決めていたんです。誰だって欠点はありますし、良いことも悪いこともある。6年間も撮影していくためには、それでも、あなたはストーリーに自信を持たなくてはいけません。これは若い映画作家にも言えますが、あなたが伝えたい物語に自信を持つこと。それは傲慢さとは関係ありません。あなたが伝えようとしたストーリーが思った通りに行くとは限らず、時には大きな犠牲さえ必要になります。

©Christopher Kelly

クリス・ケリー

数々の受賞歴を持つドキュメンタリー映画作家であり、Little Ease Filmsの創設者。初の長編映画『A Cambodian Spring』の製作に9年を費やし、Hot Docs2017の特別審査員賞を初めてブルックリン映画祭最優秀ドキュメンタリー賞、台湾国際ドキュメンタリー映画祭最優秀賞など多数受賞。ガーディアン紙のコントリビューターとして、2014年にはタイの漁業に蔓延した奴隷文化を潜入取材。数々の賞を受賞する。南ス〜ダンからビルマ、フィリピン、ラオス、タイまで活動範囲は広範囲に及ぶ

第一章 ドキュメンタリズムの「ISM」

ジョシュア・オッペンハイマー　カレ・ラースン　チョン・ユンソク　ジャン・ユンカーマン
国境なき医師団　松井至　河合宏樹　ジェット・ライコ　西原孝至

Photo by Park Su Hwan

ISM 1-1

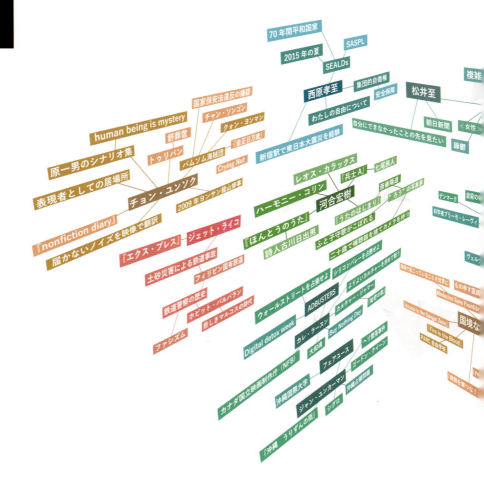

「イズム」が世界を埋め尽くした日

2001年の9月、あの事件が起きた日から、世界は誰かの「イズム」で満たされるようになっていた。あなたの「イズム」は何だろう？

2001年の9月のある朝、NYにある雑誌『TOKION』の編集部で働いていた筆者・西村は、いつも通りブルックリンからマンハッタンへと渡るウィリアムズバーグ橋の上をZトレインで通過していた。その日は次号のデータをカナダの印刷所へ送る大事な日だったため、少し早起きをして家を出た。

突然、只事ではない叫ぶような車内アナウンスが流れ、電車は橋の真ん中で急停止した。騒がしくなりだした車内で「何が起きたのだろう？」と窓の外を眺めると、そこには自分の目を疑うような光景が広がっていた。イーストリバー川の向こうに見える、見飽きたワールドトレードセンタービルが、煙と業火に包まれていたのだ。のちに「アメリカ同時多発テロ事件」と呼ばれることになる出来事の瞬間だった。

なぜか鮮明に覚えているのは、疲れた人たちに水を配る黒装束を纏った超正統派のユダヤ人の群衆と、湧き上がる恐怖と不安で満たされた職場でのアメリカ人たちの噂話だった。

「中華街の地下にはガス管が張り巡らされているから、もうすぐ町中が吹き飛ぶぞ！」
「お金持ちはみんな街を逃げ出しているぞ！」
「あのビルは火事なんか全然大丈夫だ、もうすぐ終わるよ」
「これは、きっとテロ事件だ。〇〇人がやったんだ！」

それから数分も経たないうちに、「アメリカ」の象徴が崩れ落ちる瞬間を西村は目撃した。かつて世界一を誇ったビルが、まるで砂の城のように、音を立てて崩れさったのだ。

その日から世界は大きく変わっていった。「協調」よりも「対立」が世界の趨勢となり、「君は右か左か」と問われ、思想さえも「資本主義」「物質主義」「全体論」「社会主義」「共産主義」「シオニズム」など何かを選ばなければいけない世界になった。この世界は、いつしか誰かの「ISM」に埋め尽くされていたのだ。

それから日本に帰国し、津留崎とともに「サムワンズガーデン」というアートプロジェクトを始めた。サムワンズガーデンとは、ジム・オルーク氏にもらった「他人の庭」という言葉の直訳である。隣の芝が青いために人は争い、また、他人であろうとも庭を通じて触れ合うこともできる。そんなコンセプトのもと、若いアーティストや映像作家たちを紹介する出版物やアートイベントなどを企画していった。フランス大使館での『NOMAN'S LAND』展、子供のためのパブリックアートプロジェクト、書籍『世界の、アーティスト・イン・レジデンスから』、独自のフリーマガジンや雑誌『QUOTATION』など、クリエイティブが人を繋いでゆくことを使命だと思うようになっていた。

そんな時、それまでとは違う、"特殊な人間"たちと出会う機会があった。それが「ドキュメンタリスト」だ。彼らは、それまで私たちが付き合ってきたアーティストとは違い、「現実」を扱う種族だった。創作を選ぶのではなく、厳しい現実を追いかけ続ける彼らは、どういう人間なのだろうかと興味が湧いた。そして私たちは、知りたくなった。「現実を見つめ続けるドキュメンタリストたちは、どんなイズムで世界を見ているのだろうか？」と。

「ドキュメンタリストとは、他者への好奇心と共感を持ち、そこから"本当の何か"を感じ取ろうと時間を費やす人のこと」と語るドキュメンタリスト内山直樹。見えない恐怖に縛られている人たちに「伝えなくてはいけない何か」を感じた映画監督ジョシュア・オッペンハイマー。VICEやYouTubeが生まれるはるか以前から「マインド・ボム」と称したプロパガンダ短編動画を作り続け大量消費文明に警告を投げ続けたカレ・ラースン。1秒を争う命の現場で、医療行為だけでなく「証言」にも等しく価値を置く国境なき医師団。

松井至が「世界は自分が思っている以上に複雑だ、と思い知ることが希望だ」と言ったように、誰もが「イズム」を胸に、複雑になったこの世界を生きている。ドキュメンタリストたちは、それをはっきりと僕らに示してくれているのだ。

ISM 1-2

Interview
Joshua Oppenheimer

映画監督
ジョシュア・オッペンハイマー

Photo by Anonymous
Pictured: Joshua Oppenheimer

インドネシアで30年前に起こった「共産党狩り」という名の大虐殺。この悲劇は過去の物語ではなく、いま現在も生き続けている日常であることに気付いたアメリカの映画監督ジョシュア・オッペンハイマー。彼は、かつての殺人について誇らしげに語る加害者と、今なお殺人者に囲まれ恐怖の日常を生きる被害者を直接対峙させるという、前代未聞の大実験を行った。過去に自分が犯した殺人を演じさせた『アクト・オブ・キリング』と、兄を虐殺された被害者遺族が加害者たちに詰問する『ルック・オブ・サイレンス』の2作で世界に大きな衝撃を与えたオッペンハイマー監督は、いったいどのようにして奇跡のようなこの2作を生み出すことができたのだろうか。

「映像が鏡になった時、新しい何かを届けてくれます」

Photo by Joshua Oppenheimer (framegrab)
Pictured (left to right): Dancers, Herman Koto, Anwar Congo.

世界は暗号で満たされている。あとはその読み方を知るだけである

大虐殺の歴史を暴こうと思いついたのは、2004年にヘビ川沿いで加害者2人にインタビューをしたときだと聞きました。

JO: 大虐殺に関わった人間が自慢げに話す姿には言いようもない恐ろしさがありました。単に名声を求めてカメラの前に立ってくれたわけでも狂っているわけでもなく、そこにある「社会そのもの」が狂っているのだと気がつきました。その時、この現実を伝えなくてはいけないと感じたんです。『ルック・オブ・サイレンス』の主人公的な存在アディとは2003年から親しい関係で、彼の家族を通じて最初の2人と出会い、同じような加害者たちを次々に撮影していきました。大虐殺について誇らしげに語る男

Chapter 1 ISM

たちの影で暮らすことがどれほど恐ろしいことか。彼らを撮影した夜、2つの考えが私の頭をよぎりました。なぜ彼らは誇らしげに語るのか？ 誇らしげに語る時は、いつもそこに観客がいます。ということは、彼らは誰に対して誇っているのだろうか？ 彼らはどのように見られたいのだろうか？ 彼らの子供、孫、私、そして世界からは？ そして一番大切なことは、彼らは彼ら自身をどのように見たいのか。もし、このような自分でありたいという姿があるのなら、それはフィクションの手法で作ることができます。彼らを包み隠しているものは何であり、彼らが償おうとしている疑問は何なのだろうか。これらが1つの決定的な質問、「演じる」ということの本質への問いかけとなり、『アクト・オブ・キリング』が生まれました。もうひとつ浮かんだ疑問は、家族を殺した加害者たちに囲まれて数十年間暮らしていくということは、いったいどんなことなのだろうか、というものでした。加害者たちは変わらず権力をもち、人々を脅かし、過去の犯罪について誇らしげに語る。言葉の外にある静寂の闇に、生き残った人たちがひっそりと暮らしている。その静寂は、彼らの家族や人間、人の体、記憶にどんなことをするのだろうか。何を残すのだろ

うか。その問いかけが、『ルック・オブ・サイレンス』というふたつ目の映画へと繋がったのです。

殺人の場面を再現することが、罪の記憶を呼び起こす

実際の殺人者たちに、どうやって虐殺の場面を再現させたのでしょうか？

JO：『アクト・オブ・キリング』の主役であるアンワル・コンゴは、私が2005年に、41番目に撮影した加害者でした。2004年の1月にヘビ川で最初の2人を撮影してからは、可能な限り多くの加害者たちを撮影していきました。彼らは皆同じように、自らの手を血で染めた虐殺について誇らしげに語りました。彼らがどのように見られたいのかについて理解したいと思った私は、彼らにある提案をしてみることにしました。「あなたは人類史上最も大きな虐殺に関わりました。社会やあなた自身のためにも、一番見せたい姿で見せてもらえませんか」と。彼らは皆、実際に殺人を行った現場に私を連れてゆき、どのように殺したのか再現しようとしました。私はさらに彼らに提案しました。「そのまま続けて。どのように手を血に染めたのか教えて

029

ください。あなたたちがドラマとして再現する姿を撮影させてほしいんです。それと同時に、あなたたちが"何は見せられて、何は見せられないのか"を議論している姿も映像に収めたいんです」と説明しました。ちょっと考えると、なぜ彼らが「映像に写したくないところを話している姿」まで撮影許可してくれたのか、よくわかりません。映像に残したくないから外してくれと言っているにもかかわらず、それを話し合っている様子は撮影して構わないと言う。誰もこのことに疑問を持つ人はいませんでした。私は彼らに、殺人の現場を再現してもらい、演じている場面とそれについて話し合っている映像を組み合わせたら、今まで見たことのない新しい映画が生まれると説明しました。それを作ることで、彼らや社会が感じていた疑問に答えられるのでは、と。まずはアンワルにこの提案をしました。アンワルはそれまで撮影した40人とは違い、心の痛みや苦しみを隠すことができませんでした。初めて会った日、私を殺人現場であるビルの屋上へ案内し、どうやって針金で首を絞めて殺したのかを説明し、その後チャチャチャを踊りました。映画に登場するあの場面は、初対面の瞬間だったんです。彼の家に行き撮影の交渉をしたので

すが、ダメだと言われる可能性もあったので、いつもそうしているように、カメラを持って向かいました。すると「話をするのは構わないが、今妻の客が来てるから」と言って屋上まで案内されたんです。そこで私は重要なことに気がつきました。40年ぶりに階段を登り、屋上に出たときに、彼が辛そうに「ため息」をついたのです。その場所で行われた殺人の痛みを「共感」しながら、ふと、こう漏らしました。「昔の殺人について考え過ぎてしまうのかもしれない。狂ってしまわないように、今は酒を飲んだりドラッグをやったりダンスをして過ごしているんだ。ほら、僕はダンスが上手いだろ」と。それはきっと痛みを忘れるためのダンスであり、私はそれを撮影して、彼とその姿を「共有」しないといけないと思ったんです。自分を映す鏡のように、彼が彼自身を見つめることができるように。同時に私はフッテージ（撮影した映像素材）を共有することのリスクについても考えました。それは今まで誰もやったことのない、とても危険なことのように思えました。「なんて酷い姿で映されているんだ！ 参加するのはごめんだ」と彼らが言う可能性もありました。映画『アクト・オブ・キリング』の中でアンワルが自分の姿を初めて見て、「服が違う。まるで

ピクニックに行くみたいだ」と言うシーンがあります。映像を目にして困惑した彼の顔を見ていると、今にも「やめろ！ 俺がひどい写り方だ！ こんなのやりたくない」と言って警察や自警団員たちを呼んで私たちに危害を加えるのではないかと、ハラハラしていました。もし何かが起きたら、すぐに国外へ逃げれるように映画撮影チームを空港に待機させていました。私の携帯から「大丈夫だ」とメッセージが届かなかったら中止、という合図でした。アンワルはそのシーンに違和感を感じていたのですが、自分の行為を「間違い」だと認める代わりに「服がおかしい」と言ったのです。1965年からその時まで、そこで起きたことは正しかったと自分に言い聞かせてきましたから、彼にとって実際に映像で姿を見るのは初めての経験だったわけです。だから彼は、自分自身に、そして撮影している私に嘘をついたんです。「おかしい」と感じたのは、彼の良心が「何かがおかしいぞ」と語っていたのだと思います。「違う服を着て、役者も場所も変えて脚本を書き直したら、やれるよ」とアンワルが言ったので、私たちは同意し次のステップへ進むことにしました。次はもっと凶悪な場面で、問われるべき罪を演じさせたらどうなるのか見てみた

かったのです。撮影するたびに彼は罪の意識に苦しめられる。心に浮かびあがった疑惑の念を振り払うかのように、別のシーンの撮影をしようと言う。そんなやり方で、全てのシーンを彼の自由にデザインさせていったら、いつの間にか大きなプロダクションになっていました。

アンワルは大きく変化しましたが、監督との会話が変化を生んだのでしょうか。
JO: 私との会話だけではなく、犠牲者を演じていくことで変化したのでしょう。私と出会った初日から、実は犠牲者を演じ続けていたのだと気がついたんです。チャチャチャを踊ったビルの屋上には（殺人に使った）針金が置かれてあり、彼はそこで犠牲者を演じてくれました。彼は、犠牲者たちがどのように殺されたか私に見せることで、罪の意識に苦しめられ、葛藤している自分を、その束の間だけ隠したんだと思います。全ての加害者たちはそれぞれが犯した罪に苦しめられています。自分たちを正当化するために、まるで自分たちが正しく歴史の勝者であるかのように力を誇らしげに示す。殺した被害者の血を飲んだ話や胸を切り開いた話を自慢げに話しながら、それは共産主義の脅威を取り除くために行った英雄的な行動だったと語る。

Photo by Anonymous
Pictured: Adi Zulkadry, Anwar Congo

確かに私との会話がきっかけだったかもしれませんが、実際にアンワルに疑念を抱かせ、身体に拒絶反応が出るほどまでに至らせたのは、5年間という撮影のプロセスだったんです。2〜4ヶ月ほど撮影したらデンマークに帰国し、3〜6ヶ月ほど時間をおいてまた撮影、というやり方を繰り返していました。

監督は映画の中でインドネシア語を話していましたね？
JO: はい。インドネシア語はそんな難しい言葉ではありません。日本語の方が難しいですよ。今制作している映画もグリーンランド語の方言の1つで、とても難しい。20年前に出会った日本人のパートナーと暮らしていますが今も日本語は話せません。いつか日本で映画を撮影しながら日本語を覚えたいです。そうやって学ぶのが私の学習法なんです。

終わらない暴力と圧力に植えつけられる恐怖

1965年の大虐殺事件についてはどのように知ったのでしょうか？
JO: 2001年にインドネシアにあるプラ

Chapter 1 ISM

Adi questions Commander Amir Siahaan, one of the death squad leaders responsible for his brother's death during the Indonesian genocide, in Joshua Oppenheimer's documentary The Look of Silence. Courtesy of Drafthouse Films and Participant Media.

ンテーションの村で映画製作のワークショップを頼まれたんです。その時私は27歳でした。そこは『ルック・オブ・サイレンス』に登場するアディの村でした。組合を禁じていたスハルト独裁政権が崩壊して3年経過しており、組合を作るために葛藤する彼らを撮影することが目的でした。スハルト政権崩壊後も実質的に組合を作ることは難しく、さまざまな圧力や暴力が発生していました。そこへ「組合を作るために格闘している姿を撮影して映画にしたらどうか」と提案する人がいたんです。そのときはまだ長編映画を作った経験がなく彼らも同じだったので、一緒に学びながらプロジェクトを進めることにしました。毎日撮影しては庭で上映し、を繰り返しました。その村に着いた時、彼らが抱えていた問題の1つに、働いていた女性たちが肝臓の病気で40代半ばで死んでしまう、ということがありました。原因は毒性の強い殺虫剤で、マスクも防護服も着けていないことが原因でした。そこで組合として最初に要望したのが、身を守る防護服でした。しかし雇い主であるベルギーの会社は、防護服を送る代わりに大虐殺の実行部隊として知られたパンチャシラ青年団を雇い、組合員を暴力で黙らせ

033

Adi's mother, Rohani, cuts fruit under the trees around her home in Drafthouse Films' and Participant Media's The Look of Silence. Courtesy of Drafthouse Films and Participant Media.

ようとしたのです。その結果、労働者たちは要求を取り下げることになりました。私は理解できず「防護服がなければ命に関わるのに、なぜ？」と尋ねたところ、彼らはこう答えました。「1965年に起きた大虐殺では、パンチャシラ青年団らにより大勢が殺されました。共産党員ではなかった私たちの家族も、組合員だったという理由だけで殺されたんです」。加害者たちは今だに権力を持ち続け、同じことが自分たちの身にも降りかかることを恐れていました。私は状況を理解していくなかで、女性たちの命を奪うのは殺虫剤の毒だけではなく、「恐怖」だと気づいたんです。その時まだ彼らは1965年の大虐殺について話すことさえ恐れていましたが、時が経ち、彼らの要望もあり、彼らについての映画を撮るために、もう一度インドネシアに戻ったんです。

ドキュメンタリーは変化を生むもの

美しい詩のような映像にメッセージを込めた表現は素晴らしいと思います。
JO: 映像を見たり音を聞いていると、そこに特別な何かを感じることがあります。そういったものを繋げたら何が起

Chapter 1 ISM

Adi, an optometrist who seeks to confront the death squad leaders responsible for his brother's death during the 1965 Indonesian genocides in Drafthouse Films' and Participant Media's The Look of Silence. Courtesy of Drafthouse Films and Participant Media.

きるのか。そのような気持ちがきっかけで映像を作り始めました。私はジャーナリストではありませんし、ドキュメンタリーの勉強も受けていませんが、観る人たちを没頭させるような体験を作り出せるように努力しています。そこに美しい旋律を見つけ出そうとしています。コーランには、「世界は暗号で満たされている。あとはその読み方を知るだけである」という一編があるのですが、撮影するときはいつもこの言葉を思い出し、特にドキュメンタリーを作っているときには、何か深い意味が込められたイメージから暗号を解こうとしています。差し込む光、コオロギの鳴き声……。夜になると、まるで死者の霊がいるかのように感じられる気配、ピンクのドレスで女装したヘルマンと巨大な魚のオブジェ……。こういったイメージには、物語全体の意味が秘められ、観客の気持ちを釘付けにさせる。映画全体を通して伝えようとしている真実が、観る人の前に開かれる。だから私は映像作家であり、何よりも映画を作ることが好きなんです。

なぜドキュメンタリーという手法を最初の長編映画に選んだのでしょうか?
JO: まず、全ての偉大なドキュメンタリー作品とは、「変化を生むもの」です。ドキュメンタリーは世界をドキュメン

035

トするもの、という誤解が今でもありますが、実際に素晴らしいドキュメンタリーを観ていると、ドキュメンタリストが撮影主体とコラボレートしている作品が多いんです。世界に介入し、状況を作り出し、それまでなかったような新しい状況を生み出している。見えないものを見えるようにし、全ての人たちを、決して居心地がいいとは言えない新しい地平へと誘ってゆく。もしかしたらこれは、ある意味セラピーと似ているかもしれません。あなた自身は安全な部屋に座りながら、感覚だけは安全ではない場所へと広げてゆく。これと同じような意味で、ドキュメンタリーを作ることは新しいリアリティを生み出すことになります。「リアリティ」をドキュメントするのではなく、「新しいリアリティ」を作り出す。そうやって生み出されたリアリティはあなただけのものではなく誰かと共有しているものです。「演じること」とは違うんです。演技というのは、決められた脚本の上で指示されたように場面を生み出すことにあります。ドキュメンタリーの場合、被写体に変化が起きた時、見ている人たちも変化を促され、世界にも変化がもたらされる。フィクションにも似たことはあるかもしれませんが、ドキュメンタリーの場合は、目の前の素材そのものに

秘密が隠されていて、フィクションとは異なる種類の共感などを生み出さなくてはいけない。観客は「これは、今目の前にいる人間たちの、変化の中から生まれてくるものだ」とわかっています。可視化される前には正視できないような事実や苦痛を伴う真実が、変化の中から顕在化する。それを作ることは、美しくもあり危険なことでもあるのです。

あなたの作品は世界に衝撃を与えましたが、作り始めた時ここまで大きな現象になるとは予想できましたか?

JO: いいえ、想像できませんでした。上映会や授賞式に参加り、感動したと言われたときには信じられない気持ちになります。それは忘れられない大切な瞬間であると同時に、この映画のために匿名で参加してくれた多くの人たちに心から感謝したい気持ちでいっぱいです。私はこれらの作品を「ドキュメンタリー」だと思ったことはありません。「ドキュメント」という言葉の定義が小さすぎるからです。少し傲慢に聞こえるかもしれませんが、そういう意味ではありません。フレデリック・ワイズマンのような素晴らしいドキュメンタリストたちと比べると、私が作った作品の本数とは比較もできませんが、それでも私は何か

新しい表現を試みたのです。それはフィクションでもありドキュメンタリーでもあります。2つの映画でやろうとしたことは全く別のことでしたが、まるで鏡の裏と表のように、2つの作品で1つの世界になっています。お互いに補い合っているんです。

以前あなたは「ヒーローを作りたかったわけではない」と語っていましたが、『ルック・オブ・サイレンス』のアディはとても勇敢に感じられました。

JO: 私もそう感じましたが、それは「賞賛できる」という意味です。私は感傷的なセンチメンタリズムは排除しようとしているんです。なぜアディは映画の中であそこまで頑なに追求し続けたのか。私は映画を撮る前に、彼の家族に「こういう撮影を進めていっても問題はないか」と問いかけていたのですが、たとえ家族に反対されてもアディは続けていたことは疑いようがありません。完璧な人間などいないんです。加害者の家族に生まれた人たちがまた加害者になることもある。逆に、アンワルと彼の仲間たちが処刑された家族に生まれていたかもしれない。多くのドキュメンタリーは映画『スター・ウォーズ』のように、悪と善、光と闇のように描きますが、私は

それは正しくないと思うんです。アンワルが加害者として誇らしげに語る言葉は全て、そこに罪の意識があるからだと感じられます。彼らが罪を感じるのは、そこにモラルがあるからなんです。

加害者たちは自分たちのことを「プレマン」と呼んでいました。

JO: インドネシアで「プレマン」の語源は英語の「フリーマン」、自由な人間という意味になります。皮肉なことに、インドネシアで起きた大虐殺事件を実は西洋社会が支援しており、日本の佐藤元首相も個人的なお金を払って殺し屋集団パンチャシラ青年団を雇ったという証言もあるんです。私が日本で開かれた上映会の際にスカルノ元大統領の妻だったデヴィ夫人からそういう話も聞きました。「自由な民主化」という名の下に、西洋社会と日本は殺人マシーンを支援し、大虐殺を引き起こす手助けとなった。最初は映画のタイトルを『フリーマン』にしようと思っていましたが、最終的に『アクト・オブ・キリング』に変更したのは、ヴェルナー・ヘルツォークからのアドバイスでした。「どうして『フリーマン』という名前をつけたんだい？ 素晴らしい名前というのは観る前からイマジネーションを掻き立てるものなんだ。

Photo by Carlos Arango de Montis (framegrab)
Pictured: Anwar Congo

Photo by Carlos Arango de Montis (framegrab)
Pictured: Anwar Congo, Herman Koto, dancers

フリーマンという名前は、観た人には素晴らしいかもしれないけど『アクト・オブ・キリング』の方が観る前に興味を沸かせるタイトルだと思うよ」と。

映画に使われた『ボーン・フリー』という音楽が気になりました。
JO: アンワルがこの曲を好きだったんです。その曲は彼らが「フリー」であるという思いと繋がっていました。自分たちを自由だと主張することで、彼らが犯した罪を認めることができる。他に選択肢がなかったにもかかわらず自分たちは「自由だ」と主張し続ける。そこには人間の自由に関する哲学的な問いがあるんです。もともとその曲は映画『野生のエルザ』で使われた音楽で、その事実も決して見過ごせません。私はアメリカ文化からの影響を皮肉的に表現しようとしましたが、それは結果として予期せぬ深い疑問を投げかけることになりました。剥製にされた動物たちが並ぶ中を『ボーンフリー』のBGMに合わせて加害者たちが駆け抜ける様は、まるで虐殺に関わった司令官たちの生活を垣間見ているようでもあり、犠牲者たちが彼らに感謝をする場面では、まるで『ボーンフリー』が西洋文化の国歌のように聞こえ、アンワルたちが求めている姿を垣間見たように感じられました。

「サディズム」という言葉を何度か使っていましたね。
JO: 彼らは罪へのエクスキューズとして使ったのではなく、良心の痛みを隠していたのでは、と思います。再現シーンを見させられて耐えがたい気持ちになり「かっこわるいな」という意味で使っていました。インドネシアではサディズムのことを「サディ」というので

Chapter 1 ISM

Adi's mother, Rohani, stretches her weary body in Drafthouse Films' and Participant Media's The Look of Silence. Courtesy of Drafthouse Films and Participant Media.

With profound sadness, Adi watches footage of interviews conducted by Joshua Oppenheimer with perpetrators of the 1965-66 Indonesian genocide in Drafthouse Films' and Participant Media's The Look of Silence. Courtesy of Drafthouse Films and Participant Media.

すが、ダブルミーニングになっていて、ひとつは「かっこいい、クール」という表現になり、もうひとつは「暴力的」という意味もある。インドネシアでは昔、ホラー映画を「サディだ」と表現していましたから。

映像が鏡になった時、新しい何かを届けてくれる

ドキュメンタリーやアートは世界を変えることができるでしょうか？

JO: 私はできると思います。素晴らしいアートとは鏡のようなものです。まだ知らなかった衝撃的なストーリーを伝えてくれるのは、実際にはジャーナリズムの仕事です。ジャーナリズムとは、まだ知らなかった現象に光を当て、見る人の窓を開いてくれるものです。ですがアートやドキュメンタリーの場合、「鏡」として機能した時に初めて、本当に強烈なものとなり、新しい何かを届けてくれるのだと思うのです。「鏡」となってあなた自身を写し出し、耐えがたい真実の姿をいやがうえでも見つめさせる。認めることができなかったものが、そこにはある。それがなければ、わからなかったことや解けなかった問題が解けていくことで、変化を生み出していける。『アクト・オブ・キリング』と『ルック・オブ・サイレンス』は、インドネシア社会を映し出した強力な「窓」だったと思います。同時に、そこに映る自分の姿を見ることができる「鏡」でもあった。もしこれらの映画がインドネシアに変化を生み出すことができたとしたら、それはインドネシア社会にとっての「鏡」になることができたからだと思うのです。今や数千万人以上のインドネシア人たちが私の映画を観ました。

039

Adi's children play with jumping beans in Drafthouse Films' and Participant Media's The Look of Silence. Courtesy of Drafthouse Films and Participant Media.

そして、どのように過去と向き合えばいいのか、国全体に新しい気づきが生まれ始めています。過去ではなく今、現在の政府について、そして軍隊の持つ権力、不義と腐敗について、彼らは考えることを始めたのです。誰も見たことがなかったインドネシアを描いたことだけが変化の要因ではありません。むしろ映画が「鏡」となり、絵本『裸の王様』に登場する子供のような役目を果たしたことが変化を生んだ力だったのです。『裸の王様』では、子供が「どうして王様は裸なの？」と躊躇なく言ったことで、人々は初めて王様は裸だったのかと気づく、というお話でした。彼らは王が裸だとは恐ろしくて口にすることができなかった。でもその子供に力強くはっきりと否定できないやり方で言われたことで、なぜこれまで恐怖に縛られて何もできなかったのかと、人々は自分を恥じ、そして当惑する。それから人々は、もう二度と恐怖には負けないと心に誓うんです。王様は裸だと言わなくてはいけない。インドネシアで起きたことは、罪深い虐殺だったと言わなくてはいけない。ここで大事なことは、いつ「鏡」を出すか、というタ

イミングです。先ほどの質問に「映画を作っているとき、ここまで賞賛されると思っていましたか？」とありましたが、私は「いいえ」と答えました。私は長い時間この映画のことは秘めていました。実際11〜12年の歳月がかかっています。私が初めて村に行った時はまだ携帯電話も持っていなかったと思いますが、時が流れ、村人みんなが携帯もフェイスブックのアカウントも持つようになっていました。「インドネシアは変わったようだ。だったら私も前に進まないでどうする？」と決心したんです。この映画が世に出た時には、新しい世代が大人になっていて、犯罪に関わった人たちは軍の第一線からは退いていました。正確に言えば、時間が流れたことで、過去の加害者たちは撮影した映像を見ながら昔何があったのかを話せるようになっていたのです。力強いアートは、動かせなかった人たちに対しても、常に変化を生み出すことができるんです。大事なことは、どんなに素晴らしい作品だったとしても、必ずしも政治的な変化を生み出せるわけではないということです。ヴェルナー・ヘルツォークが私の映画を観てこう言ってくれました。「アートは何も変えられない。しかしこの作品は、変化を生み出した」。

共感する心

あなた自身は2つの映画を通してどのように変化をしましたか？

JO: 自信がつきました。それまで長編映画を作ったことがなかったということもあります。生き残った彼らが私に殺人を犯した加害者たちを映画にしてほしいと言ってきた時、最初はどんな怪物たちがそこにいるのか、と思っていました。しかし、実際に私がそこで見たものは「人間」だったんです。それが自分の気持ちを楽にしてくれました。それが「人間」だとしたら、二度と同じ過ちが起こらないようにする道を探すことができるはずだ、と。ホロコーストを生き延びた科学者プリーモ・レーヴィは「怪物はいますが、本当に危険な存在はほとんどいません。それよりも危険なのは、疑うことなく盲信し行動する民の存在なのです」という言葉を残しています。この言葉が私の心に残っていたんです。私は昔からとても繊細で感受性が強い子供でした。山でカエルを見つけたので、家に持って帰ろうとしたのですが、ふと何を思ったのか「やっぱり元の場所に帰してあげないと迷子になってしまうよ。戻ろう」と戻ったこともありました。今でも蚊を殺すことができず、捕まえて外

に離してあげます。少しおかしく感じるかもしれませんが、私はそんな自分の「共感する心」に自信を持つことができたのです。殺人者であるアンワルたちと親しくなった私に対し、友人たちは不安に感じたり心配してきますが、それがどんなにひどいことをした人たちだとしても、私たちは心を開かなければいけないのです。そこには忍耐も必要とされます。

これからについて

インドネシアを描いた続編の可能性は？
JO: 私のインドネシアでの作品はこの2作で完結していると思っています。それに私はインドネシアに戻ることができないんです。入国を拒否されていますから。今も軍隊の脅しから逃げている状態です。先日、虐殺が起きた9月30日事件のアニバーサリーを記念して、軍隊長が軍に対して『ルック・オブ・サイレンス』を上映してはならないという警告を発しました。今でも私は安全にインドネシアに戻ることはできないと思います。一緒に作品を作った人たちは第二の家族のようなものなので、それはとても悲しいことです。もし戻れることなら作品を作り続けることもできるかもしれませんが。同時に、こうも思っています。1つ目の作品は1965年に何が起きたのかをインドネシア人たちに知らしめる役目を果たし、腐敗と恐怖と不義の恐ろしい連鎖を白日のもとに晒しました。2つ目の作品は、真実からの和解と正義が今すぐにでもなされる必要があることを示す手助けとなりました。これらの続編は私が作る映画ではなく、インドネシアの人たちが書き上げるのではないかと思います。彼らの「未来」こそが第三章なんです。すぐに答えは出ないでしょうけれども。今私は『The End』というミュージカル映画を作っています。豊かなアメリカ人家族が暮らす、終末を迎えた世界の20年後が舞台になっています。彼らは地下の宮殿で3人の従者とともに暮らしています。過去の栄光やステータス、そして人間性も壊れることなく生き続けられると楽観的な妄想に執着しています。たとえ世界が滅び、地球が破滅に向かっても……。まだ製作の途中で、2020年には撮影を始められたらいいと思っています。ただ、フィクションの素晴らしいところは、撮影に5年もかからないことです（笑）。

（2018年9月、Skypeインタビュー）

Chapter 1 ISM

Photo by Anonymous
Pictured: Reenactment of massacre in the village Kampung Kolam.

ジョシュア・オッペンハイマー

ドイツ系のユダヤ人の家庭に生まれる。両親は幼いころにナチスのホロコーストで親族を失ったために、一家で命がけでドイツからアメリカに逃れた。ハーバード大学とロンドン芸術大学で映画製作を学ぶ。2012年、初の長編ドキュメンタリー映画『アクト・オブ・キリング』を発表。インドネシアで発生した軍事クーデターでの大量虐殺を加害者の視点で描き、アカデミー賞長編ドキュメンタリー映画賞にノミネートされる。2014年、前作で扱った事件を被害者の視点から描いた続編『ルック・オブ・サイレンス』を発表。第71回ヴェネチア国際映画祭にて審査員大賞や国際映画批評家連盟賞など受賞。

043

ISM 1-3

Kalle Lasn

VICEやYouTubeが始まるずっと昔から、カレ・ラースンと雑誌『アドバスターズ』は自由な表現で消費社会を扇動し続ける

広告に頼らず、時には12万部を超える雑誌『アドバスターズ』で消費社会と戦い、カルチャラル・レボリューションを起こすべく叫び続ける思想家＆活動家のカレ・ラースン。経済格差の解消を求め全米を巻き込んで広がった「ウォールストリートを占拠せよ（Occupy Wall Street）」運動の首謀者でもあり「Buy Nothing Day」や「Digital Detox Week」などカルチャー・ジャマーとしてユーモアと知性とセンスを武器に、世界を変えるべく戦い続ける心優しき知の巨人、それがカレ・ラースンである。そんな彼はアドバスターズを始める前、権威あるカナダ国立映画制作庁（NFB）でドキュメンタリー監督として20年以上作品を作り続けていた。「Occupy Wall Street」から7年経った今年、新たなムーブメント「シリコンバレーを占拠せよ（Occupy Silicon Valley）」を伝えるメディアとして久しぶりにショートドキュメンタリーを作った彼にとって、ドキュメンタリーとは？ 世界を変えようと戦う、"アクション"するイズムとは？

Chapter 1 ISM

「シリコンバレーを、占拠せよ」

Kalle Lasn

『アドバスターズ』共同創立者 / 活動家　カレ・ラースン

エストニアの首都タリン出身。第二次世界大戦の終わり近くに家族でエストニアを脱出、幼少期をドイツの難民キャンプで過ごし、その後オーストラリアに移住。現在はカナダに拠点を置き、雑誌編集者、活動家、作家として活動。バンクーバーに本拠を置くアドバスターズ・メディア財団の創始者であり「ウォール街を占拠せよ」の仕掛け人。過去に20年以上、PBSやNFB(カナダ国立映画制作庁)のためにドキュメンタリー番組を制作する。

045

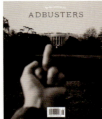
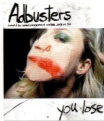

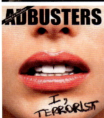

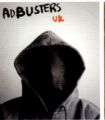
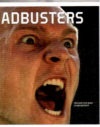

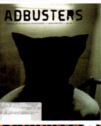
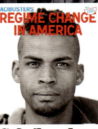

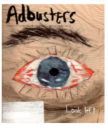

©Adbusters   https://www.adbusters.org/

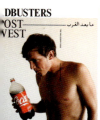 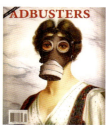  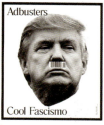 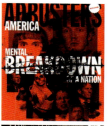
   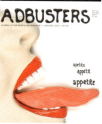 
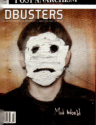   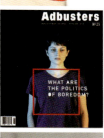 
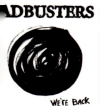 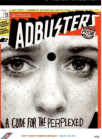 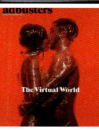 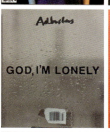 
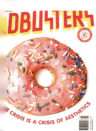    
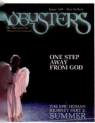    

(上)『Japan Inc: Lessons for North America?』(Kalle Lasn / 1980 / 28 min) https://www.nfb.ca/film/japan_inc_lessons_for_north_america
(下)『The Rise and Fall of American Business Culture』(Kalle Lasn / 1987 / 57 min) https://www.nfb.ca/film/rise_and_fall_of_american_business_culture

正義を戦うためにドキュメンタリストになる

世界的に注目される活動家カレ・ラースンが、実は20年以上もドキュメンタリストとして活動をしていたことはあまり知られていない。「1942年、第二次世界大戦中のエストニアで生まれ、難民キャンプを転々とするうちに、世界はいい人間と悪い人間に分かれていると悟り、正義を求める強い心が作られました」と言うラースン氏。世界を旅した20代に貧しく苦しむ国を見て、世界はとても不公平だと感じていた。「私は日本で結婚をしカナダに移住しましたが、カナダにはカナダ国立映画制作庁（NFB）という当時世界で最も有名なドキュメンタリーを作る機関がありましたので、正義を戦うためにドキュメンタリストになることに決めました。その時代のNFBでは素晴らしい作品がたくさん作られていました」。日本とカナダを行き来しながら、いつしか日本をテーマにしたドキュメンタリーシリーズを完成する。「初めて日本に来たのは1965年で、東京オリンピックの次の年でした。今考えても、

048

その時代の日本以上に面白い場所はありません。シドニーから船でヨーロッパに向かう途中、燃料補給地として四日市に停泊したのが日本との最初の出会いでした。日本があまりにもエキサイティングでご飯もおいしく人間も最高だったので、船に戻るのがつらかったのを覚えています（笑）」。

ドキュメンタリーの終わり、アドバスターズの始まり

ではなぜラーソン氏は『アドバスターズ』を始めたのだろうか？ドキュメンタリーだけではメッセージは届かなかったのだろうか？「その通りです。20年以上NFBのディレクターとして大変な思いをしながらドキュメンタリーを作ってきましたが、完成してテレビで放映されても数日話題に上るだけで終わりなんです。1年かけて作ったものがそれっきり。社会にもっとインパクトを起こしたかったんです」。他にも理由があったと言う。「ちょうどその頃、NFBが変わってしまったんです。突然エグゼクティブプロデューサーたちが権力を振りかざし、ディレクターたちは力を失い、素晴らしいNFBの時代が終わって

しまった。お金のためのドキュメンタリーという色合いが強くなり、予算も削られてしまい、ワクワクするような場所ではなくなってしまったんです」。その時、誰よりも早く環境問題に注目していたラーソン氏は、社会批判を30秒に凝縮した映像「マインドボム」を作ってテレビで流したらどうだろう？と思いつく。1989年、カナダブリティッシュ・コロンビア州の材木会社が森林伐採を正当化するテレビCM『永遠の森』に疑問を感じ、アンチCMとして短編映像『秘密の森』を製作。CM枠を求めて戦い始める。これがアドバスターズの誕生であった。激しい活動の末、材木会社のCMを放映打ち切りにまで追い込むことに成功。それは、アドバスターズがカルチャーに大きなインパクトを残した瞬間であり、最初の勝利であった。

正しい世界のために戦う「カルチャージャマー」へ

その後1989年、雑誌『アドバスターズ』を創刊。「そのあたりから環境問題のムーブメントが盛んになりました。地球環境や緑の大切さについて訴えていた最初の雑誌のひとつが『アドバスター

(左)Adbustersによる「ウォール街を占拠せよ」キャンペーンのポスター
(右)「ウォール街を占拠せよ」キャンペーンに集まった抗議デモの人たち(wikipediaより)

ズ』だったんです」。誰もが環境活動家になってゆく中、問題の本質へ迫りたいとラースン氏たちは考え始める。「問題は企業による汚染だけでなく、実はカルチャーそのものなんです。私たちのカルチャーが過剰な消費を求め、カルチャーに惑わされて地球を汚しても大丈夫だと思ってしまっている」。企業にコントロールされたカルチャーは、人間のコミュニケーションであるメディアさえもコントロールしていると言う。「この瞬間、カルチャージャマーというコンセプトが誕生しました。より良い未来を本当に求めるのなら、きれいな空気のためだけに戦うのではなく、より良いカルチャーを求めなくてはいけないのです」。

アメリカ全土を巻き込んだ「ウォール街を占拠せよ」運動

「ウォール街を占拠せよ(Occupy Wall Street)」運動の首謀者はカレ・ラースンだと誰もが知っている。「アドバスターズ・メディア財団は環境活動家としての"グリーン"なメッセージを届けることから始まり、いつしかカルチャーの"ブルー"なメッセージを扱い、それから政治問題の"レッド"なメッセージも届けるようになりました」。緑から青、そして赤へと発展していった彼らは、1992年に必要なもの以外は何も買わないという「Buy Nothing Day(無買デー)」を作り、電子機器から距離を置くアクション

(上) トランプ大統領を風刺した Absuters『Cool Fascismo』号
(下)『シリコンバレーを占拠せよ』キャンペーンに合わせて作られた短編ドキュメンタリー
http://abillionpeople.org/occupysiliconvalley.html

「Digital Detox Week」を始める。「そんな中で、私たちが起こしたポリティカルアクションの中で一番大きなインパクトを産むことができたのが、『ウォール街を占拠せよ』運動だったんです」。

新たに始まる「シリコンバレーを占拠せよ」運動

そして今年、「シリコンバレーを占拠せよ (Occupy Silicon Valley)」という新しい運動が始まった。「『ウォール街を占拠せよ』の時は、抵当で人々を惑わせてきたウォール街の巨大金融システムが戦うべき巨悪でした。それから7年後、

人々はフェイスブックやツイッター、インスタグラム、アマゾン、グーグルなどの Big Tech (巨大テクノロジー) 企業に囚われていることに気がつきました。無断で個人情報を流用し、監視し続ける彼らこそが現代の巨悪なのです」。しかしその反面、災害の時などソーシャルネットワークが多くの人命を救ってきたことも事実である。「確かにインターネットやテクノロジーは力強くてとても便利な美しさがあるのは間違いありません。ただそれと同時に、デジタル革命の黎明期におけるフェイスブックやツイッターといったモノリシック (一枚岩) なプラットフォームにこそ悪が隠されているんです」。革命的な道具を使い

051

Adbusters「MENTAL BREAKDOWN OF A NATION」号の表紙と掲載された「シリコンバレーを占拠せよ」キャンペーンのページ

続けながら、どのようにテクノロジーを使えばいいのか、人はもっと学ばないといけないと言う。「Big Techは悪でありながら、デジタル革命は人類史上最も美しく力強い革命でもあるんです。私たちは、世界中の何百万というアクティビストたちをスマートフォンを使って繋ぎ、同時にキャンペーンを行うプロジェクト「A Billion People」を始めました。「ウォール街を占拠せよ」のような1つのキャンペーンだけで終わらせるのではなく、毎週毎月常にキャンペーンをやり続けて、特に若い人たちの力で底辺から世界をひっくり返したいんです。他にも「World Revolution」というアプリも開発中です。テクノロジーの力を使って貧しい人たちも一緒になって、大きな変化の力を生み出していこうと思っています」。数千年の人類の歴史において、権力は常に上から下へを降りてくることは不変の事実である。「しかし数億人の手の中にスマートフォンがある今、世

界のパワーバランスを変えることができるチャンスがあるんです。権力者たちに、私たちが何を彼らにしてもらいたいのか、下から上へ伝えるムーブメントを起こすことができる。これはとてもワクワクするアイデアなんです」と語る。

カレ・ラースンが見た今の日本

カレ・ラースンの『Japan Inc: Lessons for North America?』(1981) には、日本の驚異的な生産力や技術力が敬意を込めて描かれているが、30年以上経った今の日本をラースン氏はどう見るのだろう？
「あのドキュメンタリーを作った時、世界が日本の素晴らしい経済力に気づき始めた瞬間で、個性的な生産手法、終身雇用制など新鮮なアイデアに溢れていました。しかし今、残念ながら日本が伝統的に持っていた美しさは失われ始めています。大和魂はどこにもなく、会社は終身雇用さえ捨てていった。ですが、私は今でも日本を愛していますし、日本には、力を合わせた時のスピリットや世界に教えるべき強さがあると思っています」。アメリカのビジネス成功者たちを教祖のように崇拝するのではなく、本来の「大和魂」をもう一度思い出すことが大切だと言う。

ドキュメンタリーは世界を変えられるのか

「表面的なことを変えることはできますが、深いところで変化を起こそうと思ったらとても難しい。例えば『ウォール街を占拠せよ』の時、何百万という若者たちを立ち上がらせ、教育し、革命の炎を灯し、とても大きなインパクトを残すことができましたが、それでもウォール・ストリートは健在なんです。世界を変えることは本当に難しい。人々はアクションを起こすことよりも、日々の生活に心を奪われ、どのように生きて死ぬかばかり考えている。ビッグ・テックやウォール・ストリートには興味はない。私たちの頭の中は日々のことでいっぱいかもしれませんが、ドキュメンタリストやアーティストやデザイナーは、私たちが生きていく世界のムードや色などを作るんです。もしもこの世界を変えることができるなら、サステナブルな未来が来るのなら、黙示録的な未来を避けることができるなら、暗黒の時代を迎えずに済んだのなら、それはアーティストやデザイナー、ドキュメンタリスト、映画作家など、クリエイターたちの手によるのだと思うのです」。

ISM 1-4

Jung Yoon-Suk

世間を挑発した韓国のノイズバンド「パムソム海賊団」とともに、チョン・ユンソクは表現の自由を叫び続ける

「キム・ジョンイル、マンセー！」と自由奔放なノイズアクトで世間を挑発し続ける韓国発のグラインドコアバンド、パムソム海賊団。メンバーのチャン・ソンゴン（ベース）とクォン・ヨンマン（ドラム）は、音楽とその過激な歌詞を通して「表現者としての居場所」を守る挑戦を繰り返した。取り壊される直前の建物や済州島の4.3事件集会、そして日本で勃発した反核デモなど、様々な社会問題の起点となる場所で、社会への不満と自分たちの居場所を求めてシャウトし続ける。

果てなく突き進むかに見えた彼らの旅路は、プロデューサーであり友人のパク・チャングンが国家保安法違反の嫌疑で逮捕された瞬間、突然終わりを迎え、言葉はもみ消され、見失う。彼らの全てを見ていた映画作家チョン・ユンソクが映像に描き出した「翼をもがれた彼らの姿」は、皮肉にも、韓国に根強く残る非民主主義的な壁が存在していることを警告している。

Chapter 1 ISM

「届かないノイズの言葉を、映像で翻訳したい」

Jung Yoon-suk

映画監督　チョン・ユンソク

1981年、韓国ソウル生まれ。韓国芸術総合学校、ヴィジュアルアーツ研究で学士号、ドキュメンタリー映画制作で修士号を取得。2010年バンクーバー映画祭や2012年光州ビエンナーレにて展示・上映。1990年代に起きた韓国の連続殺人事件を初めて題材とした長編デビュー作『Non-fiction Diary』(2013)は、2013年釜山国際映画祭メセナ賞、2014年シッチェス・カタロニア国際ファンタスティック映画祭ニュービジョン部門長編ノンフィクション作品賞、2014年ベルリン国際映画祭NETPAC賞など、国内外で多数の賞を獲得した。『パムソム海賊団、ソウル・インフェルノ』はYIDFF2017のアジア千波万波部門で特別賞を受賞した。

055

空虚に響くデモのように、群衆に届かない叫び

殺人事件を追った作品『Non-fiction Diary』(2013)の撮影で疲れ果てていたチョン・ユンソク監督は、何かに誘われるように若者が集まる街トゥリバン（舒葬盦）にたどり着いた。「そこで初めてパムソム海賊団の演奏を見たんです。爆音のノイズに耐えきれず途中で退場していく人たちの姿が、2009年に起きたヨンサン（龍山）惨事で見たデモの光景と重なりました」。群衆に無視されながらデモをする男と、観客が去ってゆくノイズミュージシャン。その連想がきっかけとなり、ノイズにしか聞こえない彼らの音楽を映像に翻訳してみたいと思ったのだと言う。「若い彼らが自身の言葉で書きなぐっても、観客にはノイズにしか聴こえない。ドキュメンタリーを通してそこにある"詩"を翻訳してみたいと思ったんです」。

　ドキュメンタリストがカメラを向ける時、多くの被写体たちはかっこよく撮られることを望むが、彼らは違った。「ファンディングを受けるためにツイッターで流すトレイラーを作ったんですが、それを見てヨンマンがすごく怒ったんです。なんでMTVみたいな格好つけ

Photo by Park Su Hwan

Chapter 1 ISM

て撮ったんだ、クズだ、と(笑)。彼らはそういう飾っているのがすごく嫌で、それは自分たちじゃないと言うんです。またヨンマンは解釈されるのが嫌いで、以前にCrying Nutとパムソム海賊団が一緒にライブする番組企画があった時も、放送局と絡んで何かするのはゴメンだと、最初から拒否していました。ソンゴンはやってみたかったみたいだけどね」。映画ができあがるまでの6年間、本当に作品ができるのか?とヨンマンは半信半疑だったらしい。そこで、いつもは編集が終わるまで見せないポリシーだったにもかかわらず、ユンソク監督は彼らのために試写を行った。その時、ヨンマンが「俺たちの自伝みたいだ」と言ってくれたのだと言う。「ヨンマンは格好つけることが嫌いな人なので、このシーンは使わないでとかそういう要求をしてくるんじゃないかと思ってましたが、結局1回も監督の権限に関するところでは手を出してきませんでした」。

057

一番大きなタブーを表現する
ことが、パンク精神の頂点

そして事件は起きる。過激な表現ゆえにプロデューサーが逮捕された「パク・チャングン事件」である。しかしユンソク監督は、この事件自体は映画にとっての分岐点ではなかったと言う。「そもそもパムソム海賊団をドキュメントした理由は、彼らが作る歌詞への興味でした。特に『金正日万歳』という曲は、北朝鮮にたとえて自分たちの不満を込めたとてもいい曲だったんです。一番大きなタブーである北朝鮮、それを表現するのがパンク精神の頂点だというレッド・コンプレックス。それこそが、彼らを映画にしたいと思った理由でした」。ユンソク監督の考えでは、逮捕自体は単なる必然であり、物語を観ている人たち全員に関係するテーマとして考えさせるための装置として、この事件を利用したのだと説明する。「もともと偉大な芸術家とは、その時代のタブーを語る人だと思います。釜山国際映画祭で原一男監督が質疑応答をした時、いつか自分は国家権力について撮りたいと言っていました。それは不可能か

Chapter 1 ISM

もしれないのですが、芸術家とは、不可能だとわかっていても表現する人だと思います。そんな原監督が芸術家として生きていくその姿が、自分にとってすごく大きな勇気を与えてくれるんです」。

「あなたはどっち?」というラベルを貼らせないアイデンティティを持ち続けること

この作品が魅力的に感じられるのは、「表現の居場所」を守るために戦うミュージシャンがいて、それに共鳴するドキュメンタリストと共感し合いながらひとつのアクティビストの共同体として進んでいくからなのかもしれない。本作を撮っている最中、ユンソク監督はいくつもの韓国メディアからアイデンティティに関する質問を受けていたと言う。「私は大学で美術専攻だったので、あなたは美術の人なの? 映画の人なの?とよく聞かれます。一方でドキュメンタリー業界からは、あなたはアートフィルムの人なの? もしくはアクティビストなの?とも聞かれます。子供はパパとマ

Photo by Park Su Hwan

Photo by Park Su Hwan

マのどっちが好き？という質問をよくしますが、それと似ているかもしれません。私は美術家でもあり、映画監督でもあり、アート・フィルミニストでもあり、アクティビストでもある。そう答えるしかないんです。違ったアイデンティティを自身の中に持てることは、あまり理解してもらえません」。なぜ世の人たちは規定をしてラベルを貼ろうとするのか。そういった疑問が、「パムソム海賊団」にも通じる質問なのだと語る。「パムソム海賊団も、インディーシーンで話題になって人気を得ることになった後、アングラのままではなくてメジャーにいかないの？ テレビ放送に出演しないの？と質問されたそうです。自分のアイデンティティを巡る質問が、パムソム海賊団に対して繰り返される"あなたたちはどっちなの？ 何者なの？"という質問に繋がるんです」。それはこの作品の核となる「一体あなたたちは誰？ パムソム海賊団って誰？」というメッセージへとつながってゆく。

居場所のために戦うパムソム海賊団の生き様を見続ける

撮影を終えて編集している時、感情的に疲れ果てて日本へ一人旅に出たユンソク監督。その時神保町の古本屋で、原一男のシナリオ集と出会ったと言う。「シナリオ集は日本語なので全く読めませんでしたが、お店の人が"ここに監督のサインがありますよ"と言ってくれたので買ってみたんです。その中に原一男監督が書いた"human being is mystery"と書いたメッセージを見つけました。それを見て、人生には答えや正解は存在しないし、いま重要だと思っている話をするのが一番大切なんだということに気づいたんです」。表現の居場所を求めて青春の炎を燃やしたパムソム海賊団と、それを見つめ続けたユンソク監督。物語は決してハッピーエンドではなかったが、彼らは最後にどんな居場所を作ったのだろうか。

「ドキュメンタリー作品の社会的な影響とかに関する質問を結構されますが、未だに自分にはわかりません。ひとつだけ確信できるのは、ドキュメンタリーを完成させるたびに、ちょっとだけ良い人間になれるという気持ちになります。錯覚かもしれませんが、今も次の作品を作ったらちょっと良い人間になれるんじゃないかな、という気持ちで作り続けています」。

韓国 / 2017 / 119分
監督：チョン・ユンソク Jung Yoon-suk

パムソム海賊団、ソウル・インフェルノ
Bamseom Pirates, Seoul Inferno

韓国社会の様々な問題と接点を持ちながら、若者の閉塞感をシャウトするグラインドコア・バンド、パムソム海賊団。しかし2012年、友人／プロデューサーが国家保安法で逮捕され……。

ISM
1-5

John Junkerman

沖縄占領問題を問う映画『沖縄 うりずんの雨』。ジャン・ユンカーマン監督は、フェアユースを信じ、表現の自由と戦う

世界中でたびたび議論の的になる、ドキュメンタリストが「公共性を持った事実を映した映像をどこまで自由に使えるのか」という権利、フェアユース。沖縄の米軍基地問題と戦う人たちを描いたジャン・ユンカーマン監督によるドキュメンタリー『沖縄 うりずんの雨』も、表現の自由を求めて戦っていた。2018年9月、配給・製作会社のシグロはこのひとつの戦いを、ドキュメンタリーに関わる全ての人にとって避けては通れない問題として、記者会見を開いた。長い占領の時代を生きる沖縄を描くこと、その権利と戦うユンカーマン監督の姿を通し、ドキュメンタリストが戦いながら物語を世に送り出していく理由を感じることができる。

Chapter 1 ISM

「フェアユースは民主主義の根幹に切り込む根拠」

ジョン・ユンカーマン監督(左)を摩文仁の健児之塔に案内する故太田昌秀さん(右) ©2015 SIGLO

John Junkerman
映画監督　ジョン・ユンカーマン

1952年、米国ミルウォーキー生まれ。1982年から日産自動車における「日本的」労使関係を取材し、そのドキュメンタリーを米国のテレビ局で放送したことがきっかけで映画界への道を拓く。以降、日米両国を拠点に活動を続けている。画家の丸木位里・俊夫妻を取材した『HELLFIRE 劫火 ―ヒロシマからの旅―』(1986年、米国アカデミー賞記録映画部門ノミネート)、9.11後に言語学者ノーム・チョムスキーへインタビューした『チョムスキー9.11』(2002年)、世界の知識人12人へのインタビューをもとに日本国憲法を検証した『映画日本国憲法』(2005年)、日本の最西端の与那国島を舞台に、老漁師と巨大カジキの格闘を描いた『老人と海』(1990年)など、日本と米国社会問題を鋭く問う作品を多く発表している。

普天間飛行場のフェンスに、基地反対の意思表示のテープを結ぶ住民
映画『沖縄 うりずんの雨』より ©2015 SIGLO

公平に知られるべきであったはずの瞬間

記者会見の席には、弁護士を含め5名が座っていた。流暢な日本語で語るアメリカ人ジャーナリストで映画作家のジャン・ユンカーマン監督は、これまでも『老人と海』(1990)で沖縄で生きるということについて描いてきたが、フェアユースが問題になったのは本作『沖縄 うりずんの雨』(2015)が初めてであった。この作品はシグロの30周年記念映画として、沖縄を描いた映画の5作目に制作された。物議は、2004年8月13日に起きた「沖縄国際大学米軍ヘリコプター墜落事件」を映した場面を巡って始まった。米軍ヘリ墜落事故発生後、現場が米軍によって管理され、警察や大学関係者、報道など一切がシャットアウトされたのだ。沖縄占領問題の性格を表すこの一件は「基地撤廃」運動にも大きな拍車をかけた。沖縄在住の元海兵隊員であり当時沖縄国際大学の政治学者であったダグラス・ラミス氏は映画の中で次のように述べている。「誰も驚かなかった。もちろんショックを受け、恐怖に襲われたが、密集した町の中にこんな基地があれば、事故が起きるのは予想できた。でも本当に驚いたのは、その後に起き

Chapter 1 ISM

6月23日の慰霊の日の平和の礎(いしじ)
映画『沖縄 うりずんの雨』より ©2015 SIGLO

たことだ。まるで準備していたように、海兵隊員がフェンスを越えて次々と繰り出してきて大学を占領した」。ラミス氏も驚いたというその場面は、公平に知られるべき「瞬間」であったと思われたが、現実は違った。映画の中で、シグロが使用許可を申請して、入手元の琉球朝日放送(QAB)がそれを拒否したことに対し、シグロが無許可で映像を使用したことで、QABより著作権侵害差止の損害賠償訴訟を提起されることとなる。会見時の報告では東京地裁での第1審で敗訴し、8月23日には東京知財高裁でも敗訴。続いて最高裁へ上告したとのことだった。

プロローグに込めたかった、沖縄の現状

問題となった映像との出会いについてユンカーマン監督は語る。「2012年よりプロデューサーであるシグロの山上徹二郎氏と映画製作の準備に入り、ラミス氏と会いました。彼は、いま沖縄が置かれている状況を一番わかりやすく表しているのが2004年の事故直後であると教えてくれました」。基地からぞろぞろと出てきた若い米兵たちが事故現場を占領した事実。それは報道の自由まで占領したのだと語るスミス氏の言葉が、ユ

065

ンカーマン監督の記憶に刻まれた。実際に監督がその映像を目撃したのは、世界の基地問題を訴えた映画『誰も知らない基地のこと』(2010) の上映会であった。この映画は2007年にイタリアで起こった基地拡大への大反対運動をきっかけに、イタリアの若手監督エンリコ・パレンティとトーマス・ファツィの2人がその謎を探る旅に出たドキュメンタリーである。イタリアのピアチェンツァ、インド洋のディエゴ・ガルシア、そして沖縄の普天間。その中の沖縄国際大学ヘリ墜落事件の場面で、米兵たちが「NO！NO！」と言ってカメラを遮っている姿が映されていた。この映像は2005年に既にBBCでも使用されており、QABから沖縄国際大学のピーター・シンプソン准教授の手元にニュース用素材映像として渡ったのだとユンカーマン監督は説明する。「ピーター氏は私にこの素材を資料映像として貸してくれました。それはすごく力がある映像で、私はぜひこれを映画のプロローグに使おうと思いました」。2018年10月現在、インターネット上では今でもこの映像を使ったBBCの番組を観ることができる。「つまり完全に公開されているんです。この映像を使用するということは、ドキュメンタリー映画におけるフェアユースの問題なのです。映画にとってプロローグはとても大事なものです。この映像素材は31秒間使われていますが、この映画がどういう意図で作っているのかを表し、観客の興味をひく大事な役割を果たしています。そして沖縄で今なお占領が続いているということがよくわかっていただけると思います。他にも沖縄での米軍ヘリ墜落の映像はありましたが、米兵が撮影を妨害する場面を映しているのはこれだけです。それは、現在の沖縄を象徴しているのです」。

映像使用をめぐり、公開に踏み切った覚悟

QABより使用許可が下りない状況で公開に踏み切ったとして訴えられたシグロだが、正しい手順を踏んでいると山上氏は説明する。「編集の過程で、2015年の2月19日にQABへ文書で使用許可を申請しました。監督も言うように、この歴史的なニュース映像は、本作において他には変えがたいものです。ドキュメンタリー映画にとって、テレビ報道で広く公表されているニュース映像はフェアユース (日本では「引用」) に当てはまるものと考え、作品中で使用することを決

『沖縄 うりずんの雨』で問題となっているQABのニュース映像

断しました。こちらは映画の趣旨を説明しながら公開後も使用願いの交渉を続けましたが、QAB側の無断使用は許せないという認識は変わりませんでした。最初の申請時点で担当の報道局長に許諾できない理由を尋ねたのですが、他の製作会社に対しても同様に断っているので、御社（シグロ）にだけ使用させるわけにはいかないという理由しか伝えられませんでした。訴えられることがあれば裁判も辞さないという思いで、使用することを決めました」。

リスペクトとフェアユース

「すでに一般に公開されている歴史的資料であるテレビのニュース映像が、放送局の一存で使用可否を決められ専有されるのであれば、ドキュメンタリー映画はニュース映像の使用を全て諦めざるを得なくなってしまう」というのが、シグロ側の主張であった。ではフェアユースとはどういった概念なのだろうか。アメリカの著作権法107条では、「批評、解説、ニュース報道、教授、研究または調査

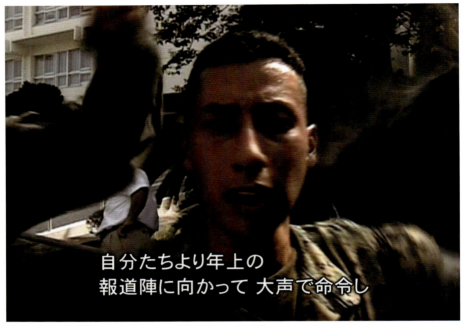

『沖縄 うりずんの雨』で問題となっているQABのニュース映像。字幕はラミス氏の解説

等を目的とする著作権のある著作物のフェアユースは、著作権の侵害とならない」とされている。フェアユースにあたるかどうかは「利用目的や性質、分量、そして潜在的市場または価値に対する利用の影響」を基準に判断される。そもそも日本の法律では、まだフェアユースの概念がない。シグロ側の弁護士は『沖縄 うりずんの雨』を巡る裁判が起きた背景について、その認識の低さもあるのではないかと述べる。かつてアメリカでインディペンデント作家がフェアユース運動を成功させた背景には、大金で弁護士を雇えるハリウッドスタジオや大手著作権管理会社への怯えが、制作側への不当な制約なのだと訴えた結果があった。2013年の山形国際ドキュメンタリー映画祭で、実際にフェアユースを勝ち取った米国のプロデューサー、ゴードン・クインを招聘し、ユンカーマン監督と共同でセミナーが行なわれた。クインが製作した作品『フープ・ドリームス』で歌われ

た19世紀の歌『ハッピー・バースディ』の著作権が未だ有効であったため、権利料の支払いを巡ってワーナー・ミュージックと戦うこととなったのだ。そこでクイン監督らは「社会を潤わせ芸術を啓発するためなら限定的で目的を変えた著作物の使用は許諾なくとも認められる」というフェアユースの再定義を始め、映画作家や学者、配給関係者、弁護士などと共にフェアユースを支持する論理を打ち立て、配給会社とテレビ局に打診。一社ずつ賛同を集め、社会運動へと広げていった。この成功例について、ドキュメンタリー映画研究者のマーク・ノーネス氏は映画祭のカタログにこう書いている。「クインたちはフェアユースの原理が民主主義の根幹に切り込む根拠だと考えたのだ。（略）アメリカのドキュメンタリー界に革命を起こしたこの運動は、啓発を促す参考となろう」。

シグロがここまでQABと攻防を続けている理由は、「決して著作権を侵害したいわけではなく、公平な権利行使を求めているのであり、正当な理由なく拒絶された時は、これまでのように諦めず泣き寝入りせず戦うべきと思ったからだ」と言う。山上氏は次のような言葉で、会見を締めくくった。「今回集会を開いたのは、表現の自由をベースにしたフェアユースと引用に関する、インディペンデント映画における新しいガイドラインを作りたいと思っているからです」。

日本 / 2015 / 2時間28分
監督：ジャン・ユンカーマン
©2015 SIGLO

沖縄 うりずんの雨
OKINAWA: The Afterburn

太平洋戦争で多大な犠牲を払い、戦後70年を経た現在も平和を求めて不屈の戦いを続ける沖縄の人々にスポットを当てたドキュメンタリー。当時の戦場で向き合った元アメリカ兵と元日本兵、沖縄住民の証言を中心に、沖縄戦と米軍基地をめぐる負担の歴史をたどり、住民たちが抱える怒りと失望の根源を探っていく。

ISM
1-6

Médecins Sans Frontières

「証言」と「医療」を柱に最前線で戦い続ける 国境なき医師団は、「何が起きているか」を 正しく届けることの責任を知っている

「国境なき医師団（MSF）」と聞くと、最前線に飛び込んで命を救う勇敢な医者たちのことだと思う人がほとんどだろう。もちろんそれも間違いではないし、彼らのおかげで数え切れない命が救われてきたが、実はMSFには医療と同時に証言、つまりジャーナリズムに近い大事な活動がある。MSFにとって「証言」とは「医療」と等しく大切な活動の柱であり、「そこで何が起きているのか」を冷静な眼差しで正しく世界に伝えなければ、たとえその事によって活動自体が困難になろうとも、医療だけでは改善することができない状況に変化をもたらすことはできないと考えている。今回、事務職員および海外ミッションのアドミニストレーターとしての派遣経験を持ち、現在は日本事務局の広報部でイベントを担当する今城大輔氏とメディア・リレーションズを担当する舘俊平氏に、MSFの活動とゲームチェンジングな役割について話を伺った。

Chapter 1 ISM

「現場で何が起きているか、世界に伝える使命」

イラク・ドミーズ難民キャンプで生まれたシリア難民の赤ちゃん（2016年1月撮影）©Baudouin Nach

Médecins Sans Frontières
国境なき医師団（MSF）

1971年にフランスの医師とジャーナリストのグループによって作られた、独立・中立・公平な立場で医療・人道援助活動を行う民間・非営利の国際団体。紛争や自然災害、感染症や貧困など、緊急性の高い医療ニーズに応えることを目的とし、世界各地に37の事務局を持ち、約4万5000人のスタッフが世界約70ヶ国で働いている。国際援助分野における功績により、1999年にノーベル平和賞を受賞している。

MSFはタイ・カンボジア国境で「カンボジアの生存のための行進」を展開。カンボジアの親ベトナム政権が行う人道援助に対する制限に抗議する会見をおこなった(1980年) ©Patrice Cotteau

MSFの創設を報じる仏医療紙Tonus(1971年)
©Francois Leduc

「知られざる事実を伝える」、国境なき医師団

ナイジェリアのイボ族がビアフラ共和国として独立宣言したことにより勃発したビアフラ内戦は、1967年からの3年間に少なくとも150万人を超える飢餓や虐殺による死者を出し、難民は100万人を超えた。当時、赤十字国際委員会のメンバーとして医療活動を行っていた医者たちの中に、現場での活動は根本的な救済にはならないと考えた一団がいた。「現場で起こっていることを世界に知ってもらう必要がある」。そう思った彼らは、政府軍による市民に対する暴力の実情を世界に向けて発信。それによって国際社会はビアフラ内戦に注目した。やがて医者たちは「もの申す医師団」としての役割を構想し始め、ジャーナリストたちと共にフランスの医学雑誌『Tonus』に「国境なき医師団を設立する」という記事を掲載。これがMSFのはじまりであった。

ノーベル平和賞受賞の記念スピーチをするジェイムズ・オルビンスキMSF会長。チェチェンのグロズヌイにおけるロシア軍の無差別爆撃を止めるよう訴えた（1999年）©Patrck Robert

ノーベル賞の壇上で「チェチェン紛争」で苦しんでいる人たちの惨状を叫ぶ

MSFは1999年にノーベル平和賞を受賞したが、彼らはその授賞式でチェチェン紛争で苦しんでいる人たちの惨状を「証言」した。「ノーベル平和賞をいただいたことを我々は世界に訴えかけるチャンスと捉え、チェチェンの市民が空爆の犠牲になっていることは許せないと訴えたわ

けです」と語る今城氏。「だからといって何かがすぐに変わらないかもしれません。でも医療の届いていない患者さんのもとに駆けつけるためには、あらゆる手段を尽くす必要があります。人道危機の実態を多くの人々に知ってもらい、状況を打開するために証言し続けることが、私たちに変わらず続いている精神なんです」と舘氏は続けた。

爆撃を受けたクンドゥーズ外傷センターの様子。壁にはミサイルによる大きな穴が開いている（2015年10月撮影）©Victor J. Blue

『Access to the Danger Zone』DVDパッケージ ©MSF

『fire in the blood（薬は誰のものか）』DVDパッケージ
販売元：「NPO法人アジア太平洋資料センター（PARC）」
http://www.parc-jp.org/

命の現場のドキュメンタリー

では、どうすれば「知られざる事実」が力となり、人々の心に届くのだろうか。MSFの広報活動のガイドラインでは、例えば戦場で活躍する医師を描いたような映画の定番であるエモーショナルな切り取り方は一切しないし、流血や患部もほとんど映さない。「医療団体ですのでそういった場面は常に目のあたりにしていますが、必要以上にセンセーショナルにしないことが大切なんです」と舘氏は言う。確かにポリシーとしてはそうかもしれないが、テレビやスクリーンでMSFを見て、そのセンセーションで感動しない人はいないだろう。MSFに密着した長編ドキュメンタリー映画『アクセス・トゥ・ザ・デンジャーゾーン』（2012・日本未公開）は、紛争地で活動するMSFのスタッフと患者、その他主要な国際機関の関係者たちへの綿密な取材を通じて描かれた「人道援助活動」に対する客観的な考察を現場から届けるという試みであった。また、現代の医薬品の特許権と途上国での医療の問題を描いたドキュメンタリー映画『Fire in the Blood』（2013・

Chapter 1 ISM

アフガニスタン北部クンドゥーズで米軍による爆撃を受けた翌日、外傷センターの前に佇むMSFのスタッフ（2015年10月3日撮影）©MSF

日本未公開・日本語字幕版『薬は誰のものか』PARC製作)では、エイズ治療薬が手に入らずに人びとが命を落としていた現状について描かれており、その中でMSFは実際に多くの患者を診てきた団体として医薬品へのアクセスの問題を積極的に訴えている。メディアや映像作品を通じて広がりゆく草の根の声と、ノーベル賞授賞式で届けた大きな声。「1つの映画や写真が何かを変えるとは思っていません。常にアプローチし続けることが大切なんです」。

「病院を撃つな！」命の拠り所を守るためにできること。

もし戦闘で破壊された街に唯一建つ医療施設が爆撃されたら？ そんな悲劇を描いた映像作品『HOPE: Why we can't save her life 〜希望：彼女の命を救えなかった理由〜』(赤十字国際委員会)が2018年カンヌライオンズでグランプリに輝いたが、これはフィクションではなく実際に起きたことである。2015年、アフガニスタンの都市クンドゥーズにあったMSFの病院が激しい爆撃を受け、42人が命を落

075

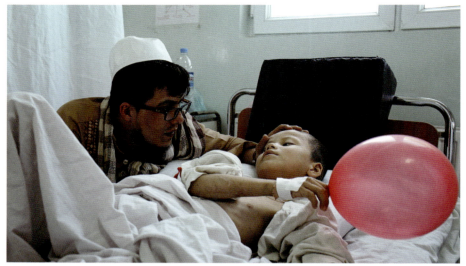

爆撃前のクンドゥーズのMSF外傷センターで、紛争で重症を負った子どもを見舞う父親。病院爆撃はこのような患者から医療を受ける機会を奪い去った（2015年5月撮影）©Andrew Quilty/Oculi

とした。これはMSF史上一度に最も多くの患者とスタッフを失った出来事だった。「民間人をターゲットにしてはいけない、また医療施設は攻撃してはいけないということなどは、国際人道法で定められています。MSFの病院の位置（GPS）情報は、タリバンにも米軍にも定期的に伝えています。にもかかわらず爆撃されました。これがこの爆撃を過失や誤爆で片付けられない理由です」。MSFの病院に収容されていた患者の所属がどうであれ、病院で治療を受けている患者を狙った攻撃であり、国際人道法を無視した行為であったのだ。「国際人道法が遵守されているかを監視する第三者委員会があります。調査が始まるためには当事国の同意がないと始められないのですが、この時アメリカとアフガニスタンは同意をしませんでした。つまり米軍の一方的な調査によって終了になっているんです。だからこそ私たちは、あらゆるメディアを通じて現場で起きた事実を発信し続けています。米軍による誤爆と表現しているメディアひとつひとつに連絡して、表現の訂正を申し入れることもしています」。当時の話を書いた『New York Times Magazine』の日本語訳が『クーリエ・ジャポン』に紹介されているので、興味がある人は読んでみてほしい。

Chapter 1　ISM

©Caroline Yang

©Elias Williams

©Elias Williams
『Forced From Home』会場風景

©Jean-Marc Giboux

Forced From Home　難民たちの「居場所」を疑似体験

これまでも難民に焦点を当てた証言活動を多々行ってきたが、北米では強まる危機感を背景に巡回式の体験型展示プロジェクト「Forced From Home」が始まった。「地中海を渡って中東・アフリカから命からがら逃れてくる人たちが激増している今、この現実を世の中に知ってもらいたいということがきっかけでした」と語る今城氏。ツアー形式のこのプロジェクトは、360度ビデオドームでの「難民になる疑似体験」から始まる。次のステップでは「逃げる時に何を選ぶのか」が迫られ、そして船で逃げた後に入国審査を終える。運良くどこかの国で難民として受け入れられたとしても、今度はそこで「難民」としての生活が待ち構えている。「人は一生難民キャンプで暮らすことはできないし、したくもありません。故郷に帰還できない場合、安定した第三国への定住もひとつの選択肢であるべきです。しかし、受け入れを拒否され、劣悪な環境に留まる他許されない人々が大勢います」。MSFは、常に証言活動を通して難民たちの置かれた苦境を知らしめようと努力し続けている。

077

ISM 1-7

ドキュメンタリズムの解剖学
松井至／ジェット・ライコ／河合宏樹／西原孝至

ドキュメンタリストと被写体の「運命」が交錯することでドキュメンタリーというものが生まれると考えた時、その関係性を俯瞰的に捉えることで、より深く理解できるようになるだろう。ここでは「ドキュメンタリズムの解剖学」と題し、4人の作家を分析する。ゲートキーパーからビジネスマンラップまで、人というモチーフから滲み出るストーリーを伝える松井至。社会現象となったSEALDsの人間性に迫る等身大のドキュメンタリーを作り出した西原孝至。フィリピンが背負い続ける悲劇の連鎖を刻むことで警鐘を与えるジェット・ライコ。そして、MV出身の洗練された画面と「ことば」への深いこだわりを映像に込める河合宏樹。

ドキュメンタリズムの解剖学　DOX-RAY

Itaru Matsui
松井 至

1984年生まれ。社会の周縁に生きる人々の知られざる物語をテーマに制作。Tokyo Docs 2016では、デフの親を持つ子を扱った企画『私だけ 聴こえる』がベストピッチ賞を受賞。ドキュメンタリー制作者のコミュニティBUGを共同主催。ドキュメンタリーを登壇で表現する祭典『ドキュ・メメント』共同代表。

Chapter 1 ISM

Takashi Nishihara
西原 孝至

2014年に発表した映画『StartingOver』がTIFFをはじめ国内外10箇所以上の映画祭に正式招待される。2016年にSEALDsの活動を追った『わたしの自由について』が全国15箇所での劇場公開。カナダのHot Docs国際ドキュメンタリー映画祭にノミネート。2017年、「盲ろう者」の日常を追った『もうろうをいきる』劇場公開。2019年に『シスターフッド』が公開予定。http://www.about-my-liberty.com

Jet Leyco
ジェット・ライコ

マニラ生まれ。ラヴ・ディアスとの出会いからオルタナティブ・フィルムの世界を知り、APFIの奨学金を得て映画を学ぶ。長編初監督作品『エクス・プレス』は全州国際映画祭（審査員特別賞受賞）、YIDFF、ロッテルダム国際映画祭等でも公式上映。『Leave It for Tomorrow for Night Has Fallen』はロッテルダム国際映画祭のフーベルト・バルズ・ファンドから脚本助成を受け同映画祭で上映、『Matangtubig』はシンガポール国際映画祭やカナダのファンタジア国際映画祭でも上映されている。

Hiroki Kawai
河合宏樹

震災後は、ミュージシャン、パフォーマーなど、表現者に焦点を当て撮影を続け、記録映像に留まらない「映像作品」をアーカイヴ。制作チームでの名義は「Pool Side Nagaya」。2014年より古川日出男らが被災地を中心に上演した朗読劇『銀河鉄道の夜』の活動を2年にわたり追ったドキュメンタリー映画『ほんとうのうた〜朗読劇「銀河鉄道の夜」を追って〜』は全国各地で上映した。2016年、七尾旅人が戦死自衛官に扮した初のライブ映像作品『兵士A』を監督、全国各地で劇場上映した。

079

『あなたがここにいてほしい』 松井至

10代の頃、親友が精神を病んだ。僕は同じアパートに彼を呼び、人と話すことや食事をとることから教えなきゃならなかった。心のどこかで「自分は健常で、彼は病だ」と思っていた。彼の病は悪化し、彼の狂気になす術がなかった。4年間付き合い、彼に彼女ができた頃に付き合うのをやめた。それから連絡をとっていない。「誰もが自分の人生だけで手一杯なんだ」と自分に言い聞かせ、無関心を選んだ。だが、モカさんは違った。彼女は自身の自殺未遂の経験から、自殺志願者の少し先に立って言葉を送ることで自殺を止めようとしていた。進んで見ず知らずの人の依存先になり、生死を左右する相談の後も「すっきりした！」と笑った。だから僕はモカさんを撮ろうと思った。自分にできなかったことを、彼女がやり遂げるかを見たいのだ。「人は他者の人生を信じることができるし、自殺を止めることもできる」。今度は、自分にそう言い聞かせたい。このドキュメンタリーを、いま自殺の寸前に追いやられている人々や、僕のように無関心を選ぶことになったすべての人間に届けたい。

『あなたがここにいてほしい』

Chapter 1 ISM

『あなたがここにいてほしい』

モカは三度、死ぬ。

自殺願望者が後を絶たない現代の日本。2017年に座間の小さなアパートで自殺願望を利用した大量殺人事件が起こったが、彼らがモカの存在を知っていれば、彼女に悩みを相談できていたら、こんな事件は起きなかったのかもしれない…。飛び降り自殺から生還し、無償で悩み相談室を始めた「モカ」。ドキュメンタリスト松井至は、モカが持つ強さや狂気、その人生に感銘を受け、思春期に経験した喪失感を思い起こし、カメラを向けた。複雑な家庭環境、性的マイノリティ、躁鬱などを乗り越え、彼女は「モカの悩み相談室」を開始。十代で性転換した時に1度目の「社会的な死」を、そして二十代の時に12階のマンションから飛び降り「二度目の死」を経験した彼女は、いま「三度目の生」を生き直しているという。そんな生死の間を生きる彼女は、死に惹かれてやってくる若者たちを優しく諭し、生のもとへ送りかえす。松井は彼女を撮影し、2017年のドキュ・メントで上映。作品を観た朝日新聞の掲載がきっかけとなり、彼女への相談は600件を超えた。松井はモカの生き様をドキュメンタリーとして2018年Tokyo Docsにも出品予定。優しく微笑むモカの声が多くの人に届くように、今日も松井は彼女を撮り続ける。

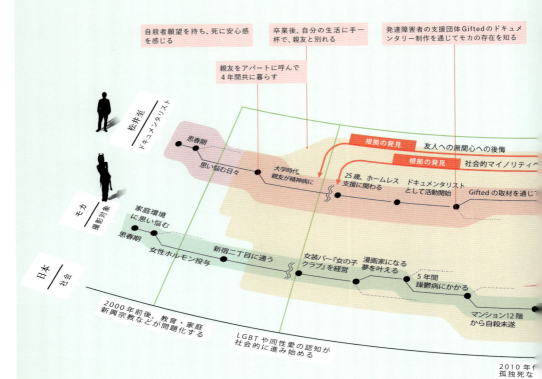

新興宗教
社会変動期のアノミー状況における庶民の世直し欲求や欲求不満が、多くはみずからも俗人である教祖のカリスマ的言動を核として大衆をひきつける運動となる。比較的成立時期が新しく、2000年代以後の現在、350〜400教団ほどと考えられ日本人のおよそ1割が信仰しているといわれる。

LGBT レズビアン（L）、ゲイ（G）、バイセクシュアル（B）、トランスジェンダー（T）の頭文字をとった、セクシュアル・マイノリティ（性的少数者）の総称。

モカ 東京・新宿二丁目で女装バーを経営するモカさんは、性別適合手術を受け男性から女性になる。ウェブでの人生相談を続けている。

モカのお店 新宿二丁目エリアに女装バー、貸しロッカー、人生相談室などをもつ。詳しくはuni-web.jpまで。

Gifted ADHD（注意欠陥多動性障害）、ASD（アスペルガー症候群）など発達障害者に特化したプログラミング、デザインを学べる就労移行支援施設。

082

Chapter 1 ISM

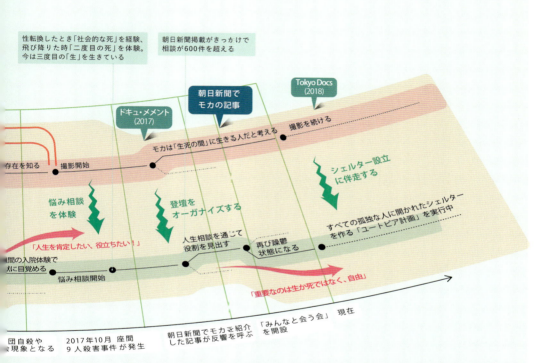

座間の事件　神奈川県座間市のアパートで、ソーシャルネットワークで知り合った男に9人の男女が殺害された事件。

ドキュ・メメント　松井至、内山直樹ら若手ドキュメンタリストたちが集まって始めた「作り手・対象・観客」の枠を超えた新しいドキュメンタリー体験を目指すイベント。

みんなと会う会　月に1回、モカを中心に交流する会。「孤独な人たちが集まれば孤独じゃない」という考えのもと無償で行われており、誰でも参加できる。

083

ジェット・ライコ
『エクス・プレス』

2010年、フィリピン国有鉄道は列車を日本から購入し、メディア関係者を鉄道運行試乗に招待した。ビコール・エクスプレスと命名された列車は、マニラからナガに至る経路を16時間で走行すべく計画されていた。それは進歩の象徴というふれこみだったが、ある時点でこの進歩は少なからぬ困難に遭遇した。どんな進歩にも軋轢はつきものなのだ。幾多の軋轢の存在によって、私は問題の所在をカメラに収め、また理解することができた。危ない鉄道線路、石を投げつける人たち、不法居住者、そ

して暴力の歴史を。かくして我々はプレスの一員としてそのイベントを取材する職務を果たした。けれども、ある町の野蛮な物語を披露してくれた男と会話を交わした後、私はジャーナリストとしてよりも、フィルムメーカーとしての性格を強めることになった。スローシネマの実験精神で撮られた本作は、フィリピンの政治社会体制を通して、その発展の現況を発見し、再検討しようとするものである。この映画は前向きな発展を遂げた国、日本で上映された。

（上）『エクス・プレス』
（下）『Leave it for Tomorrow for Night Has Fallen』

Chapter 1 ISM

『Leave it for Tomorrow for Night Has Fallen』

悲しみの歴史は今なお、線路のように

　フィリピン文化センターによるシネマラヤ基金が始まったことにより、フレッシュな才能が芽生え始めている。2013年の山形国際映画祭で初長編監督作品『エクス・プレス』を発表したジェット・ライコは、当時勤めていたテレビ局の仕事中、土砂災害による鉄道事故に遭遇。フィリピン国有鉄道の新型列車は本来なら華々しく報道されるはずであったが、この事故によりその脆さが露わとなり、そこに隠された不法居住者と鉄道警察の歴史、そしてフィリピンの歴史へと繋がってゆく。ライコはかつて「線路建設のためにスラム街が壊され、鉄道警察が住人を銃殺していた」話を聞く。そこで彼は、「線路」を国のメタファー、「鉄道警察」の男はかつて人々を脅かした将軍「ホビット・パルパラン」と名付けファシズムのメタファー、「電車に向かって石を投げる住民たち」は革命のメタファーとして、フィリピンの過去と未来を描きあげた。「これらの出来事は、今も起こるかもしれないことです。フィリピン人はこれまで何度か間違いを犯しましたが、そのことをすぐ忘れてしまい、過去から学んでいません。政治に対しても同じで、何度も何度も過ちを繰り返して元に戻ってしまいます」。ドゥテルテ政権の今、悲しきマルコスの時代を肯定する人たちが現れていると言う。フィリピンが通ってきた哀しみを、ライコは史実と夢想を織り交ぜて美しく描きあげる。戒厳令によって抑圧されてきた時代は、今も記憶の中だけではないことを力強く問いかけてくる。

085

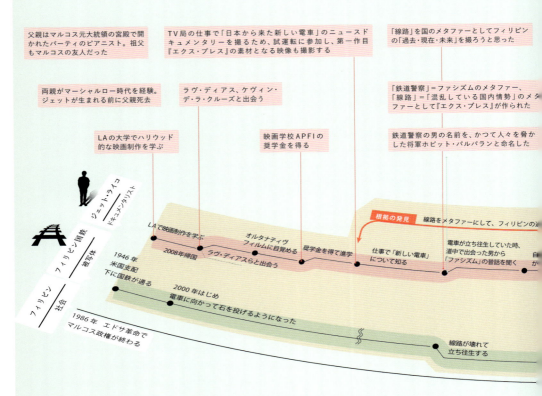

Asia Pacific Film Institute (APFI)
2004年よりフィリピンで初めて設立された独立運営の映画専門の大学。講義形式と古典・現代の両方の映画技術の実技コースを学べる。ジェット・ライコも教壇に立っている。

『Leave It for tomorrow, for Night Has Fallen』
フィリピンのマーシャル・ロー時代を描いたジェット・ライコの長編2作目。この時代について母親に尋ねるといつも「もう暗いから明日にしよう」とはぐらかし、この時代の話をしたがらなかったことからこのタイトルとなった。

エドサ革命
1986年2月に起こったフィリピン軍改革派将校のクーデター決起からアキノ政権樹立に至るまでの革命。独裁政権を続けるマルコスと、反マルコス活動により暗殺された夫の遺志を継いだアキノ夫人との大統領選挙でマルコスによるあからさまな開票操作が行われたことに対し、民衆による大規模な抗議運動がマニラのエドサ大通りで起こった。

ケヴィン・デ・ラ・クルス（Khavn de la Cruz）
フィリピン生まれの詩人、作曲家、映画監督。これまでに47本の長編と112本の短編を手がけ、そのほとんどが賞に輝いている才人。2016年、浅野忠信主演・クリストファー・ドイル撮影の『壊れた心』を製作した。

ノーマン・ウィルワイコ（Norman Wilwayco）
マニラ生まれの執筆家、ミュージシャン、俳優。「Guerrilla」は1999年にAmado Hernandez Award、2002年にPalangca Awardsを受賞し、ジェット・ライコに2作目の想起を与えた。

086

Chapter 1 ISM

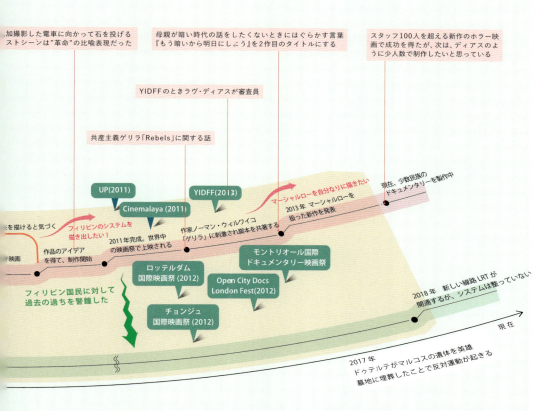

フィリピン国鉄
アメリカ統治時代であった1946年から始まったフィリピン鉄道事業。映画の中ではマニラとレガスピをつなぐビコール・エクスプレスが舞台となっている。フィリピンでは車両への投石が多いため、全ての窓に金網が設置してゐる。

フェルディナンド・エドラリン・マルコス
20年間に渡り戒厳令布告で独裁政権を行った第10代フィリピン共和国元大統領。エドサ革命により亡命先のハワイで死去。現在息子のボンボンが政変に復帰し、物議を醸している。

ホビト・パルパラン
アロヨ政権時に在位していた元陸軍少将。自身が勤務していたフィリピン諸島北部の中部ルソン地方などで起きた大量の超法規的殺害への関与に対する嫌疑がかけられている。

ロドリゴ・ドゥテルテ
レイテ島出身。2018年現在、フィリピンの大統領。フィリピンの政治家ダバオ市長を7期務めたのち大統領となる。自警団を使って犯罪者を超法規的手法で殺害するようになり、「処刑人」と恐れられたが犯罪発生率は低下している。

マーシャル・ロー（戒厳令）
行政権・司法権の一部ないし全部を軍部の指揮下に移行する法令。ここではフィリピンの元マルコス大統領より布告された戒厳令を指す。マルコスは1972年9月にフィリピン全土へ戒厳令を布告して憲法を停止し、大統領職と首相職を兼任することを認める新憲法の制定を行うもエドサ革命によって打倒された。

087

『うたのはじまり ～齋藤陽道～』(仮)

河合宏樹

ろうの写真家、齋藤陽道(さいとうはるみち)さん。陽道さんは二十歳で補聴器を捨てカメラを持ち、「聞く」ことよりも「見る」ことを選んでいる。音は「どんな色をして、どんな形をしているのだろうか？」彼にとっての写真は、自分の疑問と向き合うための表現手段でもある。そんな彼の妻も、ろう者。彼女との間に産まれた息子は「聴者」だった。

幼少期より対話の難しさや音楽教育への疑問にぶち当たり、歌を嫌いになってしまった彼が、自分の口からふとこぼれた子守歌をきっかけに、意識に変化が訪れる。耳が聞こえないのに、どうしてリズムがとれるのか？ メロディが生まれるのか？

生後間もない息子の育児を通して、「歌」を理解しようと奮闘する陽道さん。成長に一番重要な時期の息子の姿と、陽道さんの変化を追う。抱いた赤子に突然泣かれ、ふと子守歌がこぼれる、誰にでもある経験。無意識に現れたその「歌」は一体どこから来たのか。誰しもが持つ、根源的な「歌」を見つめるドキュメンタリー。

『うたのはじまり ～齋藤陽道～』(仮)

Chapter 1 ISM

『うたのはじまり〜齋藤陽道〜』(仮)

本当の歌を、求めて。

「恐るべき子供」と称された鬼才レオス・カラックスの『汚れた血』や、NYのストリートキッズたちをドキュメンタリー・タッチで鮮烈に描いたハーモニー・コリンにインスピレーションを受けて映画を作り始めた河合宏樹。彼はミュージシャン七尾旅人をドキュメントした作品『兵士A』や、小説家の古川日出男を追いかけたドキュメンタリー『ほんとうのうた〜朗読劇「銀河鉄道の夜」を追って〜』など、音楽とアート、カルチャーを横断しながら、ドキュメンタリーという文脈には収まらない表現を追求し続けている。ろうの写真家齋藤陽道を追いかけ続けて製作している『うたのはじまり 〜齋藤陽道〜』(仮)には、そんな河合がこれまでの作品作りのなかで得てきた彼自身の「根拠」へと迫る、ひとつの根源的な作品となりそうだ。夫婦ともにろうの齋藤夫妻が語り合う手話がダンスのようだったことから撮影したいという衝動にかられた河合は、彼らと対等な関係を築くに至り、出産現場の撮影に立ち会うことができた。そして「聴者」である子供の育児は齋藤陽道に変化をもたらし、嫌いだった歌を歌い始めたことで彼らの物語の歯車が大きく動き始めることになる。「ろう者の子守唄を通して、人間の根源にある魅力を感じた」という河合が追い求める「本当の歌」とは、どんな形をしているのだろうか。

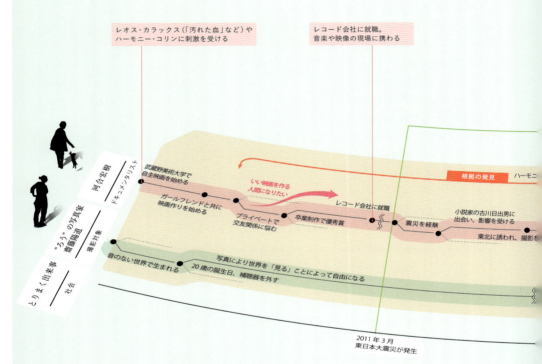

レオス・カラックス フランスの映画監督・脚本家。パリ近郊のシュレンヌ出身。ジャン＝ジャック・ベネックス、リュック・ベッソンとともに「恐るべき子供たち」（ジャン・コクトーの同名小説と映画からの命名）と呼ばれ、ヌーヴェル・ヴァーグ以後のフランス映画界に「新しい波」をもたらした。

『汚れた血』 1986年のフランス映画。レオス・カラックス監督が近未来を舞台に撮ったSF系ノワールと主にメロドラマを絡めた青春映画。ボーイ・ミーツ・ガールからはじまりポンヌフの恋人へとつづくアレックス3部作の第2弾。カラックスにとっては長編では初のカラー作品。

ハーモニー・コリン アメリカ合衆国の映画監督。テネシーやニューヨークで育つ。父親はドキュメンタリー映画製作者。19歳のときに書いた脚本がラリー・クラーク監督の映画『KIDS/キッズ』となり注目される。

飴屋法水 演出家、美術家、動物商、一児の父。1978年に唐十郎の状況劇場に参加、84年に演出家として独立し「東京グランギニョル」を結成、都市と身体を生々しく批評する演劇で注目を集める。1990年代以降は現代アートにも活動の軸を広げ、以後、舞台の演出、展覧会への参加、音楽家とのライブ共演、動物の飼育と販売、執筆など、活動は多岐にわたる。2014年いわき総合高校で学生たちと上演した『ブルーシート』が第58回岸田國士戯曲賞受賞。

『写訳 春と修羅』 彼方の世界の音律を紡いだ詩人・宮沢賢治の四篇の詩と、音のない世界を生きる写真家・齋藤陽

Chapter 1　ISM

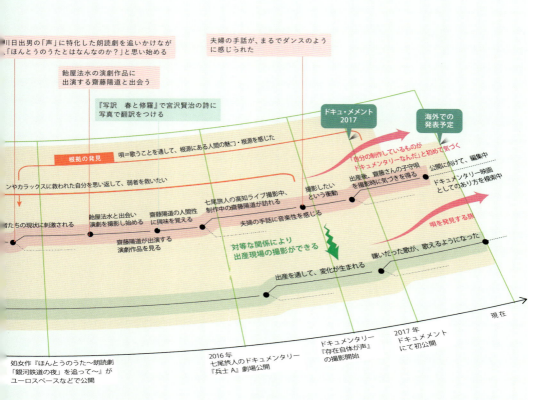

道が、東北を中心に撮影した写真群。言葉の奥に流れている無限の声に耳をすます一冊。

七尾旅人　日本のシンガーソングライター。『911 FANTASIA』『リトルメロディ』などの作品をリリースし『Rollin' Rollin'』『サーカスナイト』などがスマッシュヒット。即興演奏家としても全共演者と立て続けに即興対決を行う「百人組手」など特異なオーガナイズ。

『兵士A』　七尾旅人、初となるライブ映像作品『兵士A』。断髪し、1人目の戦死自衛官に扮して描き出す、およそ100年間に及ぶ物語。ほぼ新曲のみで構成される。

齋藤陽道　東京都生まれの写真家。石神井ろう学校卒業。第33回キヤノン写真新世紀優秀賞を受賞。2011年、写真集『感動』(赤々舎)を刊行。あらゆる種別や境界を越えて、真っ直ぐに対象と向き合い撮影された写真を特徴とする。

古川日出男　日本の小説家、劇作家。福島県郡山市生れ。1998年に『13』で小説家デビュー。2001年、『アラビアの夜の種族』で日本推理作家協会賞、日本SF大賞をダブル受賞。2006年『LOVE』で三島由紀夫賞を受賞する。2008年にはメガノベル『聖家族』を刊行。2015年『女たち三百人の裏切りの書』で野間文芸新人賞、2016年には読売文学賞を受賞した。文学の音声化にも取り組み、朗読劇『銀河鉄道の夜』で脚本・演出を務める。

091

『わたしの自由について〜SEALDs 2015〜』

西原 孝至

2015年春、SEALDsの存在を知った。この年に、70年間平和国家として歩んできた日本の安全保障が大きく変わろうとしていた。安倍晋三首相率いる自民党は、これまでの憲法解釈を180度転換し、集団的自衛権の行使容認を含む新たな安全保障関連法案を国会に提出した。当初は漠然と、一市民としてSEALDsの運動を記録しておくことに意義があるように思え、デモがある度にカメラを持って現場に行った。しかし、撮影をしていくにつれ、誰かの言葉ではなく、自分の言葉で世界に向きあう彼・彼女らの姿に心を動かされ、デモ以外の活動も追っていった。その中で、私自身も「自分にできることは何か」を問い続け、撮りためた映像を自主制作で映画にすることを決めた。SEALDsは確かに、日本の路上を変えたように、私は思う。「終わったなら、はじめるぞ」「社会など変わらない。けれど、私はここで生きている」。諦めから出発した、数名の若者たちが始めた社会運動は、二十一世紀の日本でどのような意味を持つのだろうか。この映画は、数名の若者たちが手探りで始めた社会運動の、半年間の記録である。

©2016 sky-key factory, Takashi NISHIHARA

Chapter 1　ISM

©2016 sky-key factory, Takashi NISHIHARA

変えられないものなんてない

　2011年、新宿駅で東日本大震災を経験した西原孝至は、家電量販店に並んだテレビの画面で見た光景に衝撃を受ける。その瞬間「この世界で絶対的なものなんてない」と悟り、映像作家への道を進む。それから4年後、西原は当時の安倍政権に対して危機感を覚えた大学生らによる学生団体「SEALDs」(当時はSASPL)にカメラを向けていた。2015年夏、安保法制が強行採決されようとしていた前夜に、彼らは国会議事堂の前で大規模な抗議運動を展開する。憲法前文を叩き付けるように朗読し、「これは僕の言葉だ！」「押し付けられたものじゃない！」と叫ぶ男子学生。等身大の言葉で、切々と「理想」を語り続ける女子学生。彼らの抗議運動はやがて世論を大きく動かしてゆく。彼は学生たちの運動がどのような終わりを迎えるのか、カメラに収めようとする。それは2011年に西原自身が感じた「絶対的なものなんてない」、「変えることができないものなんてない」と感じた自分の確信をなぞってゆく作業であったのかもしれない。「選挙フェス」と名付け自身の音楽人生を融合させた三宅洋平氏の衝撃的な街頭演説会が物議をかもした2016年7月の参議院選挙に合わせ、西原と彼らの夏を記録した『わたしの自由について〜SEALDs 2015〜』は公開された。それから1年後、SEALDs設立記念日であり、日本国憲法施行70周年の憲法記念日である2017年5月3日にDVDが発売され、いまなお2015年の夏に起こった出来事の意味を私たちに問うている。

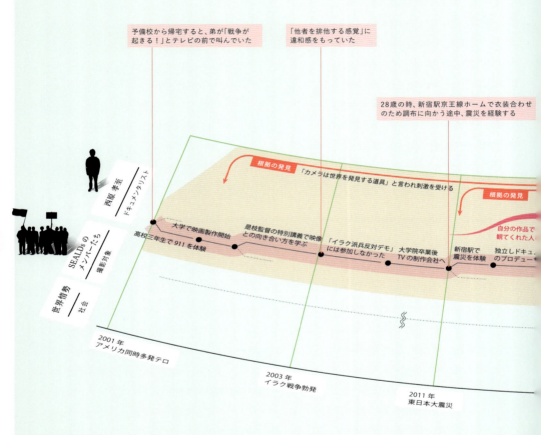

是枝裕和
テレビマンユニオンでドキュメンタリー番組などを演出。初監督映画『幻の光』がヴェネチア国際映画祭で金のオゼッラ賞受賞。『ワンダフルライフ』でナント三大陸映画祭でグランプリ、『誰も知らない』で柳楽優弥がカンヌ国際映画祭男優賞など。2018年には『万引き家族』で第71回カンヌ国際映画祭の最高賞パルムドールを受賞。2014年より早稲田大学理工学術院教授に就任。

SASPL
通称サスプル（Students Against Secret Protection Law 特定秘密保護法に反対する学生有志の会）は特定秘密保護法に反対する首都圏の学生らによる会。官邸前抗議行動などを経て、2014年12月の法施行をもって解散した。

SEALDs
通称シールズ（Students Emergency Action for Liberal Democracy-s）は、2015年5月3日現政権に危機感を覚えた大学生らがSASPLを継承する形で発足した団体。立憲主義・生活保障・平和外交について問題提起や勉強会などの活動を行う。

『首相官邸の前で』
社会学者・小熊英二による初監督ドキュメンタリー作品。2012年夏、脱原発と民主主義の再建を求め約20万人が官邸前を埋めた様子を記録した。2015年9月に初公開。

奥田愛基
市民活動家。平和安全法制（安保法制）に反対するSEALDs

Chapter 1 ISM

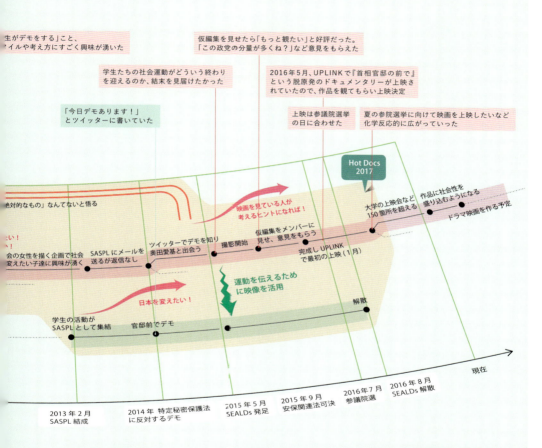

や前身のSASPLを創設したメンバーの一人。一般社団法人ReDEMOSの創設者、代表理事。

SEALDsによる首相官邸前デモ（2015年）
学生団体「SEALDs」は、2015年6月から毎週金曜日に国会議事堂前で安保関連法案に対する抗議活動を開始した。メディアやSNSを通して幅広い共感を呼び、瞬く間に日本全土に広がった。

第24回参議院選挙（2016年5月）
2016年2月、野党5党の党首が会談を開き、平和安全法制の廃止に向けてできる限り協力していくことや、「安倍政権の打倒」「今後の国政選挙で与党とその補完勢力を少数に追い込む」等の目標で合意した。結果は与党146議席、野党・他が95議席であっ

た。公職選挙法改正により、選挙権年齢が高校生を含む18歳以上に引き下げられてから初めての国政選挙となった。

特定秘密保護法（特定秘密法）
安全保障に関して特に秘匿する必要がある情報の漏洩を防ぐため、特定秘密とする情報の指定・提供・取扱者の制限・適性評価などについて定めた法律。2013年12月公布、2014年12月施行。

安全保障関連法（安保法案）
2015年9月に成立した、改正自衛隊法や改正国際平和協力法などを束ねた平和安全法制整備法と、新たに制定された国際平和支援法から構成される。憲法解釈を変更して集団的自衛権の行使が認められたほか、外国軍への後方支援の内容も拡大された。

095

第二章　ドキュメンタリズムの「SHIP」

原一男　ブラックボックス・フィルム＆メディア　アレッシオ・マーモ

ジン・ジャン　内山直樹　中村真夕　カン・シーウェイ

SHIP 2-1

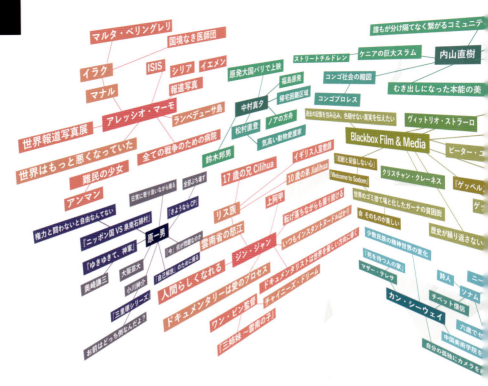

運命の船は、世界を繋いでゆく

ヨーロッパを旅しながらアーティストたちを繋いでいく壮大なドキュメンタリープロジェクトを通して、私たちが見つけた2つの「SHIP」。

『旅旅しつれいします。』

Chapter 2 SHIP

ア難民キャンプ

、

ィルム

民の子供たち

ブルンヒルデ・ボ

める責任

があるか?

2007年の冬、ミラノの街角には真っ赤なポピーの造花を手渡して歩く筆者・津留崎の姿があった。それは、ヨーロッパ中を旅しながら、ポピーの造花を出会ったアーティストたちに手渡し、赤い花の道でつなげようというKENZO Parfumsとのコラボプロジェクト「FLOWER BY YOU」の旅の途中であった。

アーティストたちが持つストーリーを、「花」というメッセージでつなげてゆくというこの企画で決めたことはたった2つだけ。1つは、「アーティストとの出会い」だけでどこまでつながっていけるのか試してみる、ということ。そしてもう1つは、つながりから生まれる物語を、雑誌でも本でも映像でもいいのでとにかく形にしよう、ということだった。そうやって始まった旅は、ミラノ、ベネチア、ウィーン、ドレスデン、ベルリン、コペンハーゲン、アムステルダム、ブリュッセル、ロンドン、パリなど化学反応的に広がっていき、合計70名を超えるアーティストたちと様々な物語を生み出していった。

今振り返れば、アートだと思って始めたこのプロジェクトは、実はドキュメンタリーだったのかもしれない。赤い花を手渡された人たちは誰もが笑顔になる。そして、それぞれの物語を自然と話し始めてくれる。もちろんその話に嘘偽りはひとつもない。ではこれは、どんな「ドキュメンタリー」だったのだろうか?

私たちの「ドキュメンタリー」では、手渡しした「赤い花」だけが人の"物語"をつなぐ役目を担い、旅を先に進めてくれた。たとえるならそれは、「船」が港から港へと渡るように、物語を進めてくれていたのではないだろうか。コンクリートで固めた橋のようにつながるのではなく、「運命」という「船」に身を委ねることで生まれる物語があるのではないか。そう思った時、私たちには「SHIP」という考えが芽生えていた。

崖を転がり、カメラにセロテープを張りながら少数民族の「人間らしさ」を撮り続けたジン・ジャン。被写体と共に闘争しながら荒波を進んでゆく軍艦のような原一男。東日本大震災の帰宅困難区域に取り残された動物たちと一人暮らす"ナオト"を撮影するために単身乗り込んだ中村真夕。爆撃で顔に大火傷を負った少女のストーリーを伝えることで戦争の罪深さを世界へ発信しようとしたアレッシオ・マーモ。 カメラ1つでコンゴでもブラジルでもコミュニティ深くに入ってゆく内山直樹。彼ら全てが「運命の船」に身を任せながら、物語を紡いでいった。

そしてこの「SHIP」には、もう1つ大切な意味が込められている。それは関係性を表す「Relationship」の「SHIP」である。ドキュメンタリストたちが「共感」や「感覚の共有」と呼ぶ、この「SHIP」がなければ「船」は進まず、物語は生まれない。「つ

ながっていく」こと、それは人々に予期せぬ出会いや希望、そしてワクワクする可能性を感じさせてくれるものである。赤い花を配る旅で私たちが感じた「ドキュメンタリー」は、どこにでもあるような「つながり」を花という目に見える形ではっきり示したことで、そこにポジティブなストーリーを感じさせてくれたのではないだろうか。この2つの「SHIP」が揃うことで、ドキュメンタリーの物語は、つながった人たちの想いを乗せ、力強く前へと進んでいくのだ。

女優のメラニー・ロランは、子供たちが生きる未来の世界に不安を感じ、幸せなライフスタイルを探すために世界中の知識人たちを訪ねる旅に出るドキュメンタリー『Tomorrow パーマネントライフを探して』（2015）を監督した。彼女がこの作品で教えてくれたのは、どんな困難があったとしても、人のつながりと知恵と、物語を進めてゆこうという勇気があれば、答えは見つけられるということだった。

この章だけでなく、本書に登場するドキュメンタリストたちの言葉に共感を覚えたのなら、あなたも彼らと同じ、運命の船に乗っているのかもしれない。次の港へ着くまで、彼らの言葉に耳を傾けてみよう。もしかしたしたら自分自身の答えが、見つかるかもしれない。

SHIP
2-2

Chapter 2　SHIP

Interview

Kazuo Hara

映画監督
原一男

「長い闘争の時間が、彼らを鍛えていたんだと思います」

「生」を貫く人間たちを力強く描き出すドキュメンタリー映画監督、原一男。差別的な視線をひっくり返した前代未聞の障害者表現、戦争責任を荒々しく追求する奥崎謙三の姿に叩きつけた「今」を生きる意味、戦う人間へ変えてゆく力強いカメラ。原監督のカメラは常に徹底して戦う側に付き、権力と闘う姿勢を描き出す。三里塚闘争（新東京国際空港建設に反対する農民の運動）を共に戦いながら記録した「小川プロ」から継承した精神性も感じられる。これほど「カメラが武器」という言葉が似合う映画監督はいないだろう。その過激さは時にタブーという言葉で片付けられることも少なくないが、画面の中に映された闘う人間たちの姿から目を逸らすことはできない。原監督が作り出した世界には、「生」や「自由」を得るためにもがき闘争する美しい姿がある。

"関係性"をひっくり返す映画

ドキュメンタリーという表現方法を通して伝えたいメッセージは何ですか。

原一男（H）：いろんな題材に出会って取り組むので作品に込めるメッセージは作品によって微妙に変わりますが、一貫して求めているものはもちろんあります。それは、世界が絶えず変化していても「自分はいかにして生きるか」ということを、それぞれ出会った被写体にカメラを向けるなかで探っている、という感覚です。その感覚を探ってそれぞれの作品ができあがっていくんですが、そういう問題意識が、時代が求めているものと一致したらヒット作品になるんだと思います。

「カメラというツールを通して被写体とコミュニケーションをしている」というインタビュー記事を読んだことがあります。この作業の中からご自分の生き方に対する答えを見つけようとしているのでしょうか。

H：そうです。これを私たちは「方法論」と言いますが、どういう方法で作品を描くのかというのはかなり大きな問題です。一作目の『さようならCP』（1972）の時は、当時報道写真家になろうとして取り組んだテーマでした。写真を撮るという前提で4年ぐらい障害者をめぐる様々な人たちに色んな場所で会い、そこで現在の相方である小林佐智子に出会って、障害者に焦点を当てた「映画」を作ろうということになりました。そのとき私は、「これまでに作られたあらゆる障害者問題を扱ったテレビや映画など全部ぶち壊して変えてみせる」と決心したんです。障害者と健常者という関係自体が「差別する」という関係に置かれているわけだから、その関係をひっくり返して見せよう、と。製作では色々苦労しましたが、結果として、それまであった障害者に対する見方や価値観を大きく変えたと思っています。そういう意味では、私は『さようならCP』で「ドキュメンタリーは世界を変えることができた」という自負があります。

障害者の方々に興味を持ったきっかけは何だったのでしょうか。

H：写真学校に通っていた頃、夏休みの課題で「組み写真」が出されて、重症心身障害児の子供たちの写真に取り組むことにしたのが、障害者との最初の出会いでした。それまで彼らの存在は見たこともなかったので、非常に衝撃を受けました。夏休みが明けて彼らの組み写真を

『さようならCP』（日本 / 1972 / 82分）　©疾走プロダクション

学校に課題提出した後も、障害者という存在にまつわる問題を自分がちゃんと理解できているとは到底思えなくて、また新たな別の素材に出会おうという気にもなれませんでした。それで、自分でももっと勉強してみようと思って様々な障害者に会いに行き、障害者にも千差万別あることがわかりました。4年間いろんなところで彼らと一緒に行動をしているうちに、「問題提起をすること」でそれまでの障害者観を壊せるのではと思うに至り、それを映画の中でやってみようと思ったんです。

相手に寄り添い掘り下げる

表面的ではなく、長く寄り添って撮影する姿勢の原点は、ここにあると。

H：寄り添って人間を描くということは、例えば2、3日どこかにいってパッと撮った写真がたまたま面白いシーンが撮れたからといって、それを映画の軸に置いて「いっちょできあがり！」と言えるような簡単なものではないと私は思っています。最初に相手と関係が作られ、それから撮れた映像に「何が撮れて何が撮れていないか」を毎回検証しま

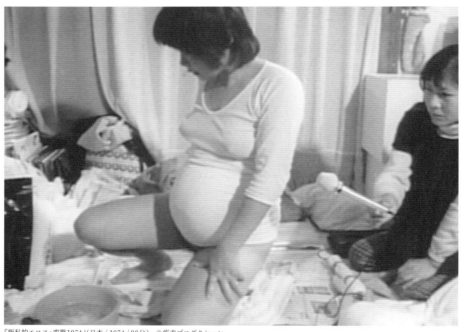

『極私的エロス・恋歌1974』(日本 / 1974 / 98分) ©疾走プロダクション

す。そこで「まだだ、もっと」と考えながら、掘っていく。喜怒哀楽などの人間が持つ重層的な意識は、その時代の政治システムとクロスして全部含まれているものなので、そうやってちゃんと深いところへ掘り下げていかないと、描くことはできません。掘っても掘ってもまだまだだという感触、どれだけ深く掘り下げるかが勝負だなあという感覚はいつもあります。

その「まだだ」と思う評価基準はどうやって判断するのでしょうか。

H：例えば誰かが怒っていたら、なぜ怒っているのか、怒るということはそもそもどういう仕組みの中で起こるかを考えていくんです。また、喜んでいる人がいたら、その喜びというのは一体どういう喜びでどこからもたらされるのか。そうことを探るわけです。

Chapter 2　SHIP

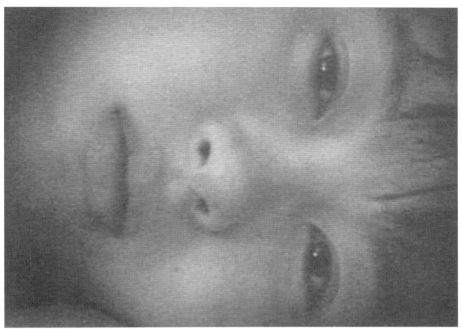

『極私的エロス・恋歌1974』（日本 / 1974 / 98分）　©疾走プロダクション

掘り下げていくことでどのような面白さと出会うことができましたか。
H：ドキュメンタリーの面白さって、掘り下げていく過程で「あーなるほど！」となるシーンが撮れるところなんですよ。それも、真実がものすごく深いところに隠されていたんじゃなくて、単純に人間の思い込みに過ぎなかったりする。いとも簡単に本当のことがパッとさりげなく姿を表してくれるというか、アッ

ケラカンと「なんだそんなことなのか」と思うようなことが。苦笑いしちゃうんだけど、その現実がすごく面白い。例えば『極私的エロス 恋歌1974』（1974）。この映画は私が元同棲相手の武田美由紀から「妊娠しました」という手紙を受け取り、彼女の「旅をする過程で出産をしたい」という想いを撮るため彼女が住む沖縄に行くところから始まります。でもなぜか予定日を過ぎても生まれな

107

『ゆきゆきて、神軍』(日本／1987／122分) ©疾走プロダクション

『ドキュメント ゆきゆきて、神軍［増補版］』
著：原一男 ©疾走プロダクション

い。おかしいなと思いつつ1ヶ月近く待って、さすがにこれ以上は母体に悪影響があるのではと本人も焦り始め、出産を刺激する器具を用いたりする。そんなこんなで出産を迎えるのですが、生まれてみてなんのことはない、「混血の子」だったんです。つまり武田美由紀が子供の父親が誰だったのかを勘違いしていて、妊娠したと思い込んでいた日の計算を間違っていただけだったんです。

カメラによって、生き方とキャラクターが増幅される

『ゆきゆきて、神軍』の中でも、予期しなかった場面はあったのでしょうか。

H：奥崎謙三さんは商人なので、損か得かというセンスが非常にリアリズムです。だから彼が怒っている場面にも、怒って見せた方が観客が喜ぶという計算があったはずだろうとも思います。ただ前半で奥崎さんがカッとなって殴

Chapter 2 SHIP

『ゆきゆきて、神軍』(日本 / 1987 / 122分)　©疾走プロダクション

りかかるというシーンが2回ありまして、このカッとなっている彼のキャラクターは、彼自身の本当のキャラクターだと思います。1回目は奥崎さんが一生懸命話しているのに、相手が用事があるので帰ろうする態度に「無礼だ！」と怒るシーンです。奥崎さんは相手が無礼であるということに対して敏感なんです。2回目は元兵士の山田吉太郎さんの自宅で、山田さんが「靖国神社」という言葉を使った途端に奥崎さんが殴りかかるシーンです。山田さんは特に靖国神社を肯定的に話そうとしてわけではないのですが、奥崎さんは「靖国神社」という言葉を聞いた瞬間、条件反射的に「このやろう！」ってなってしまいます。奥崎さんは決して論理的に考えるタイプではなく、早とちりで思い違いをするキャラクターなんです。後半で奥崎さんが小清水中隊長を本気で殺そうとして脅すシーンがありますが、これは日本人は民族的に暴力に弱く、相手が何かを頑なに

109

隠そうとしている時には「強い力」が必要なんだと、彼が思っているがゆえの行為でした。「強い力」というのはつまり、ボカっと殴られて観念した相手が諦めて、頑なに閉ざしていた扉を開けようとするきっかけとなる、その一撃です。そういう計算を奥崎さんが絶えず持っていたんだということは、撮影するまでわかりませんでしたね。それはカメラと関係なく、彼自身の生き方と独特なキャラクターです。それがカメラがあったことにより、増幅されたんだと思います。

これまで描かれていた昭和の「ヒーロー」に対し、ヒーロー不在の平成では「生活者」へ目を向けたと聞きました。『ニッポン国VS泉南石綿村』の中には自分の言葉を持っていた方たちがいました。

H:泉南の人々とは、関西のテレビ局のプロデューサーから「アスベスト問題をやってみませんか」と言われたのがきっかけで出会いました。当時の彼らは普通すぎるぐらいに普通の人たちで、私は「これで面白い画が撮れるわけねえじゃねえか」と絶望的に落ち込みました（笑）。だけど面白いもので、「闘争」って人を鍛えるんですよ。結果として8年間、最高裁判所まで彼らと付き合うことになったのですが、この長い闘争の時間が

何人かを「鍛えて」いたんだと思います。泉南の人たちは最初、政治闘争みたいなことには全くウブでした。でも立ち向かう相手のところへ何度会いに行っても、懇願を聞いてもらえないどころか踏みにじられたりしているうちに、彼らの中に「懇願」じゃダメだ、闘おうという「怒り」が育てられていったんです。それは映画に撮られていたからとかではなく、「闘争」が彼らをそうさせたんだと思います。そういう泉南の人々の成長の物語に、運良く私が出会うことができたというわけなんです。

昔の題材であっても「今と未来」を描こうとしているように感じられます。

H:私はそういうものを絶えず求めているんです。例えば『ゆきゆきて、神軍』で奥崎さんが追う「第二次世界大戦時、ニューギニアの戦場で何が起きていたのか」なんて、題材として明らかに過去でしょう。でもここには「戦争における軍隊」という人間関係が撮影当時も存在していたんです。奥崎さんが突撃する「戦争を生き延びて帰ってきた人たち」は、そのほとんどが次男でした。長男は家を継がなくてはいけないのであまり戦争には取られず、代わりに戦場に送られなんとか生きて帰ってきた次男たち

Chapter 2　SHIP

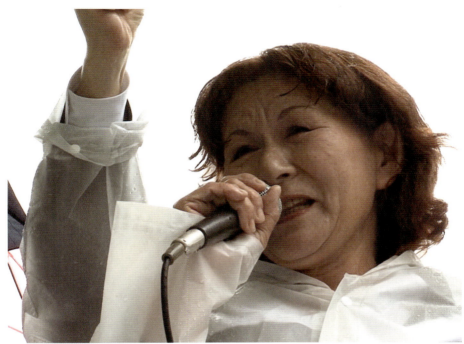

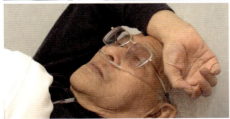

『ニッポン国 VS 泉南石綿村』(日本 / 2017 / 215分)　©疾走プロダクション　　『ニッポン国 VS 泉南石綿村』上映用ポスター

『ニッポン国VS泉南石綿村』（日本 / 2017 / 215分）　©疾走プロダクション

には、継ぐ家がありません。だからみんな養子縁組に入ったりして市民生活に入り込み、それぞれ平和な暮らしを追求しているんです。そこへ奥崎さんが訪ねて来るもんだから、とたんに「奥崎が来た！」という連絡網がパーっと回ります。軍隊の時の人間関係という縛りがこの時も見事に生きていることに、私たちは直面したわけです。そういうふうに、いま何がどんなふうに繋がっているかを発見しなくてはいけない。そして、「今」を描くという感覚が、私のどの作品にも強くあります。このように昔の題材を使いつつ、「今」を描いているという認識が、ドラマであってもドキュメンタリーであっても映画人には必ずあると思いますし、「今」という時代はどういう時代で、「今」何が問題なのかということを描いてこそ、映画というメディアの特徴が生かせるんだと思います。

「闘争」が人を鍛える

では監督が感じる「今」の撮影対象は。

H : 映画を始めてもうすぐ50年経ちますが、自分たちが作ってきた映画の流れみたいなものを時々ふと考えることがあります。これまでの作品と『ニッポン国VS泉南石綿村』はだいぶ趣が違うと思う人がいると思います。確かにこれまでの作品の主人公は権力と「闘う」という意思が非常に強く、実際に闘っている人たちでした。それに対して泉南の人たちは権力に対して闘い始めたばかりの人たちで、奥崎さんなどと比べるとまだヒヨッコに過ぎず、一歩も二歩も三歩も後退しています。でもそれは、まさに現代の民衆が持っているパワーがズルズルっと「後退させられている」ことの証しではないかと思います。私がこれまで一貫して映画に求めていたものはずっと同じで、「権力に対して闘わないと、自

『ニッポン国VS泉南石綿村』(日本 / 2017 / 215分) ©疾走プロダクション

由なんてないんだよ」という一言に尽きるのです。泉南の人たちの場合、だいぶ遅れてではありますが、時代の風潮を跳ね除けてやっとよちよちと闘い始めたところです。「作品は時代を反映している」とよく言いますが、見事にそうなっています。

監督のアイデンティティが問われる時代にどのような立場を取るのか

本書では、原監督が審査員をされていた台湾国際ドキュメンタリー映画祭でグランプリに輝いた『A Cambodian Spring』のクリス・ケリー監督にもインタビューしています。彼はカンボジアの開発問題に伴う立ち退き勧告を受けた人々の闘争を描き出しました。

H：彼の作品は良かったよね。カンボジアの弱者と権力を持っている人たちとの闘いを長い期間ずっと撮っていて、実によくいろんな現場を撮影できていて面白い。それでいて映画の後半に、弱者同士が反目し合うシーンが出てくるんですが、それが見る方の胸をすごく打つんです。台湾では本人に会えなかったんだけど、彼には是非直接聞いてみたいことがありました。それは、山形国際ドキュメンタリー映画祭でインドネシアの共産党狩りを描いた『アクト・オブ・キリング』のジョシュア・オッペンハイマー監督とシンポジウムをした時にも話した、「第三者的な意識」についてです。彼はハーバードの大学院で東南アジア史研究の博士過程でのフィールドワークでインドネシアで虐殺があった現実と出会い、それで映画を作るようになるんです。映画はすごく面白いし良くできている。そのうえで訊ねたくなったのが、監督のアイデンティティと立ち位

置です。あそこで描かれているのは「赤（共産党）に対する恐怖」の裏返しが生んだ虐殺で、その恐怖をもともと持って来たのはアメリカですよね。ナチスのホロコーストの生き残りの子孫でもあり、いまアメリカ人映画監督として生きている彼にとって、自分のアイデンティティをどのように考えているのかな、ということに興味があったんです。今は監督のアイデンティティという問題が必ず問われる時代であり、これはドキュメンタリーで問題になることが多い問題です。60年代の小川紳介さんによる「三里塚シリーズ」において、三里塚の農民と機動隊がぶつかる「戦争」の目の前では、対立する2つのどちらかを客観的に撮る第三者的で中立な意識なんて有り得ないんです。むしろ小川プロはこの時徹底して農民の側につくというテーゼを行いました。つまり中立というのは既に幻想であり、どちらかに付くしか有り得ないのだという問題提起は、既に小川プロによって成されていたんです。それを学んだ私たちがいま映画を撮っている。「お前はどっち側なんだよ？」ということが、必ず問われるのが今の映画の作り方なんです。クリス・ケリー監督の『A Cambodian Spring』を見た時、それがどちらなのか映画からわかりませんで

した。それで彼にも、そういう第三者的な意識をどう考えているのかが気になって、本人に聞いてみたかったんです。

撮影対象との関係性はどのような形で始まるのでしょうか。
H：ひとつだけ言えるのは、具体的に自分が何かと出会って気持ちが動くということが、私にとっては大事なんです。それがなければ、そこにどんな深刻な問題があったとしても気持ちも体も動かない。極めて私的な出会いがあって初めて「よし」と動くんですね。例えば東日本大震災があった時「原さんはどうして行かないんですか」とよく言われましたが、私は「行かねばならない」という考え方は一切しないんです。『さようならCP』も、実は当時「秋田おばこ（秋田の若い娘たち）が集団就職で重度の心身障害児の施設に働きに行く」という美談を新聞で読んで、この少女たちを撮ろうと思って施設に出かけていったのが、障害者に出会ったきっかけだったんです。はい、私の動機って不純なんですよ（笑）。動機なんてそんなもんなんですよ。ただ、出会ったあとでどれだけ深く深く掘り下げていけるかが勝負なんです。

Chapter 2　SHIP

カメラの前で演じることで、縛られているものが可視化されていく

"生き方としてのドキュメンタリー"というものは可能だと思いますか。

H：これは私のオリジナルではなく田原総一朗さんの『青春 この狂気するもの』などから学んだ方法なんですが、「日常に寄り添いながら撮っていく」という一つの態度があると思います。どちらかというと『ニッポン国VS泉南石綿村』にはそういう匂いが強いと思います。基本的に、誰でも「日常」は持っています。しかし誰もが「自由に」日常を送っているかと言えばそうではなく、程度の違いはあれどだいたい誰もが大なり小なり何かに縛られて生きているものです。あらゆる庶民が皆自由に生きているなんて社会は、今もこれからも有り得ません。この、「縛られている」という感触を持って日常に寄り添いながら、日常の場面を丁寧に拾ってゆき、その中で出会ったあんたを撮りたい。そういうことなんです。例えば何かに縛られている誰かがいて、思いっきり自由に生きてみたいと思う生き方があったとします。もしその実現に3年かかるとしたら、その3年間で自分が思い描いている生き方の理

想みたいなものを、映画の中でやって見せてよ、というところが私の出発点なんです。例えば『ゆきゆきて、神軍』の奥崎さんの場合は、「神軍平等兵」ということを自身が既に名乗っていたわけだから、「徹頭徹尾、自分が神軍平等兵だとするこれからの撮影期間を生きてみせる」ということが大事なんです。だから彼の意識には「演じる」ということが伴いますが、そこには「なぜ演じるのか」という理論的な背景や目標があります。それがつまり、その人が抱えている「縛っているもの」の正体なのです。奥崎さんの場合は、それが「天皇制」でした。彼らにカメラの前で演じさせるようにするように「仕掛ける」ことでより彼らは鮮明に「自由」へ向かっていきます。そしてカメラの前で演じることで、その人が縛られているものが可視化されていくのです。それが私のドキュメンタリーという基本的な考え方であり、作り方になります。『極私的エロス』では武田美由紀が「自力出産するから映画を作ってよ」と私に言ってきたことから始まった作品でした。彼女は自分の母親のような「旦那の言う通りに黙ってついていく」という古い母親像としての生き方は絶対に嫌だと思っている女性です。彼女は「自力出産をする私」という姿に、「大地に足を踏

115

ん張って、真っ赤な太陽が地平線に沈んでゆく夕日をバックに産み落とす、たくましい女」というイメージを持っています。彼女が自力出産をしたいというイメージの元にその絵があるので、この映画は自力出産をしようと言うところから始まり、ラストは出産で終わる。映画を撮るという仕掛けそのものや、撮影にまつわるあれやこれやに悩んだりすることそのものがこの映画のストーリーなんです。彼女が持っている「自力出産をしたい」というイメージの中には、社会や人間とはこういうものだという理想像が全部入っています。私は最初っから映画とは「自己解放」のために撮る、という考え方なんです。私は自分たち自身が生き方を求めて、いろんな人に出会い、相手に「あなたは一体どういう生き方をしているのですか」という気持ちでカメラを回しています。そうすると、映された相手は人前に自分を見せるわけですから、相当頑張るんですよ。『全身小説家』(1994) の井上光晴さんは、本人が死に向かっているのに「自分は絶対死なない」って3年半言い続けて死んでいきました。あの映画でさえも、見終わったときには「よし元気に頑張って生きていこう」と思えます。それは「死」に向かって目一杯生きているという人間の「生きるエネ

ルギー」を描くことがカメラを回すという営みであり、ドキュメンタリーなんです。演歌や応援歌みたいなもので、私たちの映画を見た人は「よしがんばろう！」「がんばって生きなきゃ！」と思って映画館を出てくると思います。

「自由でありたい」という欲望を育てる大切さ

これからドキュメンタリストを目指している若い人たちに、生き方としてのドキュメンタリーとはどのようなものかメッセージをください。

H：いま大阪芸大で教えているので生徒の若い子たちと付き合っています。一般的に、現代の若い子たちって夢を持とうにもこの社会の中に持ちようがない、とか言われるじゃないですか。でもやっぱり社会がどうあろうとも、むしろ社会が非常に抑圧的であればあるほど、自分の自由のイメージを必死で探らないと生きている意味はないと思います。人間は欲望によって突き動かされていますよね。金儲けしたい、立身出世をしたい、いい女とセックスしたい。その中で一番強くて価値がある欲望というのは、「自由でありたい」という欲望です。こ

のイメージだけは持ち続けて、また自分で鍛えないと、生きている意味はない。自分の中で育てていかないと、自由なんて自分のものにはならないんですから。

いま興味のあるテーマはありますか。
H：今は、権力というものをもっとリアルに炙り出してゆくような作品ができないかなと思っています。ドキュメンタリーというのは特に弱者に寄り添うべきだという考えがあります。私はその考え方に反対しているというわけではありませんが、なぜか弱者を虐げている具体的なイメージというと、せいぜい機動隊とかガードマンしか出てこない。これが癪なんですよね。『ニッポン国VS泉南石綿村』でも役所の下っ端役人がちょろっと出てきて、大臣が謝罪で出てきたぐらい。私はあんなのでは不満なんです。まだ序論でしかない。もっと権力の中枢に入って、権力というものをリアルに描いて行かないと、不公平な気がします。

ドキュメンタリーに何かを変える力があるとしたら何だと思いますか。
H：この世界に対して、日々感じることは色々あります。それに対して何か自分が思うことがあるのならば、追求して深く掘り下げ、強いメッセージにすることこそが作品だと、私は考えます。新しい視点を見せるだけでいいとは思いません。描いたものをどう解釈するかは観客に委ねて、いかにも目新しいことをやっているような人もいますが、ああいう作家は私にとっての天敵だと思っています。誰とは名前は言いませんが（笑）。

（2018年8月、渋谷にてインタビュー）

原一男

1945年、山口県宇部市生まれ。東京綜合写真専門学校中退後、養護学校の介助職員を経て72年、小林左智子と共に疾走プロダクションを設立。同年、『さようならＣＰ』で監督デビュー。74年、『極私的エロス・恋歌1974』を発表。セルフ・ドキュメンタリーの先駆的作品として高い評価を得る。87年、『ゆきゆきて、神軍』を発表。大ヒットし、日本映画監督協会新人賞、ベルリン映画祭カリガリ賞、パリ国際ドキュメンタリー映画祭グランプリなどを受賞。94年、小説家・井上光晴の虚実に迫る『全身小説家』を発表。キネマ旬報ベストテン日本映画第一位を獲得。2005年、初の劇映画『またの日の知華』を発表。2017年には大阪・泉南アスベスト工場の元労働者らが国を相手に起こした訴訟の行く末を記録した『ニッポン国VS泉南石綿村』を発表。

SHIP 2-3

Blackbox Film & Media

ホロコーストからガーナのゴミ汚染まで、国際ドキュメンタリープロダクションBlackboxは「真実」の証言者に向き合い続ける

80年代オーストリアでは国際的な映画制作に携わることは難しかったが、クリスチャン・クレーネスはヴィットリオ・ストラーロら伝説的撮影監督と共に働くという幸運を得た。これが最初の幸運だった。それから20年、テレビ業界で映像を作り続けた彼に次の幸運が訪れる。イギリスの名優であり作家のピーター・ユスティノフ卿との出会いであった。彼は未来を見透すヒューマニストであり、難民の子供たちを救う「ユスティノフ財団」を設立していた。ピーターにより世界観を大きく変えられたクリスチャンは、親友となり、世界を救う彼を支えることを決める。そして、次の幸運が訪れた。それは「真実を深く知りたい」という"気づき"であった。映画作家としてのルーツに戻ろうと決心し、素晴らしい仲間たちが集まった時、Blackbox Film & Mediaが誕生していた。

Chapter 2　SHIP

「歴史が繰り返さないように、見つめる責任」

『Welcome to Sodom』撮影風景　©Blackbox Film & Medienproduktion

Blackbox Film & Media
ブラックボックス フィルム＆メディア

クリスティアン・クレーネス率いる、ウィーンを拠点にする国際ドキュメンタリープロダクション。独自の視点であらゆるドキュメンタリー製作を手がける。ガーナの家電ごみ汚染を追った最新作『We come to Sodom』は2018年度コペンハーゲン国際ドキュメンタリー映画祭（CPH:DOX）のコンペティション部門に選出される。現在、ホロコーストを生き延びた105歳のユダヤ人のドキュメンタリーを製作中。海洋資源の乱獲問題や有刺鉄線を巡る新作も製作中。

『ゲッベルスと私』撮影風景　©Blackbox Film & Medienproduktion

過去の記憶を包み込み、色褪せない真実を伝えたい

彼らのプロダクションにつけられた「Blackbox」という名前は、決して良いイメージがある言葉ではない。例えば飛行機の中に積まれた、墜落しても壊れない記録装置がこの名前で呼ばれている。「それをポジティブなイメージとして表現したいんです。真実にこだわり続ける映画会社として、英知を集め、過去の記憶を包み込み、世界中の人たちへと届くような色褪せない映画作品を作りたいんです」

と言うクリスチャン。そもそもテレビ業界でキャリアを積んでいた彼らが、独立したドキュメンタリープロダクションを始めたのはなぜなのだろうか。「テレビで働いていた時には、真実の表面だけをかすめて届けていたのだという認識があったんです。私たちには真実を伝えるという特別な責任があるんです」。真実を深く見るべき時が来たのだと悟り、映画作家としてのルーツに戻ろうと決心をしたと言う。そこには難民の子供たちを救おうと人生をかけた親友ピーター・ユスティノフ卿の影響も大きかった。

Chapter 2　SHIP

ドキュメンタリストに求められる能力

ではドキュメンタリストとは、どんな人間なのだろうか。「要求される能力は忍耐と妥協しない心です。とくに資金集めには常に忍耐が必要となります」。日本でも公開され、話題となった映画『ゲッベルスと私』のプロジェクトが始まった時、既にゲッベルスの秘書であったブルンヒルデ・ポムゼルさんは101歳であったという。「ほとんど時間が残されていないとわかっていたのですが、資金を集めるために2年の歳月が必要でした。結局撮影を始められた時、彼女は103歳だったんです。作品を完成できたことは本当に幸運だったと思います」。ここでも彼らは幸運に助けられたと言う。さらに彼は、ドキュメンタリストに必要とされる能力は"信頼されること"だという。世界のゴミ捨て場と化したガーナの貧困街を描いた作品『Welcome to Sodom』では撮影前のリサーチに2年かかったというが、まず文化の壁を超えて信頼してもらうために一月以上必要だったという。「時間は信用を得るうえでとても重要なんです。テレビとは違い、私たちは彼らに質問をいくつか渡して十分な時

『A Jewish Life』　©Blackbox Film & Medienproduktion

121

間をかけて考えてもらったんです。その後、カメラの前でそれぞれの答えを話してもらいました」。そうやって聞こえてくる言葉は、強い信頼関係に裏付けられた"真実の言葉"なのだ。

ドキュメンタリストと美学

ドキュメンタリストはどんな美学を持っているのだろうか。「"人生"そのもの、"命"そのものが美しいのです。ガーナの貧しさに生きる人たちであったとしても、ゴミ捨て場に生きている彼らから見れば、世紀末的な場所さえも輝いて見えるのです」。ただ、観念的なアプローチは避けなくてはいけないと彼は続ける。「リアリティを表現する一方、推論を極力省くことで、生まれる映像は強烈なものとなり、避けがたいほど劇的な印

象が生まれてきます」と言うクリスチャン。そのバランス感覚こそがドキュメンタリストに必要とされる美学なのかもしれない。

ドキュメンタリストの責任と役割

「ドキュメンタリストは二度と悲惨な歴史が繰り返さないように過去を見つめる責任を負っているんです」と言う。この深い言葉には、悲しい歴史を知るオーストリア人ゆえの思いがあり、それがBlackboxの映画作りの原動力になっていることは間違いない。「『ゲッベルスと私』では、第二次世界大戦最後の証言者にスポットライトを当てました。『Welcome to Sodom』ではグローバリズムの連鎖を最下部で支えている人たちの声を姿を届けました。『A Jewish

『ゲッベルスと私』　©Blackbox Film & Medienproduktion

『Welcome to Sodom』 ©Blackbox Film & Medienproduktion

Life』では筆舌しがたいホロコーストの恐ろしさを教えてくれます。私たちは好奇心とインスピレーションを信じて新しいことを発見し、見る人に疑問を投げかけるような作品を作りたいんです」。

ドキュメンタリーは世界を変えらえるのか

クリスチャンは、ドキュメンタリーで世界を変えることはできないと言う。「ただ、それは観客の心に触れ、思いを伝え、考えを促すことはできる」と言う。テレビで地中海に浮かぶ難民船を見るたびに、心配な気持ちになるという。「ヨーロッパは門を閉ざしていますが、移住してきた彼らを受け入れるべきです。そうでなければ、戻る場所のない彼らは海で溺れることになってしまうんです」。目まぐるしく変化するこの世界に秩序をもたらすことは難しいが、挑戦する価値はあると彼は言う。「我々は共存の新しい章を開く必要があります。ドキュメンタリストたちはそれにどんな貢献ができるのでしょうか？ 私たちの仕事は、たとえ1つの作品が"大海の一滴"だったとしても、映画を通して人々に気づきを与えることが大切な責任だと思います」と語るクリスチャン。『ゲッベルスと私』で日本にセンセーションを起こした彼らは、確実にその役目を果たしていると言えるだろう。

Chapter 2　SHIP

『Welcome to Sodom』　©Blackbox Film & Medienproduktion

Welcome to Sodom
オーストリア・ガーナ合作 / 2018 / 92分

ガーナ共和国にある世界一巨大な電子機器投棄場アグボグブロシーには、6,000人以上の男女が働きながら暮らしている。彼らは汚染されたその場所を「ソドム」と呼ぶ。不法に投棄され、ゴミに埋もれたソドムを舞台に刻まれる「生」を通して、現代社会が目を背けてきた巨大な負の遺産を鮮烈に描き出す。

ゲッベルスと私
オーストリア / 2016 / 113分

ナチス政権の国民啓蒙・宣伝相ヨーゼフ・ゲッベルスの秘書を務めたブルンヒルデ・ポムゼルが、終戦から69年の沈黙を破り、撮影当時103歳にして初めてインタビューに応じたドキュメンタリー。彼女の30時間に及ぶ独白を通し、20世紀最大の戦争における人道の危機や抑圧された全体主義下のドイツ、恐怖とともにその時代を生きた人々の姿を浮かび上がらせていく。

125

SHIP 2-4

Alessio Mamo

故郷シチリアに流れ着く難民たちの姿を見て報道写真家になることを決めたアレッシオ・マーモの「命」のドキュメンタリズム

泥舟のような小舟に溢れんばかりに乗り込んだ難民たちは、命も顧みず地中海へと漕ぎ出し、約束の地ヨーロッパを目指した。その数は2017年だけでも4万5,000人を超えている。運良くイタリアへ辿り着いたとしても、家族は離れ離れになっていた。難民の子供の約90%は親を見失っていたというのだ。故郷シチリアのランペドゥーサ島に次から次へと流れ着く難民たちを目にしたアレッシオ・マーモは、報道ジャーナリストになることを決めた。彼は戦場から戦場へとカメラひとつで旅を続けるうちに、ヨルダンの首都アンマンでひとつの病院にたどり着いた。そこはシリアやイラクなど紛争地で怪我をした全ての人たちを受け入れていたため、アレッシオは「全ての戦争のための病院」と名付け、そこに暮らす患者の姿を世界に届けることを決めた。

Chapter 2　SHIP

「『すべての戦争のための病院』と名付けました」

Alessio Mamo

報道写真家　アレッシオ・マーモ

大学で化学を専攻、研究の傍ら世界中を旅するようになる。2007年、ローマのヨーロッパ・デザイン学院（European Institute of Design）で写真科を卒業。翌年の2008年からは、現代社会や政治問題、経済問題などに焦点を当ててフォトジャーナリストとして活動を開始。アフリカの移民らがリビアなどからの密航船などでシチリアに流れ込んでくる難民問題など幅広く撮影対象とし、現在は中東で起きている紛争地帯などでも精力的に活動を続けている。

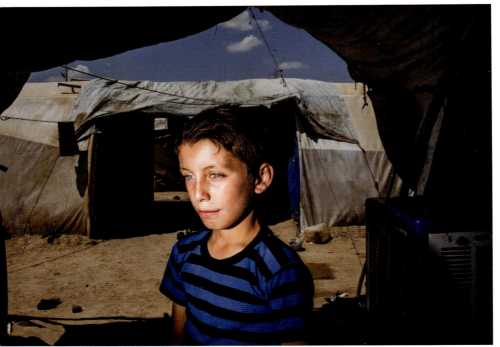

父親や兄弟や息子が犯した犯罪により、アル・シャハムキャンプに無期限収容されている女性や子供たちの様子。@Alessio Mamo

「全ての戦争のための病院」で出会った、火傷の少女マナル

「その病院は、シリア、イラク、イエメンなど中東のあらゆる戦争で怪我を負った全ての患者を受け入れている、国境なき医師団が運営する特別な病院だったんです。私はその病院を"全ての戦争のための病院"と名付け、そこで起きていることを世界に伝えることを決めまし た」。その病院でアレッシオは、一人の少女マナルと出会う。彼女は体中に火傷を負っていながらも、生きる力に溢れていた。11歳の少女にとって、傷ついた姿を世界に晒すことはかなりの勇気が必要であったと想像できるが、「戦争によって引き起こされた多くのことを深く知るためには、彼女のストーリーを世界に伝えることが大切なんです」と語るアレッシオの気持ちを彼女と母親は共

The Hospital of all the Wars, a project by Alessio Mamo & Marta Bellingreri
@Alessio Mamo

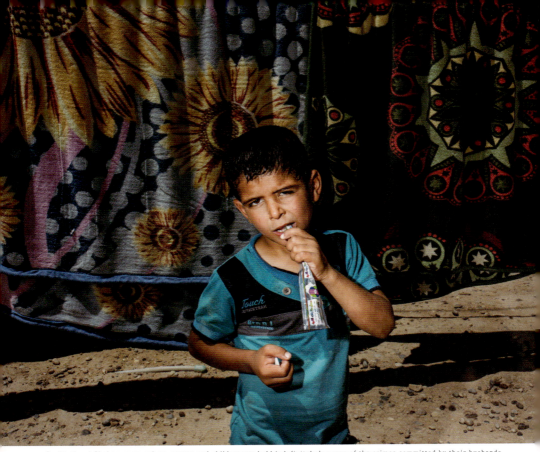

Inside the al-Shaham camp, where women and children are held indefinitely because of the crimes committed by their husbands, sons, brothers and fathers @Alessio Mamo

感し、快く受け入れてくれたと言う。また、同行していたライターのマルタ・ベリングレリがアラビア語を話すことができたのも、マナルのような人たちとコミュニケーションするためには欠かせない要因であった。そうして撮影した彼女を写した写真は世界中の人々の心を動かし、世界報道写真展「人」部門でシルバーを受賞した。「ひと月前マナルに会いにイラクまで行きました。とても元気で、マスクはもう必要ありませんでした。写真が世界を変えることは難しいですが、それが一人の人間やコミュニティを変えることはできるかもしれません。逆の言い方かもしれませんが、ジャーナリストや報道写真家がいなければ、世界はもっと悪くなっていたと思います」。戦場から自宅に戻り、日常の平和の尊さ

Chapter 2 SHIP

Inside the al-Shaham camp, where women and children are held indefinitely because of the crimes committed by their husbands, sons, brothers and fathers　@Alessio Mamo

を再認識し、戦地に平和が訪れるまで声を届けようと決意したアレッシオ。今は、ISIS崩壊後のイラクにおける移行期正義（Transitional Justice）に取り組んでいると言う。 報道写真家という時代の「目撃者」は、休む暇もなく、前線を走り続けていく。

Displated Worshippers, a project by Alessio Mamo & Marta Bellingreri
©Alessio Memo

131

SHIP 2-5

Jin Jiang

崖から転げ落ちながらもカメラを離さなかった中国の新鋭ドキュメンタリー作家ジン・ジャンは秘境に暮らすリス族の姿を暖かく見つめる

「ドキュメンタリーは愛のプロセスだと思っています。だからドキュメンタリーの力で世界はいい方向に変えることができると思います」。そう語る中国の若きドキュメンタリー作家ジン・ジャンは、なにげない好奇心からドキュメンタリーの世界へ入ることとなった。2012年のある日、ニュースで偶然目にした山深い秘境に暮らすリス族の姿に心奪われ、どうしても彼らを撮影したいという気持ちを抑えることができなくなった。それが、撮影監督、編集者として働いていたジン・ジャンがドキュメンタリストとしての道を走り始めた瞬間であった。「撮影が終わった後、人間らしい自分の顔に気がつきました」と語ったジン・ジャンが求めていた旅路は、人の心の原点を見つける体験だったのかもしれない。

Chapter 2　SHIP

Jin Jiang

映画監督　ジン・ジャン

「人間らしくなった自分の顔に気がつきました」

1989年洛陽市生まれのアーティスト、映像作家。高校二年で学校を中退後、DJやサウンド・ミキサー、フライドチキン屋のオーナーなどとして働く一方、コンテンポラリー・アーティストとして活動するようになる。絵画や写真、彫刻、インスタレーション、パフォーマンス・アートなどを行う。2013年にアートショー"Land of Hope."を開催。2014年から撮影監督、編集者、そして映像作家としてのキャリアを開始。『Shang'ajia』は監督として初めての作品となる。

Taken by Jin Jiang

撮影対象に惹かれ、山奥へと進んでゆく

2016年の7月に満を持して撮影資金を調達したジン監督は、標高4,649mの山岳地帯、雲南省の怒江リス族自治州を訪れる決心をする。彼らがいると思われる場所に到着してからも簡単にその姿を見つけることはできず、方々を歩き続けること約1週間後、到着した上阿甲（Shang'Ajia）の村でようやくリス族の人々と出会うことができた。それから2日間ずっと密着して撮影を続け、素晴らしい映像が撮影できたと確信を持つ。そしてこの映像を作品として形にすることを決心し、撮影を続けることを決意した。「初めてこの山に登った時、絶対に作品を作ろうと決めて、DVカメラとハードディスクを借りて、洋服を何枚かバックパックに詰めてすぐに撮影に入りました。上阿甲の村に行くには、福貢県にある山岳地帯を5時間以上歩く必要がありました。PCの90ギガバイトの容量が映像データでいっぱいになった時には、山を同じ時間かけて降りて行き、インターネットカフェでデータをパソコンからハードディスクに移す必要がありました。そうやって撮影しているうちに、いつの間にか足の裏がマメだらけになっていました（笑）。その後、映画にも登場する先生が

Chapter 2　SHIP

Taken by Jin Jiang

アンティークレベルの古いラップトップパソコンを貸してくれたんです。さすがに古いなとは思ったんですが、結果的に彼のおかげで山の中での撮影時間が大きく増えることになりました」。やがてジン監督はリス族の兄弟、17歳の兄ツーリーファ（此利華、Cilihua）と10歳の弟ジャリーファ（甲利華、Jialihua）と出会う。彼らの父親は早くに亡くなり、まだ弟は6ヶ月であった。実の母親は再婚して山を降り、兄弟は引き取られることなく山に残され、叔父叔母の元で従兄弟たちと一緒に本当の兄弟のように育った。山での生活は貧しく、学校もないため家事雑用をして時間を過ごす他ないという、経済的

繁栄に沸く中国とは思えないような生活ではあったが、その貧しくもシンプルな、笑顔が絶えない彼らの生活にジン監督はとてつもなく魅せられ、それから何度も彼らの元を訪れることになる。

走る子供たちを追ってカメラごと転げ落ちながらも撮り続ける

この画面に映る子供たちはまるで家族のホームビデオに映っているかのように自然で、活き活きと山腹を走り回る。作品の中で、走り続ける子供たちを追ったジ

Taken by Jin Jiang

ン監督がカメラを持ったまま足を岩に取られ転がりながら撮り続けるシーンが何度か見られる。それでも監督はカメラを離さず撮り続け、子供たちは転んだ監督を気にせず走り続ける。「撮影の初日、山腹をDVカメラもろとも転げ落ちてしまいました。どうなることかと思いましたが、バッテリーが壊れただけで済んだので不幸中の幸いでした。それからバッテリーをテープで止めて、そのまま撮影を続けました」。ジン監督は、このような体を張った撮影を2ヶ月以上続けた。三分の一の時間を山中で生活し、残りの時間は山を降りて福貢県の街中で過ごした。それぞれ1週間ずつ、合計3回山の中で撮影をした計算になる。何度行っても撮影には体力を消耗するので、山を降りた後は街中で数日間休息したと言う。山の中では2箇所の住処を与えられており、老人と共に暮らすこともあれば、その兄弟の家に招かれることもあったと言う。また撮影の最終日まで、村ではいつもカップヌードルばかりで、ご飯一杯しか食べれない日もあったため、撮影が終わって雲南の彼らの村を去った後に胃を壊してしまい数ヶ月間痛みに苦しめられたと言う。「こういった体験ひとつひとつが、もしそこで撮影したいとおもった被写体がいなければ、全く耐えられなかったと思います」。ではリス族の人々のどんなところが、ここまで彼を魅了したのだろうか？「ちょうどそれは、サルウィン川での撮影

Chapter 2　SHIP

Taken by Jin Jiang

が終わる間際のことでした。子供たちと一緒に山を走って登るには疲れすぎていたので、ちょうど山を半分ほど登ったあたりにある泉に座り、足を浸して疲れを癒すことにしました。降り注ぐ太陽の下、子供たちが作ってくれた麦わら帽子をかぶり、足には冷たく清涼な水を感じていました。銀色に輝く波紋と、蒼い空にゆっくりと漂う雲。サルウィン川の反対側には、もうひとつの山がそびえ立っていました。大きな山々に囲まれたそこには、私以外誰もいない。暖かい太陽、澄み切った空気とサラサラと音を立てる水の流れ。その瞬間、突然今まで感じたことのない気持ちに襲われたんです。尊厳と清廉さを持った本当の人間はこんな気持ちではないか、と。

それまで自分の顔が好きじゃなかったので、鏡を見ると恥ずかしい気持ちに襲われて嫌だったのですが、その時自分の写真を2枚撮影したんです。一枚は、水に足をつけている自分、もう一枚は麦わら帽子をかぶった自分。これまでこんなに自分の姿を素直な気持ちで観れたことはなく、そこには人間らしい自分の顔が写っていました」。

リス族の理解から自分への気付きを得る

映画の後半、いつも笑顔が絶えない兄ツーリーファがふとした時に寂しげな表情を見せる。それは同級生の女の子と携

帯電話で話しているシーンだ。何度も
デートに誘うが相手にされず、途中で切
られてしまう。その様子をカメラ越しに
眺めていたジン監督の目線に気づいた彼
は、いつものように明るい笑顔を向け、
忙しいみたいだとポジティブな言葉を口
にする。しかしその表情からは、自分が
置かれている環境と世間の断絶を薄々と
感じ始めていることがうかがえる。教育
を受ける機会が少なく、年下の弟や従兄
弟たちと山で走り回る日常を過ごしてい
る彼は、やはりどこかのびのびとしてい
る反面、文明社会的な意味では年齢より
も幼い。習い事やショッピングに忙しい
ガールフレンドたちと違って、軒下の鼠
やトカゲを追いかけたり湖で水浴びをす
る毎日だ。それがいいことなのかよくな
いことなのか、この作品では答えを出さ
ない。この問題と同じような環境を描い
た作品で、ワン・ビン監督の『三姉妹 〜雲
南の子』を思い浮かべる人は少なくない
だろう。ワン・ビンは現代中国で暮らす
普通の人々の（しばしば困難な）日常を
独特の角度から丹念に観察し、中華人民
共和国の興隆すなわちチャイニーズ・ド
リームに対して、その矛盾や暗部、格差
を内部から告発する作家だ。『三姉妹』の
中でも、現代中国社会が抱える問題を感
じる観客は多いことだろう。しかしジン

監督は彼らと生活を共にするうち、現代
文明と隔離されていることが逆に人間ら
しい生き方を生むことになった事実を知
る。この山奥で人生を生き、平和に暮ら
しているリス族たち。彼らは国籍でいえ
ば、サルウィン川沿いに住む中国人とい
うことになるが、中国人とは全く違う社
会に生きているとジン監督は言う。ジン
監督は初めてリス族を知った時、彼らは
外の世界をほとんど知らないために、さ
らに言えば物質的な原因でこのような生
活をしているのだと思っていた。しかし
その後、彼らの暮らしは劣っているので
はなく、むしろ彼らが進んだ文明を持っ
ているからその暮らしをしているのだと
いうことを知る。1909年、イギリス人
プロテスタント系宣教師のジェームス・O・
フレイザーがサルウィン川沿いの村へ訪
れ、宣教活動を通して、リス族に西洋的な
文化とアルファベットをもたらした。フ
レイザーが訪れる以前まで中華民国との
接点がなかった少数民族のリス族には文
字を書く文化さえなかったので、彼らは
西洋文明から直接影響を受けた文明を
持っていたのだ。そうやって西洋の宣教
師によって文明化を受けた彼らは、中国
では全くの外国人のように暮らしていた
のだと言う。「このことを知って、ここは
自分に初めて威厳のような気持ちを与え

てくれた場所なんだと思いました。私は彼らに本当に感謝しているんです！彼らの生活や世界を変えようとは決して思いませんし、その生活は素晴らしいと思います。少なくとも私たちの暮らしよりもずっと人間らしい。物質的な豊かさは、安っぽいものです。もしも中国という国が変わることなく続くのなら、彼らが変わらぬ暮らしを続けられることを願っています」。以前、地元の政府が彼らへ定住的に暮らせる住居を与えると約束したという話もあったが、今でも彼らの状況は変わっていない。一人の中国人青年が魅せられたこの素晴らしい文化が保たれるためには、経済的および教育的な保護と同時に、この地を愛し、自分自身へのリスペクトという想いを持ち続けることが必要なのだろう。

撮ることが変えること

ドキュメンタリーを撮ることは人間性を保つためにあると言うジン・ジャン。それは「愛のプロセス」であると断言する。「多くのドキュメンタリストにとって被写体と信頼を築き上げることは、大きな意味を持ちます。誠実さを持って撮影に臨めば必ずいつもうまくいくと信じています」。ドキュメンタリーという手段を通して、これまで繋がることのなかった大都市の青年と山奥に住むリス族の少年たちは新しい関係を築くことができた。そういう意味で、ドキュメンタリストは世界を優しい方向に導くポテンシャルを持つ存在だと言えるのではないだろうか。

中国 / 2017 / 99分

上阿甲 Shang' Ajia

秘境・雲南省の怒江リス族自治州に住むリス族の兄弟、17歳の兄ツーリーファ(此利華、Cilihua)と10歳の弟ジャリーファ(甼利華、Jialihua)を追ったドキュメンタリー。彼らの父親は早くに亡くなり、母親は再婚して山を降りた。兄弟は引き取られることなく山に残され、叔父叔母の元で従兄弟たちと一緒に本当の兄弟のように育つ。学校もない山での生活は貧しいが、監督は彼らの生き方に「本当の人間らしい生活」を見つけてゆく。

SHIP 2-6

ドキュメンタリズムの解剖学

DOX-RAY

ドキュメンタリズムの解剖学
内山直樹 / 中村真夕 / カン・シー・ウェイ

第2章の「ドキュメンタリズムの解剖学」では、ドキュメンタリストと被写体の「運命」を乗せる船のメタファーとしての「SHIP」と、両者の「関係性（Relationship）」を意味する「SHIP」について、次の3名の作家を分析する。アフリカの原初的な美しさに魅了された、コンゴの首都キンサシャを賑わす「コンゴプロレス」をめぐる運命を描いた内山直樹。東日本大震災以降に帰宅困難区域で取り残された動物たちと一緒にたった1人で暮らす男の姿を見つめる中村真夕。そして、詩人のチベット僧ソナムに出会った中国人のカン・シーウェイ。彼らは人間に魅了され、ドキュメンタリーという同じ運命の船に乗り込み、物語という大海原へと漕ぎ出してゆく。その姿勢から、ドキュメンタリストと被写体という関係性について今一度私たちに考察を与えてくれる。

Chapter 2 SHIP

Naoki Uchiyama
内山直樹

1982年生まれ。アフリカや南米、戦争証言などのドキュメンタリー番組を多数制作。『遠い祖国 ブラジル日系人抗争の真実』で、ギャラクシー賞優秀賞を受賞。その後も中国残留孤児２世らが結成した愚連隊「怒羅権」をテーマにした作品など、社会の深淵にある物語に惹かれ追いかけている。株式会社テムジン所属。ドキュメンタリー制作者コミュニティBUGの共同代表。

Mayu Nakamura
中村 真夕

ロンドン大学、コロンビア大学大学院、NY大学大学院卒業。初長編監督作品『ハリヨの夏』は釜山国際映画祭に招待。また浜松の日系ブラジル人の若者たちを追ったドキュメンタリー『孤独なツバメたち〜デカセギの子どもに生まれて〜』はブラジル映画祭ドキュメンタリー部門でグランプリ受賞。『ナオトひとりっきり』はモントリオール世界映画祭に招待され全国公開。現在は政治活動家の鈴木邦男のドキュメンタリー作品公開を控えている。

Shi-wei Kang
カン・シー・ウェイ

中国生まれ。映画監督・画家。上海ヒマラヤ美術館所属。米中文化教育基金会の芸術ディレクター。CTAA会員。国際オープン映画フェスティバル審査員。彼の作品は国際ユーロ映画フェスティバルでドキュメンタリー賞を受賞した。

『コンゴプロレス』

内山直樹

アフリカを舞台にしたドキュメンタリーを5本作ってきた。スラムに横たわる生と死、絶望が押し寄せる難民キャンプ、再開発に翻弄される庶民の暮らし、嘘と金にまみれた大統領選挙など、アフリカには、生きることの「凄まじさ」「卑しさ」「愛おしさ」が、むき出しで存在している。僕はその圧倒的な魂に取り憑かれ、善悪を超えて、美しいと思った。端的に言うと、僕は人間の本能や原初的な躍動に触れたいだけの人間なのだと思う。コンゴプロレスとの出会いは、ベルギー人が撮影した一枚の写真。ゴミ山を背景に、ボロ切れを纏った中年レスラーが立っていた。2ヶ月後、一人でカメラを持って首都キンシャサに

向かった。夜、貧民街の路地裏、木屑の上にマットを敷いただけの場所で、無数の大男が練習している。彼らはまったく金にならないプロレスを「俺の全てだ」と口を揃えて言う。今の社会の感覚だと完全なる「落伍者」だ。だが、この国ではレスラーが街に現れると、人々は手を叩き、踊り出す。試合が行われるのはスラムの道端。リングの周りには、麻薬中毒者、娼婦、ストリートチルドレンなど、社会矛盾を抱えた輩が集まり、熱狂する。コンゴ人にとってプロレスは、死と隣り合わせの日常に咲いた、キング・オブ・エンターテイメントであり、社会の縮図がそこにある。この圧倒的な生への渇望を、純度100％のまま届けたい。

Chapter 2　SHIP

分け隔てなく繋がるコミュニティへの憧れ

　むき出しになった本能の美しさに興奮し、アフリカからブラジルまで世界を駆け回るドキュメンタリスト内山直樹。心のままに生きる「旅人」たちが集う灯台のような番組『旅旅しつれいします。』(NHK総合)を生み出した彼は、番組のリサーチ中、あるコンゴプロレスの写真に強く惹きつけられる。それは映像作家とコンゴプロレスというコミュニティが結びついた瞬間だった。コンゴにプロレスが伝わってから35年余り。この国で国民的な人気スポーツ「プロレス」は政治利用されてきた道具であり、そして紛争の影響で廃れていこうとする過去の遺産でもあり、つまりコンゴの栄枯盛衰を物語る生き証人のような存在だった。このままでは「あと10年でプロレスの文化がなくなってしまう」とレスラーたちが危ぶんだその時、コンゴプロレスは内山と出会う。やがて内山が撮影を始めたことでコンゴプロレスのコミュニティは再び火が灯り、国際マッチを開催したいという次のステージに進んでゆく。さらに内山はプロレスクラブのリーダーであるヘリコに拾われた少女カンクビの成長へと視点を移し、そのことは彼女の闘志を刺激することになる。「私を捨てた親にラリアットをかましてやる！」そんな雄叫びをあげる彼女は、今を力強く生きる強さや、自立しようとする人間の生存本能に溢れている。

143

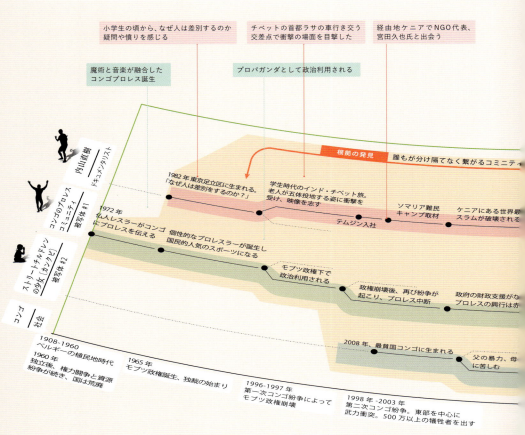

コンゴ民主共和国 アフリカ中部に位置する共和制国家。人口は7,800万に上り、面積はアフリカ大陸第2位、西ヨーロッパに匹敵する。鉱物資源に恵まれており、金、ダイヤモンド、銅のほかに、電化製品に欠かせないタンタル、スズ、タングステンなどを産出する。1960年にベルギーから独立を果たすが、権力闘争や資源をめぐる紛争が続き、国は荒廃。世界最貧国のひとつとして数えられる。

キンシャサ コンゴ民主共和国の首都。人口1000万を超えるアフリカ有数の巨大都市。社会・経済のインフラが脆弱ゆえ、市民の約8割が一日1ドル以下で生活している。露天や物売り、修理工の仕事などで日銭を稼ぐのが一般的な庶民の生活。学費が払えず学校に行けない子供も多い。その一方で、困難な生活の中から優れた音楽やアートも生まれている。コンゴルンバの王様と呼ばれたパパ・ウェンバや、ドキュメンタリー映画が話題になったスタッフ・ベンダ・ビリリが有名。

モブツ政権 モブツ・セセ・セコ(1930-1997)。1960年、初代大統領のカサブブと、アメリカの支持を受け軍事クーデターを起こし、初代首相ルムンバを追放、政権を掌握。5年後に再びクーデターを起こし、カサブブも追放。第二代大統領として32年間、独裁体制を築く。しかし、冷戦終結後、アメリカの支持がなくなるとともに、モブツの権力基盤は急速に弱まり、反体制派のカビラに打倒され、政権を追われる。1997年、亡命先のモロッコにて死去。

ケニアのスラム 首都ナイロビには、大小130ほどのスラムが存在する。中でもキベラスラムは、ナイロビの人口の3分の1

Chapter 2 　SHIP

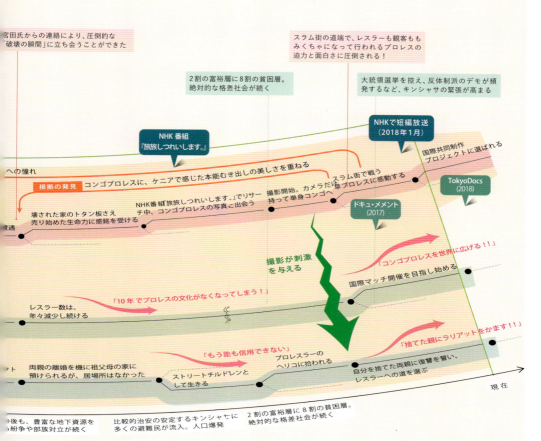

にあたる約100万人が暮らしているといわれる。近年、ケニア政府は、外資導入による再開発を進めるために、スラムの一斉撤去を開始。事前通達もないまま行われる強制撤去によって、数万人が住処を失うなど、社会問題になっている。

コンゴプロレス　コンゴで圧倒的な人気を誇る興行プロレス。1972年に仏人レスラーによってレスリングがコンゴに伝わった。最大の特徴は、サブサハラ以南のアフリカに伝わる呪術を使った魔法プロレス。文字通り相手に触れることなく、魔法をかける。キンシャサには60チーム、600人を超える個性豊かなレスラーがおり、週末に路上や広場で試合が行われる。しかし、ファイトマネーはわずかで、職業レスラーはいない。

宮田久也　ナイロビで、スラムに住む子供の医療支援を行う

NPOチャイルドドクター理事。ひと月千円の支援額で、海外の支援者とスラムの子供を1対1で結ぶ支援システムを考案し、子供の死亡率を改善。社会起業家として、医療に関わる様々なサービスを生み出している。

旅旅しつれいします。　ディレクター内山直樹、太田信吾、クリエイティブユニットのサムワンズガーデンにより制作された、テーマを持って世界を旅する若者たちの生々しい生き様を描いたドキュメンタリー番組。NHK総合にて2回放送。

ドキュ・メメント　松井至、内山直樹ら若手ドキュメンタリストが集まって始めた「作り手・対象・観客」の枠を超え、社会とドキュメンタリーを結び直すイベント。

『ナオトひとりっきり』 中村真夕

松村さんと動物たちのことを知ったのは、海外メディアでのリポートだった。津波で流された町を走りまわる動物たちの面倒をみている彼を海外メディアは動物たちの救世主として取り上げていた。何が真実なのか？自分の目で確かめてみるため、私は2013年の夏、富岡町を初めて訪れた。私が出会った松村さんは報道されている姿とは全く違い、畜産家でもなく、動物愛護家でもなく、富岡町を誰よりも愛する一人の町民だった。町から離れることを拒否し、残された動物たちを町の同胞として世話をし始め、一緒に生きてゆくことにした人だった。「原発で町は潤ってきたが、また破壊もされた。これ以上、原発に翻弄され続けるのはうんざりだ」。松村さんの静かな暮らしの背後には、そんな彼の怒りと抵抗が感じられ、私は強く共感した。大手メディアでは、この町で松村さんが住み、いのちが続いていることをあからさまに報道はできない。だからこそ映画として、この町で今、起こっていること、そこに生き続けるいのちについて伝えたいと、季節を追っての長期取材を申し込んだ。

（上）ナオトとダチョウ 『ナオトひとりっきり』より
（下）靖国神社で記念撮影する鈴木邦男

Chapter 2　SHIP

ナオトと桜　『ナオトひとりっきり』より

何が真実かを自分の目で確かめる

世俗からちょっと"浮いた"人たちに会いに行き、彼らを通して社会の不透明な部分を見つめようとする映画作家、中村真夕。彼女は2013年、福島原発の影響で帰宅困難区域の町にたった一人で暮す"ナオト"（松村直登）のもとへ、1年近く通い続けた。彼は無人地帯となった町に置き去りにされた動物たちと暮しており、その姿に多くの海外メディアから「気高い動物愛護家だ」と評された。しかし中村はナオトと時間を重ねるうちに、むしろ「運命共同体」として生きていることに気付く。むしろ人間に「汚染」された世界で、ナオトと動物たちは同じノアの方舟に乗っているような感覚である、と。撮影のために車の免許を取り直し、若葉マークを付けて被曝の危険性も顧みず自分の元に通い続けた中村の姿に心を許したのか、ナオトは少しずつ心を開いてゆく。本作は2016年3月にパリの日本文化センターで上映された。そんな中村は今、右翼から左翼まで幅広く交流している政治活動家、鈴木邦男のドキュメンタリーを製作中。政治思想や宗教に関係なく様々な人たちと交流している鈴木に密着し、鈴木邦男という人物の不思議と魅力にせまるドキュメンタリーを通して、これからの日本のあり方を考えるヒントを探ろうとしている。

147

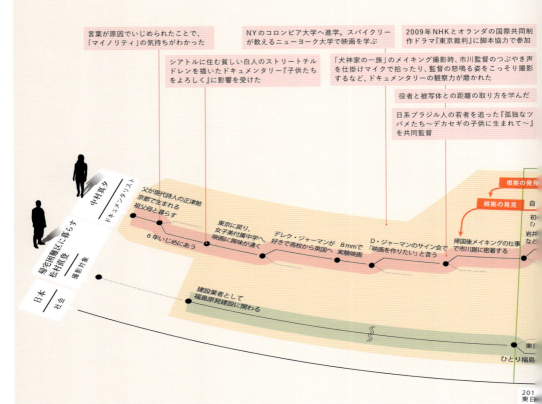

『子供たちをよろしく』
シアトルを舞台に、売春やスリなどをしながら暮らす十代の子供たちの生活を綴ったマーティン・ベル監督のドキュメンタリー（1984年製作）。アメリカの『LIFE』誌に載った記事がきっかけで作られた。

NPO がんばる福島
被災地域の家畜・ペットの保護に関する活動及び除染や広報などの活動を行い、被災地域の復興とまちづくりの推進に寄与することを目的にナオトが2012年に設立したNPO。

デレク・ジャーマン
イギリス出身のアーティスト、映画監督。音楽シーンとも関係が深く、また同性愛や荒廃した近未来イメージ、耽美性などをテーマにした作品が多い。死の前年に制作された『BLUE ブルー』（1993）は自らを蝕んだエイズをテーマにした作品。

スパイク・リー
アメリカの映画監督、作家、俳優。社会的な問題を扱い、発表するたびに論争を起こすことで有名。ニューヨーク大学とコロンビア大学、ハーバード大学で教鞭を執っている。

市川崑
日本の映画監督。代表作に『ビルマの竪琴』『東京オリンピック』『犬神家の一族』『細雪』など。大胆な実験精神とスタイリッシュな演出スタイルは多くの観客を魅了し、1997年に『黒い十人の女』がリバイバル上映された時は若い世代から絶賛され大ヒットを記録した。

Chapter 2　SHIP

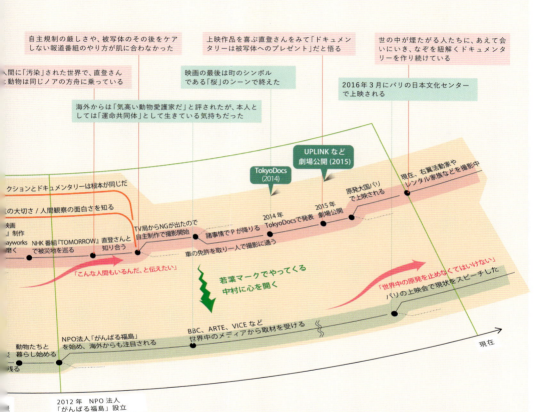

しな井
サイトに送られてくる膨大な脚本にコメントを掲載する岩井俊二主宰のプロジェクト。ここからplayworksが発生した。

『ハリヨの夏』
2006年に製作された中村真夕の長編監督デビュー作。生まれ故郷である京都を舞台に、当時高校生で新人だった高良健吾が主演を務めた青春物語のフィクション。

『TOMORROW』
2012年4月に放送が開始されたNHK BS1とNHKワールドTVのドキュメンタリー番組。NHK東日本大震災プロジェクトのキャンペーン参加番組の1つ。

playworks
映画界の将来を担う人材育成を目的として2004年に発足された岩井俊二主宰のプロジェクト。映画化された作品として、『虹の女神』（日本/2006公開/117分）、『BANDAGEバンデイジ』（日本/2010公開/119分）などがある。中村が演出を担当した『BANDAGE』のラジオドラマ版は、ギャラクシー賞のラジオ部門奨励賞を受賞。脚本家渡辺あやも発掘した。

鈴木邦男
日本の政治活動家。早稲田大学在学中から民族派学生運動に参加、全共闘と激しく対立。「全国学協」の初代委員長。運動を離れたのち産経新聞社に勤務。72年に「一水会」を結成。

カン・シーウェイ『A Poet at Heart』

六歳でセダ僧院に入り、ラマとなったソナム。彼は思索にふけることを好む、楽しくロマンチックな性格だった。私は彼に魅せられ、美しい谷にとどまり、彼の人生を語るために撮影を続けた。複雑な中国社会はこの詩人僧の人生を変えてゆく。兄が亡くなったとき、科学も神も助けてはくれなかった。漢民族の人々は彼を異なる目で見るし、誇り高いチベット族の人々は都会で物乞いのような生活を強いられている。ソナムは人間性と自分の民族について深く考えないわけにはいかなかった。彼の複雑な性格は少しづつ変化を強いられ、やがて解放されてゆく。いつか自分の詩が社会に認められ、地元の出版社から出版されることを夢みていたが、彼の高貴な性格は経済と社会の力に少しずつ毒されてゆく。かつては人生の中心だった精神的な信仰に、欲望と愛が取って代わる。無垢で完璧なおとぎ話を作ろうという計画は、現実社会におけるラブストーリーとなった。しかし、中国社会が変革していく中で少数民族の精神世界の変化を目撃したという意味では、「完璧な」結末を迎えたといえる。

『A Poet at Heart』（中国 / 2018 / 28分）

Chapter 2　SHIP

『A Poet at Heart』（中国 / 2018 / 28分）

ニーチェを読む僧侶に、何を見たのか

　中国アート界のエリート校、中国美術学院を卒業したカン・シーウェイは、古臭いアートに別れを告げるため親戚にお金を借りてビデオアートをはじめる。新しい芸術表現を追求する日々のなか、銭塘江のほとりで暮らす自身の孤独に何気なくカメラを向けた時、最初のドキュメンタリーが生まれたと言う。

　次の転機は、付き合っていた女性に振られたときに訪れる。傷心を癒すため旅に出たシーウェイは、中国からチベット、インドへとたどり着き、ノーベル平和賞を受賞した「聖人」マザー・テレサの「死を待つ人の家」で、意外な悟りを得ることになる。そこには日本人ボランティアが多かったそうだが、彼らは決して深い信仰心で行動したのではなく、履歴書に書いておくと就職に有利だから、といった程度の安易な動機だけだった。その瞬間に感じたある種の"ニヒリズム"はシーウェイにインスピレーションを与え、独特のドキュメンタリースタイルへと到達する。本作品で登場するソナムは僧侶でありながら詩人でありビジネスマンであり「ニーチェを読んだことがあるか？」と語りかける。盲目的に神を信じるのではなく、独自の哲学を築き命の意味を見つけようとするソナムたちの姿には、カン・シーウェイ自身の強烈なメッセージが込められている。

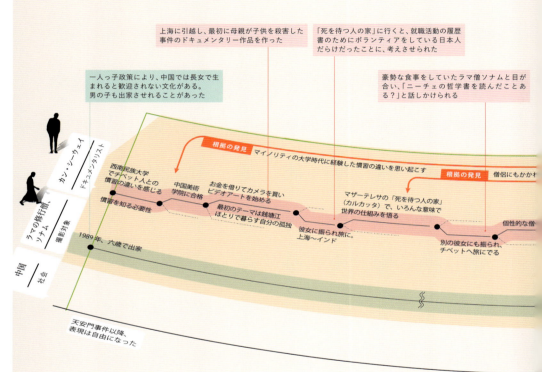

チベット僧侶
チベット仏教は厳格な戒律にもとづく出家制度を持つため、幼少期より親元を離れて出家することが多い。ラマと呼ばれる高僧を尊崇することから、ラマ教（喇嘛教、Lamaism）と呼ばれることもある。

マザーテレサ
カトリック教会の修道女にして修道会「神の愛の宣教者会」の創立者。本名はアルバニア語でアグネス／アンティゴナ・ゴンジャ・ボヤジ。カルカッタで始まったテレサの貧しい人々のための活動は、後進の修道女たちによって全世界に広められ、1979年のノーベル平和賞など多くの賞を受けた。1996年にはアメリカ名誉市民に選ばれている。

フリードリヒ・ニーチェ
ドイツの哲学者であり実存主義の代表的な思想家の一人。『善悪の彼岸』『道徳の系譜』『人間的な、あまりにも人間的な』『ツァラトゥストラはかく語りき』『この人を見よ』など多くの著作を残す。1900年肺炎を患って55歳で没した。

西南民族大学
中華人民共和国武漢市洪山区に所在する国家民族事務委員会直属の総合大学。中国少数民族教育の国立高等学府として、人材育成を目的に中国の56民族すべてを一堂に集める。科学、技術工学、農業、医学、文学、歴史、哲学、法律、経済学、教育学、経営学など20種類の学部がある。

152

Chapter 2　SHIP

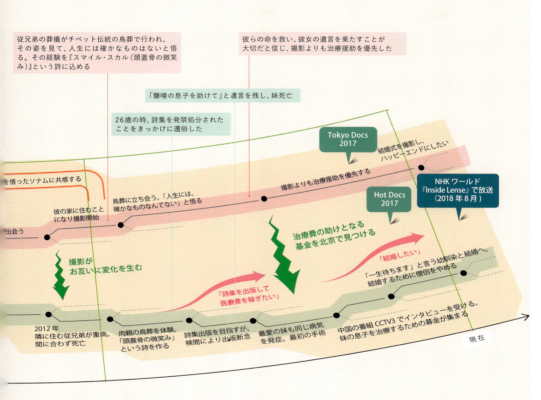

CCTV-3　中華人民共和国のCCTV（中国中央テレビジョン）ネットワークの、アートに焦点を絞ったチャンネル。1995年に設立、ダンスと音楽など幅広く紹介している。

NHKワールド　日本放送協会（NHK）の行う国際放送、協会国際衛星放送および海外向け番組配信の総称。日本とアジアの今を伝えるニュースや番組を世界に発信している。

InsideLense　世界で活躍する欧米やアジア出身のディレクターたちとNHKが共同で取材・製作した、アジアや日本の今を独自の視点で鋭く切り取るドキュメンタリーシリーズ。これまで中国人旅行客の「爆買い」やミャンマーの軍事政権でベールに隠されていたルビー鉱山などを放映。

チベットの鳥葬　チベットの葬儀には塔葬・火葬・鳥葬・水葬・土葬の5種類あり、そのうち塔葬はダライ・ラマなどの活仏に対して行われる方法であり、一般人は残りの4つの方法が採られる。チベット高地に住むチベット人にとって、最も一般的な方法が鳥葬である。儀式により魂が解放された後の肉体はチベット人にとっては肉の抜け殻に過ぎない。死体の処理は、鳥葬を執り行う専門の職人が行い、骨も石で細かく砕いて鳥に食べさせ、あとにはほとんど何も残らない。鳥葬はチベット仏教の伝播している地域で広く行われ、中国のチベット文化圏だけでなくブータン・ネパール北部・インドのチベット文化圏の一部・モンゴルのごく一部でも行われる。

153

第二章 ドキュメンタリズムの「DRAMA」

ラヴ・ディアス　ペドロ・コスタ　高山明　米本直樹　ジェイミー・ミラー　奥間勝也　関強

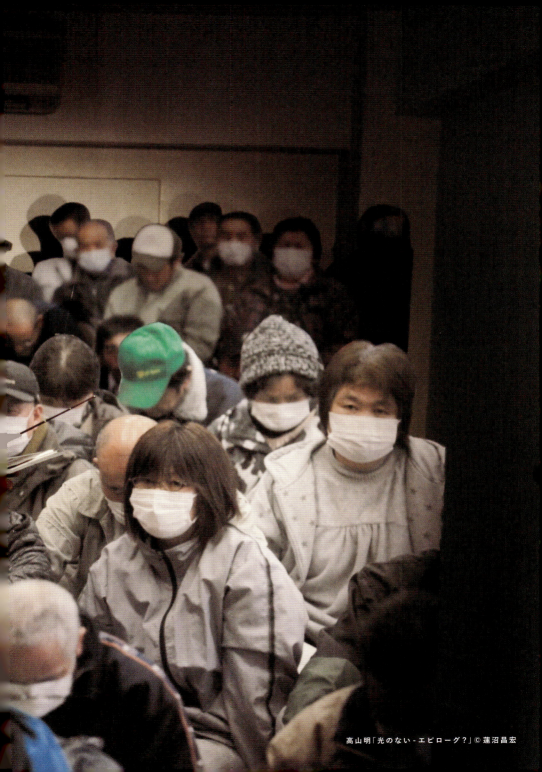

高山明「光のない - エピローグ？」© 蓮沼昌宏

DRAMA 3-1

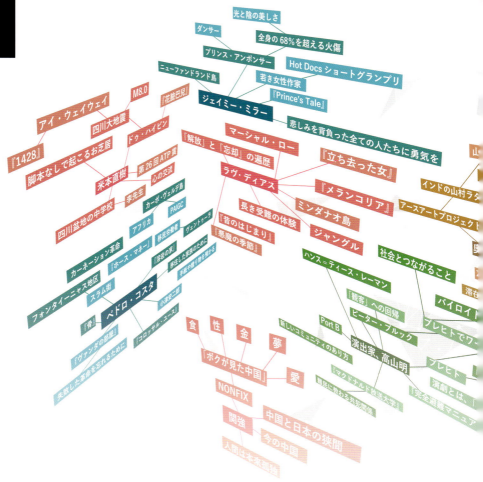

消えゆく声を代弁し物語を紡ぐ

ドキュメンタリーの誕生からドキュメンタリストたちは、「ドラマ」を通じて忘れ去られる声を物語の形で代弁することで残してきた。それは物語ることができる者の責任なのかもしれない。

Chapter 3 DRAMA

ドキュメンタリズムにおける「ドラマ」とは何だろうか。伝えなくてはいけない何かに出会い、人の心を動かすようなドキュメンタリーを紡ぐためには、「見えない声」や「失われた言葉」を伝える“代弁者”が必要になることもある。

2018年8月10日、津留崎はベルリンやベネチアをはじめとする数々の映画祭で栄誉に輝くフィリピンの怪物的映画作家ラヴ・ディアス監督にインタビューするため、マニラ郊外のマリキナ市を訪れていた。同行者はユーロスペース勤務時代の恩師であるテレザの大竹久美子、在日フィリピン人支援団体Angatを主宰する実姉の永井愛子、そしてフィリピンのジェット・ライコ監督。11時間という驚異的な長さの作品で知られるディアス氏とのインタビューを終え、マニラ中心部へとタクシーを走らせていたとき、不意のスコールが始まった。雨は激しくなり、中心部へ戻った時、激しい警報アラームが鳴り響く。気がつくとそれは、日本では体験したことがない大嵐へと発展していた。そしてその後、先ほどまでディアス監督と会っていたマリキナ市を流れるマリキナ川が氾濫したとSNSで知る。川から溢れた泥水は、瞬く間にマニラ全土を水面下に沈めていった。もし取材が数時間ずれていれば、この渦中に巻き込まれていただろうことを肌で感じた瞬間であった。

災害が発生した時にフェイスブックが提供する「災害支援ハブ」というサービスの画面には、現場にいる人たちから送られた無数の動画が流れていた。まるで2013年にフィリピン全土を襲った大型台風ヨランダを描いたディアス監督の『ストーム・チルドレン』さながらに、大きな川のようになった道を泳いで渡る人々、浸水したバージンロードを歩く花嫁、氾濫によりゴミが集積した路上、救援物資に群がる群衆……。数時間前に歩いていたのどかな街が、一変していた。

とめどなく流れるSNSの画面を見ながら、1つの疑問が芽生えた。時間とともに消えてゆくソーシャルネットワークを流れる映像と、ドキュメンタリー作家たちが作り出す作品は、何が違うのだろうか？と。

この答えを私たちは知っている。それは、時間とともに消えてしまうような声たちも拾いあげ、"代弁者"として「ドラマ」を生み出しているのが、ラヴ・ディアスのようなドキュメンタリー作家の作品なのだ。主体がなくSNS上を拡散されていく動画を「ドキュメンタリー」と呼ぶ人もいるだろう。ただ、私たちは、消えゆく声の代弁者として描くことの大切さを問うドキュメンタリストたちの「ドラマ」の中に、強烈なメッセージを感じているのだ。

Chapter 3 DRAMA

ディアス監督は、祖国を襲ったファシズムの歴史を気が遠くなるほどの長回しで表現しながら、「ドキュメンタリーとは、実際に起きたことを追いかけ、フィクションはそれを翻訳していく」と考え、大きな力にかき消されてゆく民の声を映像で追体験させる。またリスボンのスラム街を生きる移民たちの苦悩を追ったポルトガルのペドロ・コスタ監督も、移民たちがそれまで生きてきた実際の物語を演じさせることで、彼らの"記憶の真実"を代弁しようとした。それぞれが「ドラマ」という"代弁者"に、力強く語らせているのだ。

世界で最初に「ドキュメンタリー」と呼ばれたロバート・フラハティの『モアナ 南海の歓喜』（1926）では、監督が準備した「ドラマ」に従い、サモア諸島の人たちに日常を演じさせている。またシネマ・ヴェリテを代表する映像文化人類学者のジャン・ルーシュも『人間ピラミッド』（1961）の中で、コートジボワールの黒人と白人の高校生たちに自分自身を演じさせるという「ドラマ」を通し、それまでは見えなかった関係性を浮き上がらせた現実を意欲的に描いていった。

「ドラマ」とは、記憶や消費され消えゆく現実の声を可視化する"代弁者"として、ドキュメンタリーの物語を紡いでゆくものなのである。

159

DRAMA
3-2

Interview
Lav Diaz

映画監督
ラヴ・ディアス

フィリピンを、社会的、精神的に支配し続ける「ファシズム」という存在。映画監督ラヴ・ディアスは、そこに生きる人間たちの「解放」と「忘却」の遍歴を美しい長回しの映像で壮麗に描き出す。時には10時間半に及ぶ長尺体験で度肝を抜いてきたが、それでもまだ、フィリピンが受けてきた長き受難の体験には及ばないと言う。近作『昔のはじまり』と『痛ましき謎への子守唄』、そして新作『悪魔の季節』は、ファシズムの起源を問う壮大な叙事詩である。「我々の歴史で否定され忘れ去られている出来事たちをこの作品で目撃していただきたいのです」。作品のラストで主人公がつぶやく「この祖国は悲劇を忘れ、歴史を繰り返す」という言葉は、そのまま監督の叫びでもあるようだ。ドゥテルテ政権発足後ますます揺れる現代フィリピンにおいて、彼の作品が公開されることは大きな意味を持ち、虐げられる国民の意識を変えるために、創られなくてはならないのだ。

「描かれた苦悩や闘争を自分の一部にできる」

『悪魔の季節』（フィリピン／2018／234分）

映画は、起こったことを観客に体験させる力を持っている

あなたの作品には「解放」と「忘却」という2つのテーマが現れます。「解放」は権力や政権からだけではなく、怒りや悲しみからの解放だと感じられますが。

Lav Diaz(LD): それはフィリピン人が何世紀にもわたって続けてきた「闘争(struggle)」と、そのトラウマから生まれた悲しみからの「解放」を意味しています。フィリピンはスペイン植民地時代の300余年、アメリカ合衆国植民地時代の約50年、そして大日本帝國統治下時代の3年間と、長きにわたって占領を受けてきました。独立後もフェルディナンド・マルコス独裁政権によるマーシャル・ロー(戒厳令)時代は20年以上続き、国民は支配され続けてきました。今のドゥテルテ政権は昔のマルコス政権とよく似ており、悲しいトラウマの連鎖がもう一度現れるのではと思っています。その象徴的な出来事として、2016年にロドリゴ・ドゥテルテ大統領は反対派を押し切ってひと気のない早朝にこっそりマルコスの棺をフィリピン英雄墓地に移葬し、当然大きな問題となり激しい抗議運動が起きました。こういったことに、いつも大きな悲しみを感じています。

フィリピンは1950年に共産ゲリラの司令塔だったフィリピン共産党が壊滅し、当時のラモン・マグサイサイ政権は人々を共産党から解放するため、都会から多くの学生たちをフィリピン南部のミンダナオ島へ送り、再教育を目指しました。その時流で私の母は西ビサヤのパナイ島から、父はルソン北部のイロコス州からミンダナオへ移りました。この地で両親は恋に落ち、私を含む5人の子供たちが生まれ、私たちは父の出身地で話されているイロカノ語を母語として育ちました。当時両親のようにミンダナオでボランティアとして活動している人がたくさんいました。ですがそこへ、外資系企業がたくさん入ってきて我が物顔で土地を奪い始めたのです。アメリカの食品企業 Dole や Delmonte、Nestle をはじめ、日本の企業や採掘業者など。当時の政府はこれら外資系企業と癒着しており、このことを黙認していました。その余波は今も続いており、現在も彼らが国土の70%を使っているために、フィリピン国民の70%は貧しく飢えています。経済的な「解放」を目指し、国の富を平等にするためにやらなければいけないことは、まだたくさんあります。それはとても長い道のりになると思われます。

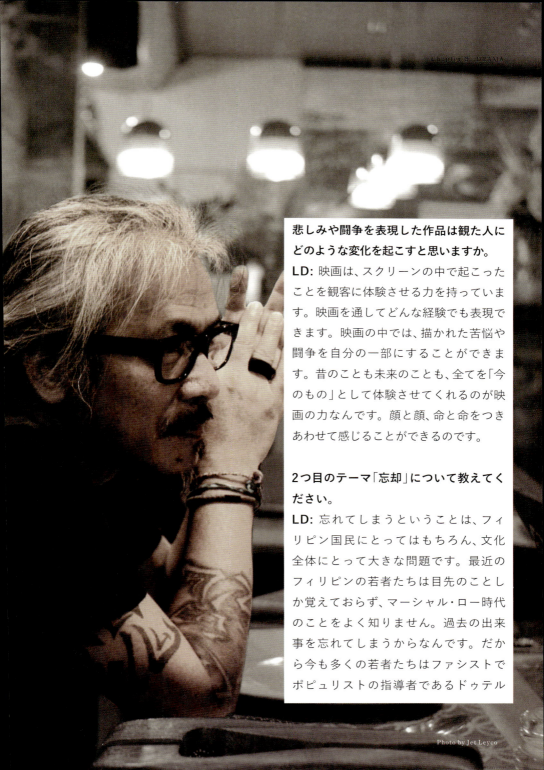

悲しみや闘争を表現した作品は観た人にどのような変化を起こすと思いますか。

LD: 映画は、スクリーンの中で起こったことを観客に体験させる力を持っています。映画を通してどんな経験でも表現できます。映画の中では、描かれた苦悩や闘争を自分の一部にすることができます。昔のことも未来のことも、全てを「今のもの」として体験させてくれるのが映画の力なんです。顔と顔、命と命をつきあわせて感じることができるのです。

2つ目のテーマ「忘却」について教えてください。

LD: 忘れてしまうということは、フィリピン国民にとってはもちろん、文化全体にとって大きな問題です。最近のフィリピンの若者たちは目先のことしか覚えておらず、マーシャル・ロー時代のことをよく知りません。過去の出来事を忘れてしまうからなんです。だから今も多くの若者たちはファシストでポピュリストの指導者であるドゥテル

Photo by Jet Leyco

テを信用してしまっています。彼はこれまでに麻薬撲滅戦争と称し自警団を使って超法規的に何万人も殺害しています。これは彼のただの「作戦」なんです。2017年にミンダナオ島で敷かれたマーシャル・ローのことを覚えていますか？ あれは本当に酷い出来事でした…。

監督が経験したマーシャル・ローの時代を教えてください。
LD: 当時私は15歳で、高校一年生でした。マーシャル・ローの時代に育ったいわゆる「マーシャル・ロー・ベイビー」世代です。1972年にミンダナオ島のマギンダナオ州で生まれたのですが、ここはマーシャル・ローによる制圧で特に苦しめられた土地でした。この時代を描いた『昔のはじまり』(2014)は、私自身の想い出から生まれた作品です。この作品はマーシャ・ローが始まる2年前に始まります。当時私たち家族はこの映画に出てくるような山深い場所にあるバリオ（村）に住んでいました。政府はこの村に軍を送り込んで支配していたため、都会よりも危険な状態でした。実際に多くの人が殺され、私のまわりでも次々と人がいなくなっていきました。軍は学校を作り住民を集めマーシャル・ローの教育を行いました。農業も何もできないよう

に圧政したんです。毎日のように殺人、レイプ、リンチや拷問による嘘の自白などが行われていました。マルコスが政権を握っていたこのファシズム時代にはそういったことが日常茶飯事だったのです。やがて時代が変わり軍隊が去って平和が来るかと思ったら、今度はフラストレーションがたまったイスラム系反政府ゲリラによる反乱が村を襲いました。『昔のはじまり』に登場していたような、若く野蛮な反乱軍たちです。彼らは私たちの畑を無茶苦茶にし、殺戮を繰り返しました。

映画を通して、歴史上の悲劇を体験させ、忘れないために描く

自身の経験を元にした『昔のはじまり』を今作ったのは、マーシャル・ローが今なお続いていることを世界に忘れさせないためなのでしょうか。
LD: その通りです。観客はこの映画を観ることで、フィリピンに昔起こった出来事を「今」として感じることができます。観た人が、自分のこととして実体験したということになるのです。これまで『昔のはじまり』を含めて4作品でマー

Chapter 3　DRAMA

(左) 撮影風景 Photo by Hazel Orencio
(右)『昔のはじまり』の撮影風景 Photo by Hazel Orencio

シャル・ローの時代を描いてきました。『あるフィリピン家族の創生』(2005)、『メランコリア』(2008)、『悪魔の季節』(2018)。全て政治が失われた時代の話です。ジェット・ライコやキップ・オーバンダなど若い世代にもマーシャル・ローをテーマに作っている監督がたくさんいますが、それは今の時代に新たなファシズム政権が生まれてしまったからなんです。彼らも昔に起こった出来事が忘れ去られるのを恐れ、自分たちが生きる今の時代を真剣に考えています。

映画の中で描いたファシズムの実態を観た観客は、どのように変わってゆくと思いますか。
LD: 私はただ「わかってほしい」とだけ望んでいます。映画という経験を通して、学び、感じ、反応してほしいのです。私たちは何を言いたいのか、何を言わないといけないのか。映画を観るという経験はその人の生活や人生となり、そして人生を鼓舞するものになります。それが、イメージが持つ力なのです。

あなたの作品に森やジャングルが多く出てくるのは、自身の原風景からくるものなのでしょうか。
LD: そうです。私はミンダナオの田舎に住んでいて、父親は先住民の山岳少数民族のところへ授業を教えに行く教育者でした。高校に上がるまで家には電気というものがなく、色んな森やジャングルの中を移動しながら育ちました。そういう環境の中で、自分の映画に対する考え方が生まれたんだと思い

165

『昔のはじまり』(フィリピン / 2014 / 338分)

ます。そこに住む人たちの飢えや災害について考え、貧しく食べられないことが当たり前の光景を見ながら、彼らの抱える問題と一緒に私は生きていました。私にとってジャングルとは、すごく重要な「登場人物」の一人なんです。細い小道を見つけたり、迷ったり。人生とはジャングルのようなものです。街中でも道を探したりしますが、それはジャングルでも同じことです。家の中さえも同じことです。ジャングルも街も、全てが登場人物なんです。

『立ち去った女』(2016)では主人公ホラシアの家にいろんな人が出入りします。そこにも「ジャングル」を感じました。

LD: そう、そして彼女が30年間入っていた刑務所も同じメタファーなんです。森で育ち、成長していく。そういったビジョンが人生そのものなんです。作品の人々は誰も答えを見つけることができません。人生は悲しいもので、逃げることができないのです。答えを見つけるために闘うだけ。でも、それがミステリアスなのです。みんなが「幸せとは何か」という答えを探しています。

Chapter 3 DRAMA

ドキュメンタリーはリアリティをキャッチし、フィクションはそれを翻訳する

作中に歴史的事実を寓話として盛り込むこともあれば、ドキュメンタリー的なスタイルを用いることもありますね。

LD: 狙っているものが同じですから、私にはドキュメンタリーもフィクションも同じです。ドキュメンタリーはリアリティをキャッチするもの、フィクションはいろいろ盛り込みリアリティを翻訳していくものですが、本質は同じです。カメラを通してリアリティを伝えること、これが私にとっての映画なのです。

監督にとっての「ドキュメンタリー」とはどういうものですか？

LD: 出来事やエレメントを発見していく作業です。フィクションには脚本がありますが、ドキュメタリーはただ追いかけるだけです。「コントロールすること」じゃありません。そういうドキュメンタリーの撮り方を選ぶ人もいるでしょうけれどね。ロバート・フラハティの『極北のナヌーク』(1922)は、イヌイットのナヌークに普段の生活を再現してもらったものでした。本当に何が起こったのかを「追いかける」。それが正直であると思っています。

『ストーム・チルドレン 第一章』(フィリピン / 2014 / 143分)

167

ドキュメンタリー作品『ストーム・チルドレン 第一章』(2014) は、とてもリアリティがある作品でした。

LD: 2013年に巨大台風ヨランダがフィリピンを襲った3ヶ月後に、レイテ島タクロバンでこの作品の撮影を始めました。台風が去った後、そこに住む人々がどんなことをして何を語っているのか、本当のことを撮りたかったのです。この地で数週間滞在してから、色んな場所に移動して撮影と観察を繰り返し、ドキュメンタリー作品として製作しました。合計3回、各2〜3週間ずついろんな時期や場所で、8歳から12歳までの子供を撮ることが目的でした。

台風被害にあった子供たちを通して、何を撮ろうと思ったのでしょうか。

LD: 子供たちが持つイノセンスを撮りたいと思いました。大きな嵐は悪のメタファーで、子供たちはその犠牲者です。この「悪」と「イノセンス」の対比を撮り、大いなる力の前で子供たちのイノセンスが破壊されてゆく姿を知りたかったのです。親を亡くし家も失い、どうやって食べていけばいいのかわからない状況下の子供たち。彼らは寂しさで時々泣くことはあっても、すぐに親を失ってしまったことすら忘れてしまい、幸せを感

じたりもしながら生きています。もちろん負った傷のトラウマは消えませんが、「忘れる」プロセスを繰り返すことによって彼らのイノセンスは失われてゆきます。子供たちがずっと何かを探している長回しのシーンがありますが、これは「親たちはどこにいるんだろう」と感じさせるとても象徴的なシーンです。僕にとっては、ホラー映画と言ってもおかしくないほど恐ろしい映像でした。

イノセントが大いなる悪の力に飲み込まれるという点では、『昔のはじまり』と似ているように感じます。

LD: そうですね、この2つは、ドキュメンタリーとフィクションという違いはありますが、失い忘れるプロセスを繰り返して、「大いなる力」に「イノセント」が破壊されていくという点がとても似ています。『昔のはじまり』ではマーシャル・ロー、『ストーム・チルドレン 第一章』は自然の脅威が「大いなる力」のメタファーです。

撮影対象の子供たちと出会った経緯を教えてください。

LD: 最初から誰かを特定して追いかけていたわけではなく、ただミンダナオ島で撮影をしていました。それからマニラ

のスタジオに戻ってフィルムを見てみると、忙しそうに動き回っている子供たちを見つけたんです。彼らは住居を掃除したり何かを探したりと、やらなければいけないことがありすぎて、撮影している私たちには無関心でした。それから私たちはもう一度同じ場所に行き、その子供たちを探してもう一度撮りました。相変わらず彼らは動き回っていて、楽しいことしか考えていないように見えました。その態度は傷ついた大人たちとは対照的でした。その違いが何なのかと言われるとはっきりとした答えはわかりませんが、おそらく子供が持つピュアさゆえの「イノセンス」なのかもしれません。

『ストーム・チルドレン』を通してどのようなメッセージを届けようと思っていますか。

LD: 私は何より、子供たちの将来や国の将来を考えると悲しい気持ちになります。子供たちのピュアさが失われてしまうことは、とても辛いことです。フィリピンは全てを失い続け、国民はみんな「破壊」されることに慣れています。自然災害による住居の破壊と、政治的なものによる生活の破壊。この2つの破壊のサイクルは、フィリピンのどこにいても同じく巻き込まれます。フィリピンには

毎年20から28の大きな台風がやってきますが、国民はそれにも慣れてしまっているのです。我々フィリピン人は、「フィリピンの魂」というものを手に入れないといけないのです。

アートとは、約束（engage）すること

新作『悪魔の季節』も、『昔のはじまり』と同じくマーシャル・ローがテーマの作品ですね。

LD: そうです。そして現代に起こっているファシズムも、同じくテーマに含まれています。この作品はマーシャル・ローの時代を描いていますが、同時に「今」起きていることも撮りたいのです。本作の主人公は頭の後ろに別の顔が付いているキャラクターで、これはマルコスとドゥテルテを表しています。マルコスを通して、ドゥテルテが話しているようなイメージです。そんなこれまで誰も見たことがないような体験を、観客はこの映画ですることができることでしょう。2018年6月にマニラの映画館でも上映をしましたが、そこで私は観客たちから「何か行動を起こさなくてはいけない」「世界に対して約束しなくては

『昔のはじまり』(フィリピン / 2014 / 338分)

いけない」という気持ちが生まれる瞬間を感じました。そういう気持ちを思い起こさせることが映画の役割なのです。何がどう起こり、それに対して何をしていかなくてはいけないのか。私たちはフィリピン人として、どう責任を取るのか。日本人が日本に対して責任があるように、フィリピン人もフィリピンに対しての責任があります。アートとは、約束(engage)すること。過去に何が起こったかを知り、新たに約束することが、観客に課せられたことなのです。

ミュージカル作品が生まれたのはどういういきさつだったのでしょうか。
LD:『立ち去った女』の製作後、ボストンのハーバード大学に留学していました。そしてこの頃連日のニュースで、現ドゥテルテ政権下のフィリピンでは麻薬戦争の名目により毎日殺人が起きており、その数が30数万人を超えたと聞きました。この動きは今も止まっていませんが…。それで最初はフィルムノワールの作品を撮ろうと思って、スクリプトと曲を作り始めました。そうしてるうちに『悪

Chapter 3　DRAMA

『魔の季節』のストーリーができてきて、ふとプロデューサーに「フィルムノワールではなくミュージカルにしたらどうかな」と提案してみたんです。彼もすんなり「OK」と言ってくれて、この作品はスタートしました。とは言え、ミュージカルといっても商業的なものにはしたくないという気持ちも私の中にありました。そこで、音楽も踊りもない「アカペラ」のみで全てのセリフを表現してみようと考えたんです。ミュージカルの新しいジャンルを、この作品でチャレンジしたんです。『昔のはじまり』の時もそうでしたが、私はいつも2時か3時頃に起きて、ギターを弾きながらスクリプトを書いています。もともとミュージシャンなので、曲や詩が自然に出てくるので

す。スクリプトの大まかなプランが事前にあることもありますが、「創造」は自然に生まれるものなので、生まれたことをそのまま形にします。それが、私のプロセスなんです。

様々な傷がひしめきあうこの世界において、何を語っていきたいですか。
LD: たとえどんな小さい作品であっても責任というものが生まれます。私にとって「映画を作る」ということ自体が役目であり、それが世界の助けになり、また世界に対して責任があるのだと思います。あなたの役割は本を作ることでしょう。僕の責任は、映画を作ること。みんなそれぞれ役割があるのです。
（2018年8月、マニラにてインタビュー）

Photo by Hazel Orencio

ラヴ・ディアス

1958年、フィリピン ミンダナオ島生まれ。1998年のデビュー以降12本の長編を撮り、40以上の賞を受賞している。上映時間の長さと国際映画祭での数々の栄誉によって、フィリピンの怪物的映画作家とも呼ばれている。2013年にカンヌ国際映画祭ある視点部門で上映された『北＜ノルテ＞－歴史の終わり』(2013)によって国際的に知られるようになり、2014年『昔のはじまり』(2014)でロカルノ国際映画祭金豹賞、2016年『痛ましき謎への子守歌』(2016)でベルリン国際映画祭銀熊賞、そして同年『立ち去った女』(2015)でベネツィア国際映画祭金獅子賞を受賞した。ドキュメンタリー作品『ストーム・チルドレン 第一章』はYIDFF 2013 インターナショナル・コンペティションで特別上映され、またこの時審査員も務めている。

171

DRAMA
3-3

Pedro Costa

ドキュメンタリーに新たな地平を切り開く ペドロ・コスタは、祖国ポルトガルの地で 「隅に追いやられた記憶」の深淵を紡ぐ

リスボンのスラム地区「フォンタイーニャス」には、ア フリカ系をはじめとする多くの移民たちが住んでい た。ポルトガル人の映画監督ペドロ・コスタは、そんな 彼らが背負っている物語に耳を傾け、記憶の底にある 哀しみや苦しみを映像に紡ぎ出すことで、そこから忘 却を試みさせようとしている。『コロッサル・ユース』 以降は、その中でも特に多いカーボ・ヴェルデ移民の一 人「ヴェントゥーラ」を物語の基軸また象徴とし、彼の 姿を通したカーボ・ヴェルデの苦難の歴史を歩ませて いる。ポルトガルによる植民地戦争、奴隷貿易、干ば つ・飢饉、移民労働者たち… 永き受難の歴史を彷徨う 彼らはどこに向かうのか。ペドロ・コスタはポルトガ ル人監督として彼らの迷路に迷い込み、そこから離れ ようとしない。繋がりが与えてくれた記憶の断片は、 彼にどんな「ドラマ」を見せてくれたのだろうか。

Chapter 3 DRAMA

「贈り物を配りながら、映画の断片が集まりました」

Photo by Hiroaki Hoshi

Pedro Costa

映画監督　ペドロ・コスタ

1987年に短編『Cartas a Julia』、1989年長編劇映画第1作『血』を発表。第1作にしてヴェネチア国際映画祭でワールド・プレミア上映された。以後、カーボ・ヴェルデで撮影した長編第2作『溶岩の家』(1994年カンヌ国際映画祭ある視点部門出品)、『骨』(1997)でポルトガルを代表する監督のひとりとして世界的に注目される。『ヴァンダの部屋』(2000)がロカルノ国際映画祭や山形国際ドキュメンタリー映画祭で受賞。2009年にはフランス人女優ジャンヌ・バリバールの音楽活動を記録した『何も変えてはならない』を発表。『ホース・マネー』(2015)は2015年山形国際ドキュメンタリー映画際でグランプリにあたる大賞、2014年ロカルノ国際映画祭で最優秀監督賞を受賞した。

『ホース・マネー』 提供:シネマトリックス

人々との出会いや作り出す行為そのものが重要だと気づいた

1994年、ペドロ・コスタ監督は自身の2作目となる『溶岩の家』の撮影で、アフリカのカーボ・ヴェルデ島へと向かった。リスボンからカーボ・ヴェルデに向かうポルトガル人女性とカーボ・ヴェルデ移民の男性2人を主人公においたこの作品の撮影中に、コスタ監督は自分が描きたいことはシナリオに書いてあることではなく、むしろ別のことである、と思うようになったと言う。この"描きたかったこと"について、次のように語っている。「もっとドキュメンタリー的なもので、マテリアル的にもミニマルでした。『溶岩の家』を撮っていた頃の私は、映画という趣向に支配されていたのだと思います。いま私は、映画史の伝統や映画的な趣向よりも、むしろ人々との出会いや彼らと何かを作り出すという行為そのものが、非常に重要で注意すべき

『ホース・マネー』　提供：シネマトリックス

ことだと考えています。以前は大文字の"映画"というものに守られていたとすれば、現在の私は裸です。そこには自分や出演者たち、街路しかありません」。

『溶岩の家』の撮影後、カーボ・ヴェルデの人たちから「リスボンに移住した家族のために」と手紙や贈り物を預かったコスタ監督は、帰国後それらを持ってフォンタイーニャスを訪れることになる。それがその後彼が共に歩み続ける、苦難の歴史を背負ったカーボ・ヴェルデ移民との出会いであった。「『溶岩の家』の撮影によって彼らとの間に関係ができあがっていきました。リスボンに帰る際、彼らは手紙やタバコやお菓子といったプレゼントをリスボンに移住した家族や友人に渡してくれるように、私に託したんです。まるでサンタクロースや郵便配達人のように、リスボンに大きな鞄をぶらさげて帰って、それをみんなに配って歩き回らなくてはいけなくなりました。その時フォンタイーニャス地区に初

175

『ヴァンダの部屋』 提供：シネマトリックス

贈り物を配ることで生まれた、映画の断片たち

スラム街に生きる若者の生を描いた作品『骨』で、コスタ監督はヴァンダ・ドゥアルテと出会う。フォンタイーニャスに7ヶ月間滞在しながら、ヴァンダの家族を描く作品を構想した。「『骨』の撮影中に、ヴァンダにもう少しここで撮影をしてみたらと提案されたことから『ヴァンダの部屋』(2000)が生まれました。メッセージやプレゼントを私が配り歩き、代わりに彼らは自分たちの世界について語ってくれたのです。そうやって知ることのできた世界と自分との関係、それが自分には重要なチャンスでした。そ

めて足を踏み入れたんです」。故郷からのプレゼントを持っていたということ、そしてコスタ監督がカーボ・ヴェルデで使われているクレオール語を少し話せたことによって、フォンタイーニャスの住民たちに受け入れられるスピードは他の人よりも早かったと語るコスタ監督。「プレゼントを配って回ったことをきっかけに、私は彼らから次々と食事に招かれることになりました。こうやって彼らと多くの時間を過ごすようになり、徐々に一緒に映画を作りたい、という欲求が芽生えてきたんです。そうやって作ったのが、1997年の『骨』でした」。

Chapter 3　DRAMA

れこそが、私の映画の源泉になっていったのです」。カメラはじっと動かず部屋の中のヴァンダを見つめ続ける。彼女の友人や家族も時折現れるが、彼らが部屋を出入りする際もカメラは留まり、動き続ける。そこは住民たちの「居場所」であると同時に、彼らを息苦しく閉じ込めている。そしてコスタ監督の視点はやがてヴァンダの寝室から、ブルドーザーによってまもなく消える運命にあるフォンタイーニャス地区全体に広がってゆき、『コロッサル・ユース』(2006)の製作へと繋がる。

祖国で起きた、失敗した革命の悲しい記憶を忘れるために

『ヴァンダの部屋』製作時、既にフォンタイーニャス地区は街全体の再開発によって破壊されつつある途上であった。撮影後、フォンタイーニャス地区には集合住宅が建ち、廃墟やバラック同然の家々に住んでいた住民たちはカサル・ダ・ボバという新しいリスボンの地区に移され、ヴァンダを含む多くの人は、その場所で人として最低限度な安定を与えられた。しかしコンクリートで塗り固められ密室のようなその集合住宅は、住民たちのコ

『ヴァンダの部屋』　提供：シネマトリックス

177

ミュニケーションを遮断し、バラック小屋が立ち並んでいたスラム街であったフォンタイーニャス以上に麻薬の汚染と生活環境の悪化を招いているらしい。それから数年後、コスタ監督は年取ったカーボ・ヴェルデ人の移民労働者ヴェントゥーラを主人公にした『コロッサル・ユース』を撮影していた。長年連れ添った妻に出ていかれたヴェントゥーラは、破壊され荒廃したフォンタイーニャスと新しい集合住宅を魂が抜けたようにあてもなく彷徨い、自身が「自分の子供」と信じる若い住民たちとの対話と逢瀬を重ねる。その会話と姿からは、異国ポルトガルの地でひとり生きるヴェントゥーラのプライベートな苦悩、そしてカーボヴェルデ移民の苦悩の歴史を感じ取ることができる。そしてコスタ監督は、ヴェントゥーラという同じ主人公にカメラを向けながら、1974年の「カーネーション革命」へと時間軸を移し、ヴェントゥーラから与えられた「記憶の物語」を完結させようと『ホース・マネー』(2014)を製作した。

　ここでヴェントゥーラたちを巡る背景を理解するために、ポルトガルの民主主義を求める軍事クーデター「カーネーション革命」と、カーボ・ヴェルデの植民地独立運動について簡単に説明しよ

う。15世紀のポルトガル船アフリカ大陸到着以降、16世紀から17世紀にかけてカーボ・ヴェルデはアフリカとアメリカ大陸を結ぶ奴隷貿易の中継地として栄えたが、19世紀に入り断続的に起こる干ばつやポルトガルからもたらされた大土地所有制度の弊害によって暮らしていけなくなったカーボ・ヴェルデ人の外国移住が進んでいったという歴史を持つ。一方ポルトガルでは、1932年よりアントニオ・サラザールが首相として長期独裁政権「エスタド・ノヴォ」政権をしき続けていた。第二次大戦後に多くのヨーロッパ諸国が次々と植民地の独立運動を承認した潮流とは対照的に、ノヴォ政権は数百年にわたる植民地体制を放棄しようとはしなかった。そんな中1956年にポルトガル領ギニアでは、ギニアとカーボ・ヴェルデの独立を目指すギニア・カーボ・ヴェルデ独立アフリカ党（PAIGC）が発足。その後1963年にPAIGC指導の武装闘争が開始され、1972年までにポルトガル領ギニアの3/4を制圧した。そして1974年4月25日、ポルトガルで植民地解放を掲げるスピノラ将軍を指導者とした中下層軍人らの国軍運動（MAF）によるクーデターが成功し、独裁体制が倒される「カーネーション革命」が起こる。これを受けた

Chapter 3　DRAMA

『コロッサル・ユース』　提供：シネマトリックス

　PAIGCはカーボ・ヴェルデでも活発化し、1975年7月にポルトガルから正式な独立の法的承認を勝ちとったのだ。
　『ホース・マネー』に話を戻そう。『コロッサル・ユース』に続く本作は、ヴェントゥーラが経験したこの動乱のカーネーション革命時代を軸にした、苦しみの記憶を辿る旅路である。「これは、私とヴェントゥーラにとって最後の映画になると思います。祖国で起こった失敗した革命の悲しい記憶を忘却するために描きました。その時私は13歳で、革命に加わりながら女の子や音楽と幸せに生きていた。しかし同じ時同じ場所で、友人のヴェントゥーラが恐怖に苛まれながら移民局から身を隠していたことを、愚かにも知らなかった。彼が"牢獄"と呼ぶ時間の記憶を忘れるため、私

179

『ホース・マネー』 提供：シネマトリックス

たちはこの映画を作ったのです」。監獄のごとき病院、過去を語りかけてくる兵士の亡霊、かつて時を過ごした廃墟の工場や戦車。いくつものアイコンがヴェントゥーラを悲しみの記憶に呼び戻し、揺さぶろうとする。その折々で監督ペドロ・コスタはヴェントゥーラを過去から引きずり出し、未来へと進む姿を見届けようとしている。

与えてくれたものを映画にしなかったら、裏切りになる

作品の中に生きるヴェントゥーラやヴァンダの姿は、フィルムの中で彼らが生きるまっすぐ時間軸から逸脱し、自由に記憶のままに動いてゆく。そういった映像表現は、コスタ監督がフォンタイーニャスの人々と出会ってから一貫

Chapter 3 DRAMA

して中心に置き続ける、「人々との出会いや共に何かを作り出すという行為」に繋がっているという。「ヴァンダやヴェントゥーラ、他の多くの人たちが私に対して与えてくれたものを、もし仮に映画として実現しなかったとすると、それは裏切りになってしまうと思います。彼らに対してだけでなく私の敬愛する小津安二郎、あるいは映画そのもの、自分自身をも裏切ることになってしまうでしょう。作品作りには、どの作品の場合も、自分が関心を示しているものが根底にあります。今のところ私が興味あるのは、フォンタイーニャス地区のような共同体なんだと思っています。今の時点では、私はそこから離れてどこかに行こうとは考えていません。それにはまだ早いのだと思っています」。

ヴァンダの部屋　　ポルトガル・ドイツ・フランス合作 / 2000 / 180分

ポルトガルの移民街フォンタイーニャス地区に住む一人の女性「ヴァンダ」の部屋を中心に、再開発のために取り壊されようとしているスラム街に暮らす人々の日常を赤裸々に捉える。コスタ監督が自ら2年間にわたって一緒に暮らす中で捉えた過酷にして絶望的な状況を、絵画のような美しい映像で織り成してゆく。

コロッサル・ユース　　ポルトガル・フランス・スイス合作 / 2006 / 155分

『ヴァンダの部屋』に続き、フォンタイーニャス地区を舞台に地元の人々をキャスティングして撮り上げた作品。土地開発に伴いアフリカ系移民たちの強制移住が行われていた。コスタ監督は、妻に見捨てられたカーヴォ・ヴェルデ出身の老人ベントゥーラが、荒れ果てたフォンタイーニャス地区と近代的な集合住宅の間で彷徨う姿を追い続ける。

ホース・マネー　　ポルトガル / 2014 / 104分

再びベントゥーラの視点からフォンタイーニャス地区を舞台に描かれた作品。ポルトガルのカーネーション革命の時代を背景に、ポルトガルで暮らすアフリカ移民の苦難の歴史と記憶を、ベントゥーラの記憶とフィクションを入り混ぜた語り口で描き出す。山形国際ドキュメンタリー映画祭2015インターナショナル・コンペティション部門大賞受賞作。

181

DRAMA
3-4

Akira Takayama

演劇の最前線を走りながら、「社会」のあり方を問いかけ続ける演出家、高山明は、社会とリンクしながら次の「劇場」を模索する

フランクフルト市内のマクドナルドを大学に変貌させた『マクドナルド放送大学』、都市に実在する路上生活者の集まりなどを「避難所」として体験させる『完全避難マニュアル』、シドニー・ビエンナーレでの『OUR SONGS – SYDNEY KABUKI PROJECT（2018）』など、都市空間を舞台に「個」と「社会」のつながりを演劇という手法で問い続ける演出家、高山明。ハンス＝ティース・レーマンのドキュメンタリー演劇やワーグナーの舞台装置を消化し、ゼロにリセットした彼が見つけたのは、「観客」としての演劇と、新しい開かれた「避難所」としての演劇であった。「社会」と「リアリティ」とのつながりを避けては通れないドキュメンタリズムにとって、最先端の演出家が模索し続ける言葉には、多くの智慧が込められている。演劇の最前線を走る彼の視線は、これからのドキュメンタリーにどんなヒントを与えてくれるのだろうか。

Chapter 3　DRAMA

「体験から作られる演劇は、一つではないんです」

Akira Takayama

演出家　高山明 / Port B

1969年生まれ。演出家。プロジェクトごとに形を変えて作られる創作ユニットPort B（ポルト・ビー）を2002年に結成し、実際の都市を使ったインスタレーション、ツアー・パフォーマンス、社会実験的プロジェクト、言論イベント、観光ツアーなど、多岐にわたる活動を展開している。いずれの活動においても「演劇とは何か」という問いが根底にあり、演劇の可能性を拡張し、社会に接続する方法を追求している。2017年のプロジェクトに『マクドナルド放送大学』『ワーグナー・プロジェクト』などがある。

『完全避難マニュアル 東京版』『東京修学旅行プロジェクト・クルド編』Photo by 蓮沼昌宏

自分は「観客」だった、という演劇を始めた当初の気持ち

2010年のフェスティバルトーキョーで高山明主宰のPort Bが『完全避難マニュアル 東京版』を発表した時、「演劇らしからぬ」と奇異の目で見られつつも、新たな表現としてソーシャルネットワークを中心に急速に広まった。アクションを起こすたびに注目される高山氏の今にも繋がる演劇的表現は、どのように始まったのだろうか。「5年間ドイツ語の環境で舞台を作りましたが、いい芝居はなかなか作れない。ぼくはピーター・ブルックという演出家の舞台に衝撃を受け、演劇の世界にのめりこんでいきました。みんな彼の表現を盗んだりするんですが、自分も知らず知らずそうなっていて、ある時、自分の舞台はブルックの真似事でメッキみたいなもんだなと気づきました。環境を変える必要があるなと思ったので日本に戻って働き始めました。社会はこんなにも大変なのかとつらくて仕方ありませんでしたが、3年もす

Chapter 3　DRAMA

KAAT × 高山明 / Port B『ワーグナー・プロジェクト』─「ニュルンベルクのマイスタージンガー」─
KAAT神奈川芸術劇場　大スタジオ　Photo by 畠山直哉

ると、演劇をやっていた自分のプライドがなくなって楽になった。その時、なんで演劇なんて始めたんだろうと考えたら、ブルックの舞台を思い出し、そうか自分は観客だったんだと、演劇を始めた当初の気持ちに気がついたんです。もしかすると、観客というところからもう一度演劇を作り始めたら面白いものが作れるのではと考え、今のPort Bを作ったんです」。観客という視点に戻った彼が「これでいいんだ」と思える芝居が作れたのは、演劇を始めて10年経った時だっ

たという。「ブレヒトの『家庭用説教集』という詩集を舞台化した作品『シアターX・ブレヒト演劇祭における10月1日／2日の約1時間20分』では、自分が観客であるという気付きをベースに、観客の身体や知覚にしか演劇の実質はないという思いで作品を作り上げました。観客は舞台に立ちませんが、ある意味主人公になる。区分けでいうとドキュメンタリー演劇に近いかもしれません」。役者ではなく当事者たちに舞台に出てもらうのがドキュメンタリー演劇だとすれば、高

185

『完全避難マニュアル フランクフルト版』 ウェブサイトより http://www.evacuation.jp

山氏はこの時すでに『完全避難所マニュアル』へと繋がる"開かれた舞台"の実験を始めていたとも言える。「最初からその要素はありました。ダンサーや映像作家、音響作家、小説家、詩人、学者などに観客として第一部第二部を観てもらい、第三部になると、彼らに観客代表としてアウトプットをしてもらいます。例えば音響の人は音を編集したものを第三部で流し、小説家は見ていたものをその場で書き始める。最近活躍している詩人の大崎清夏さんにも参加してもらい、彼女はまだ大学1年生でしたが、三部が始まると同時に一部・二部を観て受容し

たものを書き始めてもらいました」。ではそういった表現者たちの感覚から生まれる"それぞれの舞台"は、どのように"避難所"のコンセプトへと繋がったのだろうか。「すでにこの作品の第三部の中に"避難所"の要素があったんです。観客が何かを作るということは、ブレヒトが考えていた一番の意義であり、普通の人にもこういったことができるとぼくも感じてはいましたが、アウトプットの方法がわからない。だから、メディアを使ったわけです。でもダンスや映像といった表現のメディウムをなくしてしまっても、演劇は成り立つのではないか。目や耳が

Chapter 3 DRAMA

『完全避難マニュアル・フランクフルト版』Photo by 蓮沼昌宏

不自由な人には舞台は違って見えるはずで、舞台は1つでもそれぞれの体験から作られる演劇は1つではないんです」。高山氏本人の言葉を借りると、1つの同じ感じ方を求める演劇はファシズムと同じであり、それは同じ方向に感情を揺さぶっていこうとするポスト・トゥルースやフェイク・ニュースのような劇場モデルと同じだという。「お客さんそれぞれが自分の演劇、自分の舞台を作れることが理想ではないかと思ったんです」。そういった気持ちから、お客さん一人一人が時間も場所も選ばずに"避難所"へ行けるという発想が生まれてきたのだと言う。「山手線沿線全部で29箇所を好き勝手に廻れるので、組み合わせは無限にあります。お客さんの動きによって全く違う劇が生まれるのが、『避難マニュアル』だったんです」。

演劇とは、「状況」と「身振り」である

ドイツの演劇研究者ハンス＝ティース・レーマンの論文には、演劇は大きく分けて"状況"と"身振り"という2つの要素から成り立つと書かれている。「この2つが揃うと演劇になるのですが、僕らが忘

187

(上)『マクドナルド放送大学・ベルリン版』Photo by 田中沙季
(下)『マクドナルド放送大学・フランクフルト版』Photo by 蓮沼昌宏

れがちなのは"状況"のほうなんです。いつのまにか演劇＝舞台だと思い込んでいますが、実は舞台の定義をちょっと広げてあげるだけで"避難マニュアル"のようなプロジェクトが生まれるんです」。高山氏の実験から生まれた"状況"は、ある瞬間に面白い現象を生み出していたという。29駅全てをコンプリートした人たちが「自分たちは避難民です」と言い始め、「あなたも避難民ですか？」と言葉を交わし合うコミュニティが生まれたのだ。「最終日には、彼らが作った"避難所"に招待されました。それはつまり、僕にとって理想的な状況が生み出されたんです。お客さんのクリエイティビティってすごいなあと。タネがあれば、そこから木が育つんです。SNSやツイッターがなければ、あそこまではたどり着かなかった」。

難民に教わる共犯関係
『マクドナルド放送大学』

2007年から始まった『マクドナルド放送大学』は、フランクフルト市内にあるマクドナルドというありふれた"日常"の中で、他の客に知られることなく授業を

Chapter 3　DRAMA

『マクドナルド放送大学・ベルリン版』Photo by 田中沙季

受けるという"非日常"的な公演である。「難民たちにそれぞれが得意な分野について授業をしてもらうのですが、その場所を大学ではなくマクドナルドにしたんです。店内で難民の人が教授となって授業をする。お店に許可を取っていますが大っぴらに授業はできないので、目に見えないようにやらないといけない。お客さんはラジオに耳を澄まし、難民の教授はマイクを通して話しかける。お客さんも生徒なんですが、客のふりをしないといけない。もしあからさまに"生徒"になってしまうとマクドナルドが使えなくなる。そこに、ある種の連帯や共犯関係が成り立ってゆくんです」。ドイツで演劇を観るのは人口の約3％と言われており、教育を受けた中流以上の白人がマジョリティである。彼らが好んでマクドナルドに来ることは考えられない。では、そういう人たちがマクドナルドに来たら何が起きるのだろうか。「彼らは自分たちが異物であることを忘れがちで、マクドナルドを避難所として過ごしている移民たちを指さし、なぜあの人たちを救わないのか、と言ってくる人もいたんです。恵まれた彼らが資本主義を否定したとしても、難民たちにとって、Wi-Fiが使えて長時間滞在できるマ

189

クドナルドは大切な避難所なんです」。高山氏が作りだした『マクドナルド放送大学』という非現実的な空間は、自分たちと社会がどれほどギャップがあるのかを教えてくれる舞台であり、そこに世界の縮図が表現されていた。 高山氏は続ける。「ドキュメンタリーを作っている人は痛感すると思いますが、作品を発表してどれだけ社会が変わるのかと考えると、常に絶望と無力感に襲われるわけです。社会を変えたいとは思いませんが、もうちょっと社会にリンクしたところにいたいという気持ちがあります」。

「劇場」を通して、コミュニティのあり方を育ててゆく

高山氏は今現在、もう一度「劇場」に戻って、新しいコミュニティモデルについて考えていると言う。それをワーグナーとブレヒトでたとえてくれた。「ワーグナーは総合芸術としてオペラを作り、バイロイト祝祭劇場とバイロイト音楽祭を作った偉大な人ですが、その時代にはラディカルすぎて、晩年まで決して評価は高くありませんでした。亡命中に考えていた『ニーベルングの指環』の上演プランはかなり過激で、川岸の仮設劇場

で5日間だけ公演をやり、終わったら舞台も楽譜も全て燃やしてしまおうというものでした。そんな彼がルートヴィヒ二世と出会います。ワーグナーの大ファンだったこのバイエルン王は、国が傾いてしまうぐらいのお金でノイシュバンシュタイン城を作り、そこにワーグナーのための部屋を作りました。大スポンサーを手に入れたワーグナーは、エリートだけを相手にすればいいやと、一気に反動的になったと思うんです。疲れてしまったんでしょうね。王の支援を得て作ったバイロイト祝祭劇場には田舎にもかかわらずヨーロッパ中から知的エリートが集まり、いまだにメルケル首相も訪れるほどのステイタスを示す場所になりました。そういったコミュニティ作りをうまく模倣したのがナチスなんです。つまり、ワーグナーが作り出した劇場のように "ひとつにまとめあげてしまうこと" が、毒にも薬にもなる演劇の力です。逆にブレヒトは、ナチスに追われながら、ひとりひとりが集団を批判できる、そういう観客を作るために演劇を使おうとしていました。僕は、ブレヒトの手法でワーグナーを解体していったらどうなるんだろうと考えたんです」。高山氏によると、"劇場" とは開かれたイメージがあるが、むしろ "誰を排除する

か"という共同体作りの道具としても有効なのだという。そこで高山氏は、ワーグナーが作った共同体づくりをひっくり返してしまい、例えばストリートでヒップホップをやっている子たちに劇場に来てもらうといった、新しい「関係」を生み出す実験を始めたと言う。「ストリートの子たちは劇場なんてバカにしていますから普通は来ません。でも逆に、そうした子たちばっかりが劇場に来たらどうでしょう？ 新しい共同体ができる。閉じた"劇場"だからこそ、そういうコミュニティを可視化し、生み出していけるんです。そこでできあがった仮設のコミュニティがひとつのモデルになって、ひょっとしたら公演が終わっても社会に新しいコミュニティのあり方を育ててゆく可能性を提示できるのかな、と。そこに現実変革の可能性みたいなものがあるのではないかと感じています」。

東京ヘテロトピア
http://portb.net/App

2020年の東京オリンピックまで拡大を続けるプロジェクト、『東京ヘテロトピア』。専用の観光アプリを手に東京のなかのアジアを旅する。参加者は地図に記された場所を辿り、5人の詩人・小説家（管啓次郎、小野正嗣、温又柔、木村友祐、井鯉こま）によって書き下ろされた、そこであり得たかもしれない物語を聞く。宗教施設、モニュメント、難民収容施設跡地、エスニックレストラン・・・。訪問地の数は現在30箇所、2020年までに50箇所に増える予定。見慣れたはずの「トーキョー」を異国のように「旅」する中で、作品は無数の偶然を招き入れ、参加者は自分だけの出会いを重ねていく。台北、アテネ、ベイルート、アブダビ、リガなど、海外の都市でも「ヘテロトピア・プロジェクト」は展開されている。

DRAMA
3-5

Jamie Miller

全身火傷から奇跡の生還を果たしたダンサーの姿に観客が演者とつながってゆく「ドラマ」を感じた監督ジェイミー・ミラー

2012年に起きた火事により全身の68％を超える火傷を負い、生死の境を彷徨い歩いた果てにダンサーとして奇跡の復活を果たしたプリンス・アンポンサー。肉体の限界に見える光と陰の美しさを見事に描き上げたのは、これが初ドキュメンタリー作品だという若き女性作家ジェイミー・ミラー。今年のHot Docs（カナディアン国際ドキュメンタリー映画祭）で会場を沸かせた彼女の作品『Prince's Tale』は、カナディアンショートドキュメンタリー部門のグランプリ、そして観客賞を見事受賞し、世界中に知られることとなった。自然豊かなカナダのニューファンドランド島に生まれ、科学ドキュメンタリーと家族を愛し育った若きドキュメンタリストは、奇跡のダンサーとどのように出会い、16分という時間に命のダンスを描き出していったのだろうか。

Chapter 3 DRAMA

「大切な人を失い、傷を背負った人たちに勇気を」

Jamie Miller

映画監督　ジェイミー・ミラー

カナダ東岸のニューファンドランド島生まれ。2012年、ニューヨーク大学映画学科を卒業。現在はトロントを拠点に、ドキュメンタリー映画やさまざまな「場所」からインスピレーションを感じた物語性のある映画を製作している。そういった感覚が、彼女の作品には重要な要素となっている。最近は初めての長編映画を手がけながら、俳優プリンス・アンポンサーを描いた短編ドキュメンタリーを製作した『Prince's Tale』が2018年度Hot Docsにてカナディアン短編ドキュメンタリー大賞と観客特別賞を受賞。現在は、女性をテーマとした女性によるシリーズ『Likeness』を製作している。

©Jamie Miller

プリンス・アンポンサーとの出会い

それはある意味必然であった。トロントで、彼女の友人が監督をする舞台にプリンスが出演をしたのだという。「初めて見た彼は信じられないほど魅惑的に演じていました。ステージ上の彼を観た衝撃、観客が演者と感情的に繋がってゆく感覚、これを視覚化したいという気持ちに襲われました」と言うジェイミー。実は彼女にプリンスを撮影しようと決意させた理由には、親友の死が関係していると言う。「プリンスの事故が起きた2週間後に、親友が別の原因で亡くなったんです。自分の中ではその時に感じた悲しみがプリンスの事故を思ったときに感じた悲しみと繋がりました」とジェイミーは語る。それから4年、肉体的に回復して舞台に戻ろうとしていた彼を見た時、ジェイミーは彼の物語について本能的に惹かれていった。大切な人を失い、傷や悲しみを背負った全ての人たちに、プリンスのダンスは勇気を与えているとジェイミーは

感じた。「彼が奇跡的に復活したドラマは、どんな人間にも強靭さがあり、どんなかすかな声でも、それを伝えることの重要さについて、私に教えてくれました」。

Hot Docs最優秀カナディアン短編作品に選ばれて

プリンスの声を増幅する手助けをし、彼が暗いステージの上でドラマティックに踊る姿を16分にまとめ上げた彼女を待っていたのは、全く予期せぬ賞賛であった。

「Hot Docsの最優秀カナディアン短編ドキュメンタリー賞を受賞した時は、本当にびっくりしました。その時、私たちが作った作品が多くの人たちの共感を呼び起こしたことを知りました」。プリンスという存在がとても大きかったのは間違いないが、その物語を伝えたことがこれほどまで高く評価されるとは、彼女は想像していなかったのだろう。「これまで何も賞を受賞したことはなく、心の準備も全くできていなかったので、ステージ上に立った私の姿はその場に似合わなかったかもしれません。でも私が価値あ

©Jamie Miller

©Jamie Miller

るものに真摯に取り組み、分かち合うべき価値のあるアイデアをちゃんと持っているのだとその舞台で言われた時、正しい場所に私は立っているのだと勇気付けられました」。障害を乗り越え、より深い芸術表現を生み出すようになったプリンス・アンポンサーというアーティストが「変化してゆく姿」を、ジェイミーは誠実にみつめ、息を呑む美しい映像へと翻訳していった。では、彼女自身はこの作品を通してどう変化したのだろうか？「自分の居場所について、自信が持てました。本当にいい作品だったのか、大賞に値するのかと悩んでいましたが、この悩むプロセスこそが、本能に従う大切さを教えてくれて、リアリティと真摯に対峙する感覚を研ぎ澄ましていくことを助けてくれました。自分とは違う人間と同じことを共有することで、多くのことを学び、どんな倫理観を持ってテーマと向かうのか、教えてくれたんです」。

いつか故郷ニューファンドランド島についての作品を作りたいと語る若きドキュメンタリー作家ジェイミー・ミラー。大切な人の死を乗り越え、孤高のダンサー、プリンス・アンポンサーが美しく変化してゆく姿を描き出した彼女なら、きっと次も素晴らしい作品に違いない。

Chapter 3　DRAMA

©Jamie Miller

PRINCE'S TALE
カナダ / 2017 / 16分

2012年に起きた火事に巻き込まれ、全身に致命的な火傷を負った若き俳優プリンス・アンポンサーを追いかけたショート・ドキュメンタリー。 生死の狭間をさまよいながら、精神的にも復活し、もう一度ステージに登ったプリンス。 しかし不幸な出来事により両腕を失ったプリンスは「それまでとは違う」自分の芸術表現へと到達しなければいけなかった。「身体」という最も原初的な表現を通して心の救済を見つけていくプリンス。その深い芸術性は、いつしか観客、そして世界へと深くつながっていく。

197

ドキュメンタリズムの解剖学
米本直樹 / 奥間勝也 / 関強

第3章の「ドキュメンタリズムの解剖学」では、テレビを中心に活躍する三名の若手ドキュメンタリストたちを分析する。四川大地震後に支えあいながら力強く生きる教師と生徒たちの姿をドキュメンタリーに描き、ディレクターがドラマにどう干渉するべきなのか葛藤し続ける米本直樹。インドの北部山岳地域ラダック村の悠久の時間を優しく描き出し、口承伝で受け継がれてゆくドラマについて答えを出そうと試みる奥間勝也。そして、ディレクター自身が祖国である中国の今という「リアリティ」に身を置くことで見えてくる本当の姿を大胆に描き出し、ATP賞の優秀新人賞を受賞した関強。

Chapter 3　DRAMA

Naoki Yonemoto
米本直樹

東京生まれ。「新日本風土記」などNHKで多く活躍しているディレクター、プロデューサー。『李先生と三十人の子どもたち』(BS世界のドキュメンタリー)は第26回ATP賞テレビグランプリ2009で最優秀賞(ドキュメンタリー部門)を受賞。また『レッドチルドレン 中国・革命の後継者たち』でTokyo Docs 2015のASD賞受賞。現在テムジンに所属している。

Katsuya Okuma
奥間勝也

沖縄生まれ。琉球大学で文学を学んだ後、上京。映画『ギフト』は山形国際ドキュメンタリー映画祭2011、Vision du Reel 2012(スイス)、杭州青年映画祭2012(中国)など国内外で上映された。『ラダック それぞれの物語』で山形国際ドキュメンタリー映画祭2015奨励賞を受賞。WOWOW『いま甦る幻の映画『ひろしま』～受け継がれていく映画人の想い～』で2016年第32回ATP賞テレビグランプリ最優秀新人賞を受賞。

Guan Qiang
関　強

北京生まれ。首都師範大学を卒業後に来日。東京造形大学大学院で諏訪敦彦監督の指導を受ける。2013年よりテレビ番組制作会社のオルタスジャパンに入社し、2014年から「中国の今」をテーマに「NONFIX」(フジテレビ)の『ボクが見た中国シリーズ』を制作開始。同シリーズ『風花雪月－ボクが見た祖国・性の解放』で第32回ATP賞テレビグランプリ優秀新人賞を受賞している。

『李先生と三十人の子どもたち』

米本直樹

番組を作ることになってなお、私はカメラがどこまで他人の心に迫っていいのか悩み続けていた。被災者でないばかりか国籍すら違う自分が、親しい人や家族を失った人たちの悲しみを撮ることに、一体どんな意味があるのか。しかし、現地で取材を進めるうちに感じたのは、「死や悲しみという不条理な現実の中にこそ普遍的な人の感情がある」という残酷な事実と、「他者に共感したい」という、私のどうしようもない欲求だった。李先生や生徒たちと毎日のように一緒に過ごし、少しずつ距離を縮め

ていく中で、李先生は震災後ずっと近寄らなかった倒壊した実家に初めて私たちを案内した。そこで彼女は自分から、亡くなった娘の遺品を一つ一つ丁寧にカメラに向かって紹介し始めた。心理カウンセラーにさえ心を閉ざしていた彼女が、娘への思い出をカメラに語ったのは、その後のことだった。"観察者"としてだけではなく、共感や好奇心という欲求を持つ厚かましい"関係者"として一歩踏み込み記録するという、ドキュメンタリーの特殊な役割を見つけた瞬間だった。

Chapter 3　DRAMA

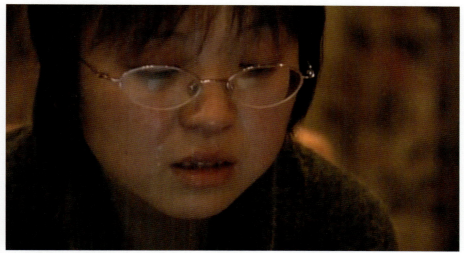

BS世界のドキュメンタリーシリーズ四川大地震 被災地は今 〝第2回 李先生と三十人の子どもたち〜紅白中心学校〟
（監督：米本直樹 / 制作：株式会社テムジン / 放送：NHKBS）

生きていれば訪れる、普遍的な人間のドラマ

2008年5月、M8.0と観測された「四川大地震」が発生。午後2時28分に起こったため多くの子供たちが学校で命を落とし、死者・行方不明者は87,000人を超えた。中国全土を悲しみに包んだこの悲劇は、被災者の「生存」をキーワードにしたドゥ・ハイビンの『1428』（ヴェネチア国際映画祭最優秀ドキュメンタリー）や、被災者の名簿などをネットで公表したアイ・ウェイウェイのプロジェクト『花臉巴兒』など、多くのドキュメンタリストの視線を集めた。地震発生から8ヶ月後、日本のドキュメンタリスト米本直樹は大勢の生徒が犠牲になった四川盆地の中学校で、心や体が傷ついた進学前の子供たちと、一人娘を地震で失いながらも教壇に立つ女性教師・李先生との心の交流を見つめる。生徒の前で決して涙を見せない李先生に対して米本は、心の奥底を生徒に見せることが大切だと考える。米本は先生が墓参りに行く時間を生徒たちに伝え、先生は生徒たちの前で初めて涙を流す。被写体に介入する行為には賛否が分かれたが、小さな村にささやかな心の奇跡を起こす原動力となったのは間違いないだろう。亡き父が遺したフィルムに母が涙した姿から「被写体との関わり方」に意味を見つけた米本。「ドキュメンタリーとは、その場で脚本なしで起こる芝居」と述べる。この作品は、同年の「第26回ATP賞テレビグランプリ2009ドキュメンタリー部門最優秀賞」を受賞した。

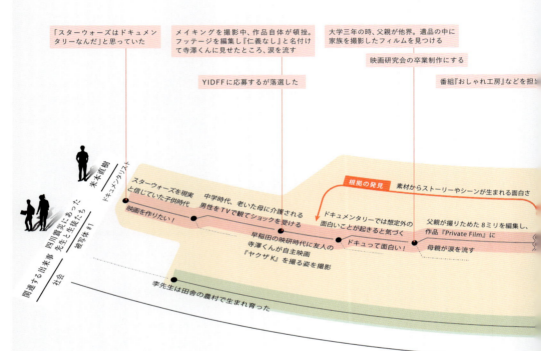

ATP賞 全日本テレビ番組製作社連盟が「製作会社の社会的機能を高め、制作スタッフひとりひとりの情熱や気概に応える」ことを目的に、優れたテレビ番組を顕彰する賞。

BS世界のドキュメンタリー 2004年4月1日に放送を開始したNHK BS1のドキュメンタリー番組。放送時間は深夜が多く、国際的に評価の高い秀逸なものも多い。世界各地で制作されたドキュメンタリーを放送する。米本直樹による「李先生と三十人の子どもたち」（ATP賞）のほか、「いのちの家 - スーザンと9人の子どもたち -」（2003年アムステルダム国際ドキュメンタリ映画祭観客賞ほか）、「中国 エイズ孤児の村」（2007年アカデミー賞短編 ドキュメンタリー部門）など。

イタリア賞 1948年に創設されたイタリア放送協会（RAI）が主催する国際番組コンクール。最高賞は「イタリア賞」。世界で最も歴史と権威のある国際番組コンクール。

おしゃれ工房 NHK教育テレビで1993年から2010年の間に放送された、『婦人百科』の流れを汲んだ女性向け講座番組。番組開始当初はそのことを明確にするため「新・婦人

Chapter 3　DRAMA

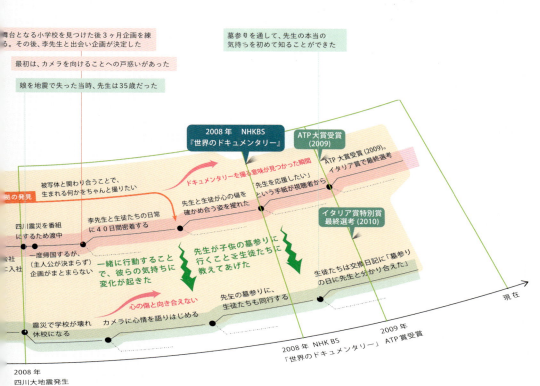

百科」というサブタイトルが付けられる。手芸・工芸、ファッション、コスメなどを専門家を交えて判りやすく解説した。羽野晶紀、原日出子、羽田美智子、西村知美、六島美幸（森三中）、加藤紀子ほか多数のタレントが起用された。

テムジン　ドキュメンタリー制作を中心とした日本のテレビ番組制作会社。1987年、TBSの文化情報部で働いていたディレクターが中心となって設立。制作プロダクションとしては初めて「NHKスペシャル」を制作。現場主義を掲げ、世界各地のドキュメンタリー番組を制作している。

四川大地震　「四川汶川8.0級地震」とも呼ばれる、中華人民共和国中西部に位置する四川省アバ・チベット族チャン族自治州で2008年5月12日14時28分（UTC6時28分）に発生した地震。87,000人余りの死者・行方不明者を出した。家屋とともに多くの校舎も崩壊、多くの子供たちが犠牲となり「手抜き工事」が非難を浴びた。

203

『ラダック それぞれの物語』

奥間勝也

標高3500メートルの山々に囲まれたインド北部・ラダック地方の村に、約2週間滞在しながら行なわれたアートプロジェクトで制作した作品です。村を歩き、村人から話を聞くうちに、口承で伝わる世界一長い物語とも言われている「ケサル物語」についての映画を撮ろうと思うようになりました。私は「どのエピソードが印象に残っているか」を軸に話を聞くことに決めました。各々が歩んできた人生によって、選択するエピソードに特徴が出ると面白いかもしれない、と思ったからです。

結果的には、ケサル物語を憶えている人はほとんどおらず当初のもくろみは崩れましたが、「ケサル物語」を糸口に、村人たちそれぞれが記憶する物語を聞くことができました。そこに通底しているのは、伝統的な暮らしが息づくラダックにもグローバルな経済原理が急速に入り込み、生活が大きく変化しているという事実。村人である彼／彼女らの言葉と言葉の隙間から滲み出た想いを、私の想像力に乗せて表現し、村人らと私の共同の物語としてこの映画を制作しました。

物語の主人公、ジグメット（左）とスタンジン（右）

村の伝統的な家に住むナムギャルじいさん（77歳）

Chapter 3　DRAMA

チョンゾンばあさんの家の後ろの小川

ラダックと沖縄、失われたものと繋がるもの

日本から遠く離れたインドの山村ラダックに、自分の故郷である沖縄の原風景を感じたドキュメンタリスト奥間勝也は、そこで出会った2人の少年を案内人にし、村に伝わる世界一長い口承文学「ケサル物語」について、住民たちに聞いて回らせる試みを思いつく。そこには監督の「忘れられゆくものをどうしたら残せるのか」という問いが込められていた。しかし話が進むにつれ、ケサル物語そのものではなく、村人たちに染み付いた個人史などが浮き上がってゆく。都会へ出て進学したい娘と残って家業を継いでほしいという母親の葛藤、ケサル物語よりも日々の仕事を覚えることが大事だと語る村と都会を行き来するバスの運転手、カメラを向けられ普段着で映るのは嫌だと言って民族衣装に着替えてくる農家の老人、ケサル物語と勘違いして朗々と自分が記憶している曲を歌う老女…。秘境やノスタルジアを感じさせるこの村と、急速に進む世界のグローバル化。その潮流で「現代」を生きるラダックの人々の想いや生活を感じることができる。滞在型アートプロジェクト「アースアートプロジェクト・イン・ラダック2014」で製作された本作は、山形国際ドキュメンタリー映画祭2015アジア千波万波部門で奨励賞を受賞。製作を通じて外世界とのコミュニケーションを経験した子供たちはその後、外にある可能性を知り、夢の可能性が膨らんでゆくこととなった。

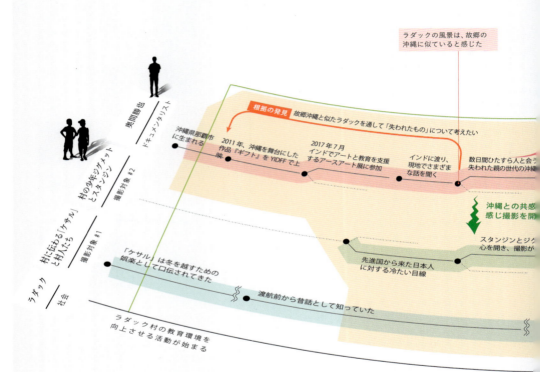

ラダック地方
ヒマラヤとカラコルム山脈に挟まれた、インドのジャンムー・カシミール州東部の呼称。中華人民共和国との国境に接しアフガニスタン北部にも近い。チベット仏教の中心地のひとつとして有名であり、文化大革命で破壊されたチベット自治区よりも古い文化がよく残っていると言われる。

ケサル王伝
チベットおよび中央アジアにおける主要な叙事詩。現在でも140名あまりのケサル吟遊詩人によって歌われており、現存する数少ない叙事詩のひとつとしても価値が高い。約1,000年前のものと推定され、勇胆の王ケサルと彼が治めたという伝説の国家リン王国について語られている。現存する文学作品では世界最長と考えられている。

ラダックのグローバル化
グローバル経済の進展に対抗するカウンターデベロップメントの実践を目指す人たちから注目されており、スウェーデン出身の言語学者ヘレナ・ノーバーグ＝ホッジは、ラダックが外国人に開放された1974年にドキュメンタリー映画の撮影メンバーとして入域してから、一貫してこの地の伝統文化や自然、経済活動を守り、維持する活動を30年間にわたって続けてきている。

アースアートプロジェクト
アートを通じたインドへの教育支援を目指すウォールアートプロジェクトによるプロジェクトのひとつとして始まった、ヒマラヤのラダックでアートを展開するアートプロジェクト。ウォールアートフェスティバルは他にも2010年のインド農村部や日本の学校の壁をキャンバスにした「ウォールアート

Chapter 3 DRAMA

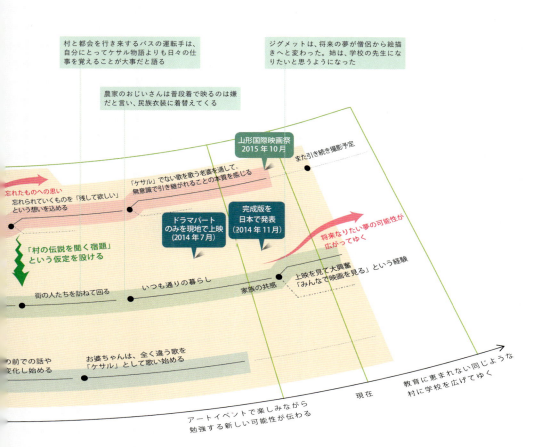

『いま甦る幻の映画「ひろしま」〜受け継がれていく映画人の想い〜』
2015年に演出した、原爆映画に関するドキュメンタリー。「ノンフィクションW」(WOWOW)で放映され、2016年には第32回ATP最優秀新人賞を受賞した。

ATP賞
一般社団法人全日本テレビ番組製作社連盟(ATP)により与えられる、優れたテレビ番組を顕彰する賞。1982年の発足以来、テレビ番組の質的向上を図ることによって放送文化の発展と国民の文化的生活の向上に寄与することを目的として活動。ATPは他に番組制作者の人材確保・育成のための「テレビクリエイターズフェス」、テレビ番組の国際共同製作促進のための「Tokyo Docs」の事業を行っている。

『ギフト』
2011年に奥間が製作した、沖縄を舞台に制作した中編映画。2011年3月に沖縄県立美術館支援会が主催した「オキナワ・アート・アクション」において制作、上映された。本作は山形国際ドキュメンタリー映画祭(アジア千波万波)、ニヨン国際映画祭(Visions du Reel：スイス)など国内外で上映されている。

「フェスティバル」を皮切りに、先住民ワルリ族と伝統的な家造りを行う「ノコプロジェクト」、ワルリ族の暮らしから持続可能な暮らしを考える「世界森会議」など、3プロジェクトを展開している。

『ボクが見た中国』 関 強

中国には二つの世界がある。金やセックスなどの欲望が溢れる都市と、貧しいながら純粋な人々が暮らす農村だ。十七歳で農村から都市に出てきた朱は、セクシーなダンスを踊り金を稼ぎ始めた。家には年老いた祖母と、肉体労働で稼ぐ父親と四歳下の弟が残されている。母親は彼女が小さい頃、貧しさに耐えられず出て行った。朱は十七歳の時、名前を「黄」と名乗るようになった。夜のセクシーダンサーの仕事をするための芸名だ。純粋だった朱は、かつての自分を捨て人間の汚さを身につけて

いった。徐々に純粋さを失い、欲望に満ちた世界に浸りが、故郷の家族を恋しく想わない日はない。都市と農村、二つの世界を行き来する少女の二つの人格を通して、経済発展で激変する中国と、どんな状況でも変わらない人間愛を描く。監督の関は日本に住んで約10年目。遠く離れた日本から、中国の変化をテーマに作品を作り続けている。3年前から撮影をしてきた朱が、弟を名門中学校に入学させ、父親と都市で生活するまでを撮影し、長編の完成を目指している。

(上)『風花雪月 〜ボクが見た祖国・性の解放〜』(2015)
(下)『飛蛾投火 〜ボクが見た中国、映画に夢を追う人たち〜』(2016)

『飛蛾投火 〜ボクが見た中国、映画に夢を追う人たち〜』(2016)

人間は本来孤独なのだとしても

「人間は本来孤独なのだ」と幼少期より思い続けたまま、中国と日本の狭間で生々しい現代の風俗をドキュメントし続けるドキュメンタリスト関強。"NONFIX"(固定していない)という精神で1989年10月に放送が開始したドキュメンタリー番組『NONFIX』(フジテレビ)で、2015年より「ボクが見た中国シリーズ」5部作を発表してきた。『風花雪月 〜ボクが見た祖国・性の解放〜』(2015)、『花好月円 〜ボクが見た、中国のお金と欲望〜』(2015)、『飛蛾投火〜ボクが見た中国、映画に夢を追う人たち〜』(2016)、『万家灯火〜ボクが見た中国・結婚事情〜』(2017)、『炊烟袅袅(ちぃやえんにょにょ)〜ボクが見た中国の"食"〜』(2018)と、毎年1本以上のペースで精力的に「今の中国」を発信し続けてきた。「どれだけ撮っても、やっぱり人間の距離は遠い」と語る彼にとって、カメラとは「人と近づくための大切な手段」。その揺るがない視線があるからこそ、日本にいる約10年の間に関のカメラは、2つの文化をつなぎ合わせる大事な「窓」となっていた。大きな中国で等身大に生きる中国人たちの「性」「金」「夢」「愛」「食」を巡る彼の旅はどんな進路を辿るかはわからないが、ときどき画面に映る彼の表情は悩ましく、それを楽しんでいるようだ。

凡例

- Docsやフォーラムでの発表
- 上映・メディアでの露出
- ドキュメンタリストから対象への影響
- 運命に抗う自由意志
- 根拠 / 人間の発見
- 作品に繋がる運命交差
- ドキュメンタリストの運命軸
- 対象の運命軸
- 補足的な説明

油絵を描きながら映画や文学も学ぶ。好きな映画は小津安二郎

24歳で来日。「自分だけにしかできないものをつくれ」と言われた

北京で一人っ子として暮らす　常に検閲されている日常

根拠の発見　人間と人間とは「遠い」という思いが続いている / もっと近づくために撮影を続けている

閻領
ドキュメンタリスト

アダルトショップの店長やダンサーなど
被写体たち

子ども時代、孤独が多かった

師範大学で美術を専攻

フリーのカメラマンとして CCTV のドキュメンタリーなどの撮影仕事

留学していた大塚竜治と知り合う

日本向けの情報番組を作るアルバイト

中国に飽きてたので、日本の大学院に

東京造...訪...

東京...

CCTV　China Central Television、日本語名は「中国中央テレビ」と呼ばれる中華人民共和国国務院・国家新聞出版広電総局直属の放送局。中国共産党からの指示に基づいて報道を行っている。中国政府の負担で放送されていたが、1990年代に国庫からの補助金が減少したため、広告を放送するようになった。今は100%広告収入で運営している。

NONFIX　1989年10月に放送開始したフジテレビのドキュメンタリー番組。NONFIXとは「固定していない」を意味する。民放としての枷を外し、制作サイドが伝えたいメッセージをダイレクトに番組に反映させることを目指して作ら

れた。映画監督の是枝裕和、瀬々敬久、小野さやか、森達也、西原孝至など、多彩なディレクターを生み出してきた。ギャラクシー賞やATP賞を受賞した作品も数多い。

アジアドラマチック賞　アジアドラマチックTV賞はTokyo Docsに用意された、アジアをテーマに描いた優秀なドキュメンタリー作品に送られる賞。

オルタスジャパン　「オルタス」はラテン語で「起源、出発、始まり、誕生上昇」などを表す。日本テレビのディレクター／プロデューサーとして数多くのドキュメンタリー番組を手がけてき

Chapter 3 DRAMA

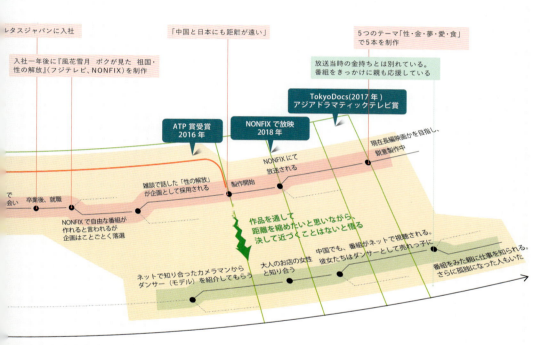

た小田昭太郎が独立後に設立した番組制作会社。多ジャンルにわたる作品を手掛けており、その数は3,000本を超える。

大塚竜治 北京在住の日本人監督。第67回ベルリン国際映画祭で共同監督した中国映画『フーリッシュ・バード』が国際審査員の特別表彰を受けた。

諏訪敦彦 即興的演出技法で知られる映画監督。東京造形大学学長を2008年から2013年まで務め、現在に東京藝術大学教授で教壇に立つ。『M/OTHER』(1999)で第52回カンヌ国際映画祭の国際批評家連盟賞を審査員全員一致で受賞。

『不完全なふたり』(2005)は、第58回ロカルノ国際映画祭の国際コンペティション部門で審査員特別賞を受賞。

一人っ子政策 独生子女政策は、1979年から2015年まで導入された中華人民共和国の厳格な人口削減策を指す。2014年から緩和されている。

小津安二郎 独特の映像世界で優れた作品を次々に生み出した日本の映画監督・脚本家。世界的にファンが多い。代表作にあげられる『東京物語』をはじめ、女優の原節子と組んだ作品群が特に高く評価されている。

211

第四章 ドキュメンタリズムの「CHANGE」

Tokyo Docs 山形国際ドキュメンタリー映画祭 Hot Docs ドキュ・メメント
IDFA DocLab 台湾国際ドキュメンタリー映画祭 東京ドキュメンタリー映画祭
雑誌『neoneo』 サニーフィルム 竹岡寛俊 太田信吾 日向史有

Hot Docs Forum

CHANGE 4-1

ドキュメンタリーは何を変えるのか？

『ゲームチェンジング・ドキュメンタリズム』というタイトルのもと、様々なドキュメンタリストたちの言葉を紹介してきたが、最後は「チェンジ」について考えてみたい。

「チェンジ」。 語源をたどればラテン語の植物組織（Cambium）。芽を出し、花を咲かせ、枯れてゆく"命そのもの"を表現した言葉である。 では、人を見つめ続けるドキュメンタリーにおいて、「チェンジ」の意味はどうなるだろう。 この書籍を作ろうと思ったきっかけは、ドキュメンタリーで世界を変えることができるのだろうかという気持ちだった。 環境破壊や、フェイクニュースといった情報戦、超高齢化社会、難民問題など、まるで黙示録のように暗い影が迫る世界を映像の力で変えることができるのではないかという期待があった。 しかし実際に取材を始め、さまざまなドキュメンタリストたちに話を聞いてきた結果、変化を求めることがドキュメンタリーの本質ではない、ということに気がついた。

世界最大のドキュメンタリー・プラットフォームとして知られるHot Docsのプログラム・ディレクター、ショーン・スミスは「最高のドキュメンタリーとは変化を起こすだけではなく、観客それぞれに個人的な変化を促し、それが世界を変えてゆく手助けになる」と教えてくれた。 また山形国際ドキュメンタリー映画祭でドキュメンタリーシーンの発展に大きく関わってきた藤岡朝子は「予期せぬ人生の美しさ」や「思った通りにならない現実と取り組みながら答えを見つけるプロセス」に面白さがあると語ってくれた。 国際的なドキュメンタ

リープロジェクトを多く生み出すTokyo Docsの代表、天城
靱彦は「ドキュメンタリーには"知られていないことをきちん
と伝えて行く方法"としての力がある」と言う。

和歌山県の太地町で行われているイルカ追い込み漁を問題視
するドキュメンタリー『ザ・コーヴ』(2009)を筆者らが初めて
見たのは、2010年6月に中野ゼロホールで開催された創出版
主催の上映とシンポジウムの場であった。2009年の東京国
際映画祭での本作上映以降、抗議電話や抗議活動予告などが
あった影響で上映中止が相次ぐ中、代表の篠田博之らが警官
の厳重警備の中で上映を決行したのだった。この作品を「シー
シェパードというテロリスト集団が作ったプロパガンダ映
画」と呼ぶ人もいれば、長編ドキュメンタリー映画賞を与えた
アカデミー賞委員会のように「語られることのなかった捕鯨
問題に光を当てた傑作」だと呼ぶ人もいる。どちらが正しい
のかはわからないが、それまで語られることのなかった物語
に光を当て、人々に考えを促し、「変化」を生み出すきっかけを
くれたことは間違いない。実際この作品の6年後には八木桂
子監督が『ビハインド・ザ・コーヴ 〜捕鯨問題の謎に迫る〜』
(2015)を発表し、さらに2017年には佐々木芽生監督による
『おクジラさま ふたつの正義の物語』(2016)が発表されるな
ど、ひとつの作品が発したメッセージが多くの波を生んだこ
とは言うまでもない。

Chapter 4 CHANGE

では今、ドキュメンタリストたちはどのようにメッセージを届けようとしているのだろうか。台湾では、若い世代がアートやダンスなど柔軟な視点でドキュメンタリーに取り組む台湾国際ドキュメンタリー映画祭が開かれ、またIDFA DocLabやi-Docsでは、先端技術を応用したインタラクティブ・ドキュメンタリーと呼ばれる新しいドキュメンタリー表現を追求し続けている。国内では雑誌『neoneo』の金子遊らが企てるオルタナティブムーブメント「東京ドキュメンタリー映画祭」や、ドキュメンタリーから新しい社会作りを模索する「ドキュ・メメント」などが始まっている。

ドキュメンタリストの内山直樹が「夢や目的を叶えようと世界を放浪する旅人たちを繋いだ新番組を作りたい」と熱く語ってきた時、私たちはそこに世界を変える可能性を感じていた。決してあきらめず何度でも夢にぶつかっていく旅人たちと、それを描こうと戦う内山の姿からインスピレーションを得て『旅旅しつれいします。』という言葉を思いつき、それがそのままタイトルとなった番組がNHK総合で放送された。世界中の旅人たちを繋ぐ地球型のウェブインターフェイスを作りながら、私たちは世界の未来について思いを馳せていた。内山のドキュメンタリーが"旅人たちの夢"を繋ぎ合わせていったように、ドキュメンタリーは、みんなが夢見る世界を描き出してゆくこともできるはずだ。

CHANGE 4-2

Interview

Apichatpong Weerasethakul

アーティスト/映画監督
アピチャッポン・ウィーラセタクン

ラオスとの国境にほど近いタイのイサーンで育ったアピチャッポン・ウィーラセタクンは、故郷の森で彷徨う魂たちが放つ記憶や歴史を描く。それは古の世で戦う王族たちの魂、共産主義の拠点と疑われて虐殺された住民たちの歴史、そしてアピチャッポン個人の記憶でもある。その記憶はまた、脆さを孕んでいるものであることを観客に伝えてくれる。それは観客の知覚を解放する装置にもなり、真実やリアリティの脆さを見せてくれる鏡のような存在でもある。これからチェンマイにドキュメンタリーのスタジオを作ろうとしているアピチャッポン氏に、この世の見つめ方はどのように変わってゆくのか、語ってもらった。

『光りの墓』（タイ、イギリス、フランス、ドイツ、マレーシア / 2015 / 122分）撮影風景
© Kick The Machine Films / Illuminations Films (Past Lives) / Anna Sanders Films /
Geißendörfer Film-und Fernsehproduktion /Match Factory Productions / Astro Shaw (2015)

「いろんな世界の見方があると、伝えたいんです」

映画とは、観客へ注意を喚起するものである。

森美術館での展示「MAMプロジェクト025：アピチャッポン・ウィーラセタクン＋久門剛史」について教えてください。

AW：これはアーティストの久門剛史さんとのコラボレーションワークです。お互いの作品について研究し、現在私が制作している新作映画について話し合った中から生まれました。円状に開かれた窓やトンネルというコンセプトはすでにこれまでの久門さんの作品に登場しています。オオタファインアーツで開かれた『トンネル』という展覧会でも発表されていました。

穴から見える光が『ブンミおじさんの森』に登場する怪物の目のように見えました。

AW：そういう意図はあまりありません。むしろ、そこに映される影や観客の落とすシルエットといった、物質的ではない何かにフォーカスした作品なんです。このトンネル状の穴は、光と闇をつなぐブリッジのような役目を果たしています。私の映画表現の原点のひとつに、洞窟で人が暮らしていた時代の記憶があります。遠い祖先が見た最初の物語は、「影」と「岩」から生まれてきました。人類が、

その生活や生命をドキュメント（記録）し始めたとき、同時にフィクション（物語）が生まれたんです。そんな事実とフィクションをつなぐ細い線のようなアイデアを、どうすれば表現できるのか考えました。必然的に政治的なメッセージも込められています。タイには長い政治プロパガンダの歴史があるため、幼少期に学んだことが大人になったら全く別の考えを教えられたり新しく知ったりして、かつて真実であったことがフィクションに変わっていきます。そういったことを表現に反映しているんです。

そういうメタファーを通して過去の歴史を伝えようとしているのでしょうか？

AW：むしろそれをメディウムに通して、「脆さ」を観客に伝えようとしているんです。例えば『フィーバー・ルーム』のような作品では、私たちの感覚・知覚の脆さを体験できるように作られています。知覚のメカニズムを悟ったり、自分自身に対する気づきを得てもらいたいのです。同作で、まず観客は投影された映像を平面的にとらえてストーリーを読み解きます。それから空間が三次元的に広がってゆき、距離や空間を感じる。そこに影やシルエットが加わり、広がりが生まれるんです。

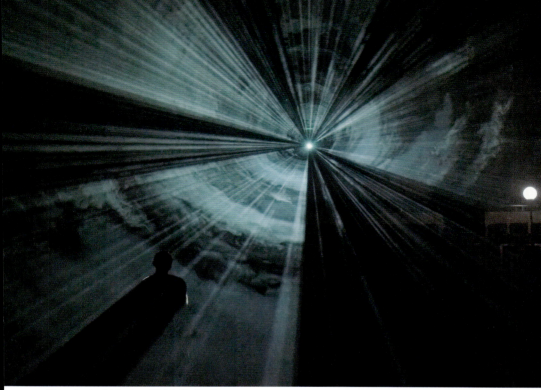

『フィーバー・ルーム』 Courtesy of Kick the Machine Films

あなたのそういったインスピレーションはどこからくるのでしょうか？
AW: すべては映画を作ることから来ています。映画を経験する二次元のスクリーンは、そこに作られるイリュージョンや演じられたシーンを投映したものです。人は映画を観るときその世界に魅了され夢を見るように没入してゆきますが、私の場合は、映画というものそれ自身が常に「注意を喚起するもの」であり、見られることを求めている何かなのです。そこには「人工的」に作られた仕掛けがあり、時には「これは真実ではない」とマニフェストを唱えるように、登場人物がカメラを通して観客を見つめることでもあるのです。

睡眠や夢は、あなたの作品を理解するうえで大切な要素です。
AW: 眠りや夢、そして光や闇は、「移動」や「逃避」と関係しています。ひとつの現実から別の現実への逃避です。夢を見ている時、現実から抜け出し別の領域へと入っていきます。それは映画を見

221

ていることと同じようなものです。そういう意味でいえば、人間の身体は、別の世界へと移動するためのツールなのかもしれません。

あなたの表現には輪廻転生や救いのある優しい世界観を感じます。

AW: 以前はそういう輪廻転生などを信じていた時もありましたが（笑）、今は科学にとても興味があります。私の表現の多くは子供時代の記憶や信じたものが「今」に影響しているものだと思います。その美しさは迷信だったりもします。実はイメージなんて簡単に操作することができるのです。タイではアニミズムや仏教、ヒンズー教などいろんなものが混ざり合っています。だから私自身は、これを信じているというふうなマニフェストは言いたくない。むしろ私の表現はその手の混沌が反映されているんです。

あなたの作品にも現れる、タンマサート大学虐殺事件（血の水曜日事件）について教えてください。

AW: 他国にも言えることですが、悲しい時代に起きた本当のことを理解し記憶していかなくてはいけません。その時6歳だったので、覚えているのはテレビでアニメを見ていたことぐらいです。その時代に起きた真実を伝えるものが何もないことが、今もタイに独裁者が居座っている理由のひとつかもしれません。そういったことは日本にもありませんか？ 例えば戦時中に海外でひどいことをしていたとしても、子供たちの教科書には書かれません。1976年に起きた虐殺事件について、タイの全ての書物にはその情報が抜けています。常に情報は統制されているのです。

作品を通していろんな世界の見方があることを伝えたい

タイの若い人たちは、その状況でもいい社会を作ろうとしていますよね。

AW: はい。それと同時に、私は自分が作る映画や作品で何かを変えようとはしていません。作品を通していろんな世界の見方があるんだということを伝えようとしているんです。タイのような途上国では国や支配者の声が厳格なので、「一人一人の声」がもっと尊重されるような世界になれば、と思っているんです。私の声だけではなく、いろんな人たちの声が聞こえるように。

《悲しげな蒸気》 2014年 ライトボックス、昇華型熱転写方式　©Apichatpong Weerasethakul

役者ではない人たちを配役しているのは、そこにリアリティを盛り込みたかったからだと聞きました。

AW: 私の生活におけるリアリティは、例えば犬と過ごす時間のように、演じるものではなく、そこで実際に起こることです。そのライブ感を通して、そこにある美しさや脆さを伝えることができます。それは演技では生まれないものなんです。実在の人たちからは多くのことを学ぶことができますし、いろんなアイデアを共有することができます。

ニュースからインスピレーションを得ることはありますか？

AW: 今は政治ニュース以外、あまり見ていないんです。今は犬と一緒にいる時間や、人と会ったり本を読む時間が増えました。世界で起きているニュースはもちろん気にしていますが、昔ほどではありません。今世界はリバランスしようとしていて、新しい考え方の「ボーダー」を扱うための新しいルールづくりをしているのだと思います。私たちが抱えている問題は、人々が「ボーダー」を

超えることにある思います。その結果、どこまで許容できるか、受け入れられないかという表れが右翼や左翼といった思想の極端化に繋がり、ぶつかることもあるのです。ただこれは決して悪いということではなく、むしろ超えていかなければいけないことなのです。

コロンビアにいる外国人としての視点で撮った新作『メモリア』について

コロンビアで製作中の新作『メモリア』について教えてください。

AW: この作品は「記憶（メモリア）」がテーマなんですが、コロンビアでこの言葉は政治的な意味を持ちます。例えばゲリラとの闘争を意味するほど、あの国では記憶が重要です。抗争による暴力、ゲリラ、ドラッグなど、そういうことが彼らの過去10年にたくさん起きていて、それを今止めたい。死んでいって者たちを記憶に刻み、罪を犯した人たちをどうやって扱っていけばいいか、トライしているんです。そこではたくさんの議論がなされていて、私は外国から来た人間として学んでいるところです。そのプロセスが私自身の「記憶」でもあり、国

の記憶でもあります。ただこの作品はそんなにポリティカルではありません。タイの記憶も入ってきません。コロンビアにいる外国人としての視点で撮るものです。

『メモリア』はコロンビアで撮影をしていますが、タイとはどう違いますか？

AW: 昔からラテンアメリカの文化が好きでしたし、タイから離れてみたかったんです。どの国にも問題がありますが、政治は安定していないという点でラテンアメリカはタイとよく似ていると思います。文化や自然との関わり方でいえば、迷信を信じている部分や、現在へと変化している姿もよく似ていました。

女優ティルダ・スウィントンを配役したのはどういった経緯でしょうか。

AW: 随分前から彼女とは仕事を一緒にしたかったのですが、彼女をタイで撮影するよりは別の場所で撮影したかったんです。コロンビアでは2人とも外国人としていられるので、まるで新しいゲームや挑戦に思えてとてもいいと思いました。

彼女はデレク・ジャーマンの作品に出演していました。彼の作品はお好きですか。

AW: 好きですね。映画を勉強していた

Chapter 4　CHANGE

「光りの墓」（タイ、イギリス、フランス、ドイツ、マレーシア / 2015 / 122分）© Kick The Machine Films / Illuminations Films (Past Lives) / Anna Sanders Films / Geißendörfer Film-und Fernsehprodukion / Match Factory Productions / Astro Shaw (2015)　提供・配給：ムヴィオラ

時によく見ていました。『ラスト・オブ・イングランド』や、最後の作品『BLUE ブルー』も素晴らしい。怒りやエネルギーが体にすごく近いところにあって、すべてがカメラを通じてインタラクトできるんです。それはとても透明で、まるで動物みたいに感じました。

　他に日本の監督では、今村昌平や伊丹十三も好きです。彼らの作品からはエネルギーを感じられます。またマノエル・ド・オリヴェイラやジャック・リヴェット、ツァイ・ミンリャンやエドワード・ヤン、アンディ・ウォーホルも好きです。私が山形国際ドキュメンタリー映画祭に行ったときは、素晴らしい作品が多くてインスパイアされました。

タイのジャーナリズム

ドキュメンタリーのプロダクションをタイに作りたいという構想について教えてください。

AW: タイには、ドキュメンタリーのムーブメントはないんです。タイにも知ってほしい物語はたくさんあります。だから、ドキュメンタリーのオフィスをチェンマイに作りたいと夢みているんです。ただ問題がありまして、ドキュメンタリーはジャーナリズムの文化と密接に関わっているものですが、タイにはしっかりとしたジャーナリズムの文化、つまりしっかりとした批評文化が育っていないんです。あの国ではみんな家族の

225

ようにつながっているので、評論家は悪いことを書こうとしません。そこにはヒエラルキーがあります。完全な意味での民主化がされていないので、何かの裏側を調べて書こうものならマフィアに命を狙われます。例えば誰かが「闘鶏」についての物語を書こうとしても、政治家たちの利害とぶつかってしまうんです。全ては権力につながっていて、間違えると命を落とすこともあります。それがタイには良いジャーナリズムがない理由の1つなのです。

あなたが構想するプロダクションにはどういう人たちが集まりますか？

AW: 様々な人たちが混ざったスタジオになると思いますが、若い人たちと仕事をしたいですね。ドキュメンタリーを作るなら、政治的なものを作りたい。それがとても大切なものだからです。オフィスをバンコクからチェンマイに移動させたのも、その準備もあるんです。バンコクのような大都市とは違いますが、少しづつチェンマイでも新しい人材が育っています。チェンマイという街はまだ不安定で、それが私を活性化してくれることがあります。その街の政治的状況がインスパイアしてくれるんです。チェンマイで映画を作るとき、いつも「危険

性」と「快適すぎる」という2つの相反する気持ちになります。それが理由で新作『メモリア』はコロンビアに移って映画を作ることにしたんです。作品制作という意味ではタイのほうがやりやすいので、ショート作品などはまだタイで作っています。

プロダクションができたら、どんなメッセージを届けたいですか？

AW: たくさんのゴールがあります。1つの目的は、一緒に作るディレクターたちと質問を投げかけるような作品を作ること。リアリティとは何なのか？ リアリティとフィクションの違いは何なのか？ という問いかけを続けること。そして、ドキュメンタリー表現とは何なのかという問いかけを作ることです。映画におけるリアリティとはなんなのか？ それは本当に存在するのだろうか？ という議論が常にあります。昔はドキュメンタリー作品をよく作っていましたが、ドキュメンタリーを作るときはいつも疑問でいっぱいになりました。何を表現しているのか？ 何を見せようとしているのか？ など。2つ目の目的は、タイからもっとドキュメンタリー作品が作られるようになったらいいな、という思いです。

Chapter 4　CHANGE

どういうドキュメンタリーを作りたいですか？
AW: まだ何も決まってませんので全くわかりません。ドキュメンタリーにチームで作ることになるので、スタイルやアプローチでは関わるかもしれませんが、内容やストーリーは、例えば私が興味を持っているマラリヤやデング熱など、タイの村で流行している病気について描くことになるかもしれません。人々が立ち向かう姿、など。

現在において、リアリティを伝える一番良い方法は何だと思いますか。
AW: 全ては主観的ですから、リアリティを完全に伝えることは不可能でしょう。

この世界は、あなたが見るときと私が見るときでは全く違って見えている。自分にとってのリアリティも、ある組み合わせのリアリティなんです。あなたにも、あなた用に組み合わせたリアリティがある。それぞれの「フレーム」に当てはめて見ているんです。ジャーナリズムは、基本的にその仕組みを用いているんです。それを「真実」と呼ぶ。トランプ大統領のリアリティの場合には、自分たちの政治は正しいというスタイルであり続け、そこに「操作」が関わってくる。大切なのは、人々がいろんなことを話したり、知ったり、起きたことを記録して、証言を残したりできること。これこそが素晴らしいことなんです。

（2018年8月29日、六本木にてインタビュー）

アピチャッポン・ウィーラセタクン

アーティスト／映画監督。1970年タイ・バンコクに生まれ、チェンマイ在住。コーンケン大学で建築を学んだ後、シカゴ美術館附属シカゴ美術学校に留学、映画の修士課程を終了。1999年の山形国際ドキュメンタリー映画祭で短編映画『第三世界』が上映され、同年に映画制作会社"キック・ザ・マシーン"を設立、2000年に初長編『真昼の不思議な物体』を発表。長編映画『ブンミおじさんの森』は2010年カンヌ国際映画祭最高賞（パルムドール）受賞し、『光りの墓』(2015)がカンヌ国際映画祭ある視点部門で上映された。日本でもSCAI THE BATHHOUSEや東京都現代美術館、「ヨコハマトリエンナーレ」(2011)などで展示。2016年には東京都写真美術館にて個展「亡霊たち」が開催。2017年に横浜KAATで展開された『フィーバー・ルーム』は大きな話題を呼んだ。

CHANGE 4-3

国内のドキュメンタリーフォーラム＆映画祭

日本のドキュメンタリー文化を支え、未来へとつなぐチェンジを産む場所

- Tokyo Docs *p230*
- 山形国際ドキュメンタリー映画祭(YIDFF) *p238*

日本にはドキュメンタリズムを持った人たちがたくさんいる。では、彼らが心のままに映し出し、描き上げたドキュメンタリーたちを世界へと発信するにはどうしたらいいのだろうか？ ここでは、日本と世界をつなぐ「窓」のような役割を持つ、代表的な2つのアクションに注目してみよう。日本やアジアのドキュメンタリーを海外に発信するため、ドキュメンタリーの国際共同制作を目指す公開提案会議Tokyo Docsを立ち上げた天城靭彦氏。国際的なドキュメンタリー映画祭としてアジアのシーン発展の場面で中心的な役割をしてきた山形国際ドキュメンタリー映画祭(YIDFF)の藤岡朝子氏。自分が伝えたいと思う物語を見つけた人たち全てにとって、この2人の言葉はきっと大きなヒントになることだろう。

Chapter 4 CHANGE

「日本から世界へ。心に届く真実の物語を」

Yukihiko Amagi
天城靱彦

報道局およびスペシャル番組部でディレクター、プロデューサーとして、「NHKスペシャル」をはじめとするドキュメンタリーの制作にあたる。『シルクロード』をはじめ50本以上のNHKスペシャルを制作し、アメリカ総局勤務など豊富な海外経験をもつ。2003年以降、国際メディア・コーポレーションおよびNHKエンタープライズでテレビ番組の海外販売を中心としたコンテンツ・ビジネスに取り組む。多数の国際番組コンクールの審査員、コンテンツ・ビジネスの国際会議での講師・パネリストをつとめるほか、ドキュメンタリーの国際共同制作の公開提案会議Tokyo Docsを開催するNPO法人Tokyo Docsの理事長を務める。2012年にフランス政府から芸術文化勲章シュヴァリエを授与される。

Asako Fujioka
藤岡朝子

山形国際ドキュメンタリー映画祭東京事務局理事、ドキュメンタリー・ドリームセンター代表、独立映画鍋理事。映画配給会社、写真家助手を経て1993年より山形国際ドキュメンタリー映画祭スタッフ。「アジア千波万波」プログラムのコーディネイター、東京事務局ディレクターなどを経て現在は理事を務める。1997年来、ベルリン国際映画祭などで日本映画を海外に紹介するさまざまな事業に関わる。また、映画関係の通訳や字幕翻訳を多く手がけ、国境を越えて映画と観客をつなぐ仕事を中心とする。2006年よりアジアのドキュメンタリー製作を支援するプサン国際映画祭内のAND(Asian Network of Documentary)立ち上げに参加し、製作助成プログラムのアドバイザーを務めている。

229

Tokyo Docs
ドキュメンタリーの国際共同制作を企画し、新しい才能を生み出すプラットフォーム

TokyoDocs ピッチング風景

2011年東日本大震災の年、アジアのドキュメンタリーの国際共同製作を生み出すフォーラムとして誕生したTokyo Docs。日本で初めてピッチングというシステムを導入し、ドキュメンタリストとメディアを繋ぎあわせて数多くの素晴らしい作品を送り出してきた。また最近ヤフーとの連携が話題になったことも記憶に新しい。ポスト・トゥルースが叫ばれる今、ドキュメンタリストたちが見つけてきた「それぞれの真実」を議論するTokyo Docsは、どんな未来を見させてくれるのだろうか。実行委員会委員長として設立当時から中心的役割をしてきた天城靱彦氏に話を伺いながら、Tokyo Docsの役割やこれからのドキュメンタリーについて考えてみた。

Chapter 4 CHANGE

（左上）『マザーズ オブ チェンジ』©アマゾンラテルナ
（左下）『リビングザゲーム』©WOWOW / Tokyo Video Center / CNEX Studio
（右上）『東京クルド』
（右下）『ビジネスマンラップ』

ピッチングセッションが日本に導入されるまで

ドキュメンタリーのアイデアや制作プロセスを公開し協働者や資金を募る「ピッチングセッション」と呼ばれる手法は、ここ数年で少しずつ日本にも定着しつつある。中でもTokyo Docsに、その中心的な役割を果たしてきた。「ピッチングが世界で始まったのは、20年ぐらい前です。一番初めに行ったのは、カナダのバンフテレビ祭（Banff World Media Festival）のパット・ファーンズ氏だと言われています。Tokyo Docsは今年で8年目なので、それまでの十数年は日本にピッチはなかったことになります」と語る天城氏。海外ではHot DocsとIDFAなどで既に始まっていたが、日本ではTokyo Docsが先駆者である。では、ピッチがない時代には国際共同制作の企画はどのように通していたのだろうか？「NHKにいるかぎり、企画に困ることはありませんでした。分厚い計画書を持ったプロデューサが個人的に訪ねてきて一緒にやりませんかと言ったり。NHKみたいなテレビ局員か

(左)『少女たちの子守歌』©Red Bridge / Temjin
(右)『鳥よ歌え　未来に向けて　〜インドネシア〜』©PT Dua Pulau Digital / Tokyo Video Center

(左)『学校へ行きたい　〜ミャンマー・被災少年の未来〜』©PS-Perfect Services Co., Ltd / DIGITAL SKIP STATION, INC
(右)『ラグビーと女のわたし』©Lao New Wave Cinema Productions / PAONETWORK. Inc

らみると、『NHKスペシャル』みたいな枠で作れるわけなので、とても恵まれていたと思います」。2000年代に入ると、ごく少数のプレゼンターが企画をアピールする型式のピッチングがJackson Hole Wildlife Festival（アメリカ合衆国ワイオミング州北西部で2年に1回開かれる）などで開かれるようになる。この時はまだクローズなもので、今のような開かれたスタイルではなかったと言う。それから天城氏たちは当時フランスのマルセイユで開かれていたドキュメンタリーフォーラム「Sunny Side of the Doc」で「オープン」なピッチングセッションを初めて目撃する。「なるほど、こうやってるんだなって勉強させられたのを覚えています」。

ピッチングの必要性

2011年、東日本大震災が発生。「日本から世界にメッセージを伝えるために、日本でもピッチングセッションを始めるべきだと決意したのは、テレビ製作会社テムジンの社長だった矢島良彰さんで

した。震災の直後のことでした」と天城氏は語る。天城氏はその後6月にNHKエンタープライズの副社長を退任し、矢島良彰氏らと共にTokyo Docsを設立。「お金も時間も限られていましたが、日本からこの時期にやることは意義があると思いました」。彼らが「何がなんでもやるんだ」という気持ちで立ち上げたTokyo Docsは大きく成長を遂げ、今ではテレビだけでなく映画からネットメディアまで幅広い可能性を生み出す場となっている。「最初は、オールドメディアのテレビドキュメンタリーをどうやってきちんと作るかを念頭において始めました。その証として、最初は東京テレビフォーラムという名前でスタートしました」。最初の2年間は試行錯誤の時間が続いたというが、2013年頃になって映画やネットなど様々なメディアへの展開を視野に入れた今のスタイルに辿り着き、オープンなピッチングセッションを確立することによって才能豊かなドキュメンタリストらによる様々なストーリーが集まる中心的存在となった。「今と昔のドキュメンタリーのどっちが良いかということは言えませんが、圧倒的に広がりを持ってきたことは確かです。昔はネガのフィルムをちゃんと使い回せるカメラマンが撮影

してそのフィルムを編集していましたが、その後1台何百万円もするテレビカメラの時代を経てデジタルカメラに移り、さらにスマホでもドキュメンタリーが作れる時代になりました。テレビという大きな装置を持っていなくても、自分たちで発信することさえできるんです。そういう意味では目もくらむほど広がりましたよね。だからといって質が上がったかといえば、それは別の話です」。表現の幅は大きく広がったが、ドキュメンタリーが持つ力やクオリティを論じることは難しいと言う。

ドキュメンタリーにできること

では天城氏が考える「ドキュメンタリー」とは一体どういうものなのだろうか。「ロバート・フラハティがイヌイットの親子を撮影した最初のドキュメンタリー作品が1920年ぐらいの話だとすれば、まだドキュメンタリーは生まれてから100年ほどなんです。この間にも常にいろんな人たちが"何がドキュメンタリーなのか"と問いかけながら作っている。そうやって作ってきたものが結果的にドキュメンタリーになっているわけで。全く違うアプローチで作ったも

のでも作り手がドキュメンタリーと思う限りはドキュメンタリーなんだと、かなり乱暴に私は考えています」。

ドキュメンタリストには、社会起業家のように世界を変える力はあるのだろうか？「そういうこともあるかもしれませんが、それだけではないと思います。私はもっと幅広く考えています。社会起業家ということは自らコミットしてそれによって相手も変わってゆくということでしょうが、それはドキュメンタリーを最も純化した姿のひとつかもしれません。ただそれ以外にも、ドキュメンタリーには知られていないことをきちんと伝えて行く方法としての力があります。誰も伝えていないということは今の世の中にはほとんどないので、誰でも知っていることなんだけれども別の目線により初めて知らせる、とかね。NHKのように大きな公共放送にしかできない大規模な調査報道も、社会起業家としてのドキュメンタリストとは全く違った姿であり、大きな役割を持っているわけです」。ドキュメンタリーができることはひとつではなく、むしろ多様な世界を映し出す「窓」として、観た人たちに何を残すのか。そこに役目があり、あとはそれぞれが決めることなのだ。

ピッチから世界に出るまで

実際にTokyo Docsは、どのようにドキュメンタリストを援助し、作品が世に出る手助けをしているのだろうか。「いろんなケースがあるのでひとつの説明では言えませんが、例えばTokyo Docsでベストピッチに選ばれた場合、総額500万円の開発費の中から100万円が出るので、撮影交渉のための経費や追加撮影の経費など、それぞれの作品作りに役立てることができます。さらにTokyo Docsでピッチすることにより、国際的な場で企画について広くアナウンスされ、ディシジョンメーカーたちの目に止まることもあります。そこで彼らとの話が順調に進むケースもありますし、なかなか先に進まない場合は、例えばAsian Side of the Docなどで再度ピッチすることもできます。そうやって何回か繰り返していくうちに、だんだんお金も認知も集まり最終的にできあがってくるというのが、ひとつの典型例です。劇場公開が決まった作品『ゲンボとタシの夢見るブータン』(2017)は、大小数えると10回ぐらいピッチしています。何回かピッチしながら製作するのが普通で、むしろ1回のピッチだけで作れるというほうが稀なんです」。さらにピッチング

Chapter 4　CHANGE

『ゲンボとタシの夢見るブータン』©ÉCLIPSEFILM, SOUND PICTURES, KRO-NCRV

配給：SUNNY FILM

について大切なこととして、何回もピッチをすることで、「自分たちの考えが整理されていく」ということを教えてくれた。「『ゲンボとタシの夢見るブータン』の場合、最初の企画では男の子になりたいLGBTの妹が主人公だったのですが、Tokyo Docsでピッチした後に彼女のお兄さんとの"兄妹"を主人公の軸にしてはどうかという意見が出て、タイトルも変えた最終的な作品ができあがったんです」。ドキュメンタリーという客観性が必要な表現においては、他者の視線が加わることで一番伝えたいメッセージが明確になることもあるのだ。

大切なことは好奇心を持ち、撮影した後に立ち止まること

ドキュメンタリストを目指している人たちはどうすれば作った作品を世の中へ発表することができるのだろうか。「ドキュメンタリーに限らず、ジャーナリズムの世界で仕事をきちんとする最大の方法は、好奇心です。好奇心がなければ何もできませんし、新しいことを始める原動力も、好奇心です。それがない人はこの仕事には向いていないと思います。それと同時に、好奇心があれば何をやってもいいかというと、そういうこ

235

とはありません。自分自身に対する認識をきちんと持つこと。誠実さを失った好奇心むき出しの人間は、ドキュメンタリーを作ってはいけないと思います。運良く被写体を撮影できたとしても、相手がそれを世に出してほしいかどうかは簡単な問題ではなく、そこでドキュメンタリストは一度立ち止まって考えることが大切なのです」。天城氏は、Tokyo Docsの初期にモデレータをしたことのあるカナダ人のプロデューサーのピーター・ウィントニックが、『Last Train to Home』という優れた中国のドキュメンタリーをカナダ在住の中国人ディレクターと一緒に作った時のことを話してくれた。「この作品は中国の出稼ぎ労働者が帰郷するお話です。ある時厳しい工場労働を終えた夫婦が帰郷してみると、娘たちが怒っているんです。なぜかというと、彼女たちは両親が都会でいい暮らししてると思い込んでいて、"なんで私たちはこんな山の中で暮らさないといけないの？"と憤るんです。この時もカメラは回っているわけです。それで娘の一人が親父を殴って、大喧嘩がどんどんとエスカレートしていきます。それから彼女がカメラの方を見て悪態を叫ぶシーンがあります。"これが本当の私よ！こんなの撮れてあんたたち幸せで

しょ！"ってね。それを見て私は、どうしてこういうシーンを使ったのかピーターに質問しました。すると彼は"だって撮れちゃったもん"と答えるわけです。カメラの前で撮れたことが全てで、カメラがあるからこそああいう声が撮れたんだ、と。私はその時"でも僕なら使わなかったと思うよ"とだけ答えました。権力者などなら別ですが、中国の田舎で普通に暮らしているこの女の子の人生はまだ続いてゆくわけで、そんな彼女が10年後に自分のそういった姿を見た時、どう思うかな、とか、そういう色んなことを考えてしまうわけなんです」。散々時間をかけて撮ったものや、好奇心でカメラに写った珍しいフッテージであっても、それをどう使うかはドキュメンタリーを作る人間として常に考える必要があるのだ。

好奇心を燃やして見つけたものを、どう伝えるか

最後に、ドキュメンタリーはこの先どうなるのか、世界を変えることはできるのか天城氏に質問してみた。「世界を変えるということは、いいふうにも悪いふうにも変えるわけで、必ず良く変わるわけ

Chapter 4　CHANGE

（左上）Tokyo Docs 2017 フライヤー　　（その他）Tokyo Docs 2017 会場風景

ではありません。世界を変えることがドキュメンタリーのミッションだと考えるのは、それはドキュメンタリーを捉えるうえで少し無理があると思います。作り手が好奇心を燃やして見つけ出してきたものを、どう伝わりやすく伝えるのかに力を注ぐべきだと思います。ドキュメンタリーはある程度の時間を共有して最終的に納得できるものにしてゆくプロセスが必要です。そういうプロセスを、どうやって作り手と観る人が共有できるものにしてゆけるのか。メッセージを伝えるために、どういうストーリーに乗せて届けてゆくのか。その結果、社会が変わることもあるでしょう。もしかしたら悪く変わることもあるかもしれませんが、それは結果の問題です。悪く変えようと思う作り手なんていません。とにかく自分の思う方向にきちんと伝えることが大切なんです」。何がどう変わるかではなく、観る人の心に届くストーリーとメッセージを作り出すことが大切である。その後は、観る人たちがそこから何を感じ取るか、だ。

山形国際ドキュメンタリー映画祭（YIDFF）
2年に一度、山形の静かな街に世界中から多くのドキュメンタリストたちが集まる国際的な映画祭

山形国際ドキュメンタリー映画祭1993 会場風景（左：田壮壮監督／右：アッバス・キアロスタミ監督）
提供：山形国際ドキュメンタリー映画祭

1989年7月25日、蔵王温泉の宿で告げられた「山形国際ドキュメンタリー映画祭ネットワーク」の発表より始まった山形国際ドキュメンタリー映画祭（YIDFF）。2年に一度、山形という静かな街が賑わうこの映画祭からは、これまで数えきれないほどの映画の芽が生まれてきた。そこには作り手から観客に投げかけるという一方的な関係性ではなく、お互いに向き合って語り合う映画文化が根付いている。作り手と観客のフラットな対話、作家性を育む映画たち。そんな映画祭を築きあげてきた立役者の一人である藤岡朝子氏に、映画文化を育てることの大切さについて話を伺った。

Chapter 4　CHANGE

山形国際ドキュメンタリー映画祭1993 記者会見（中央：フレデリック・ワイズマン監督）
提供：山形国際ドキュメンタリー映画祭

アジア映画の活性化・小川紳介の理念

三里塚闘争を描いた作品などで知られるドキュメンタリーの巨匠小川紳介は、1980年代より山形県牧野に居を構えていたが、いつしか彼のドキュメンタリーに対する熱量は山形の山間地から町へと広がっていき、アジア初のドキュメンタリーに特化した国際ドキュメンタリー映画祭「山形国際ドキュメンタリー映画祭（YIDFF）」を誕生させた。当初より掲げていた「アジア映画の活性化」という小川監督の理念は、第一回YIDFFを記録した『映画の都』（監督：飯塚俊男、制作：小川プロ）に映されたティーチインの場面の中にも、はっきりと感じ取ることができる。アジアの若い監督たちが集まり、アジアンドキュメンタリーの現状と未来について熱く語りあう姿は、30年以上時が流れた今見ても色褪せない情熱が伝わってくる。当時のアジアが抱えた問題の多くは、社会的な原因にあった。この頃のアジアには軍事政権から脱け出したばかりの国が多く、ひりつく切迫感の中で「映画の力で社会を変えていかなくては」と考える者たちが多く存在していたのである。それに対し

239

山形国際ドキュメンタリー映画祭2017
『ニンホアの家』(ドイツ/2016年/監督:フィリップ・ヴィトマン)上映後、会場ロビーでのヴィトマン監督と来場客との質疑応答

この頃の日本は、60〜70年代に盛んであった学生運動を終え、映画を作るよりも素敵なカフェでコーヒーを飲みたいというような平和ボケした空気感が流れていた。「小川監督の言う"アジア"とは、あの世代独特の"アジア"という仲間の意識が強かったんだと思います。小川監督は、かつてコミューンのような連帯を培ってきた小川プロのメンバーたちが、高度経済成長期の中で徐々に情熱を失っていくのを感じていました。年齢を重ねるに従い、それぞれの焦燥感に駆られ、生活を選んでいくようになりました。小川監督がアジアの映画製作者に期待したことは、理念を通して生きたかつて小川プロに集った人たちの熱だった、

と理解しています」。そんな小川監督のアジアンドキュメンタリーに対する情熱はYIDFFの重要な骨格となり、藤岡氏が中心となって始めた「アジア千波万波」部門へと発展し、アジアのフレッシュな才能を紹介し育み続けている。

作り手と観客がフラットに交流する場

黎明期のYIDFFは、その個性的なプログラムがシネフィルらに愛され、世界的にその名が知られることとなった。非常に前衛的でカッティングエッジな上映プログラムは他の日本の映画祭とは真逆

であり、そこには想いを貫こうとする意気込みが存在していた。だからこそ蓮實重彦など一流の評論家たちがこぞって応援してくれたのだろう。ただ、YIDFFの魅力はそれだけではないと彼女は言う。「私が1993年に初めてYIDFFに参加して感激したことは、決して作品至上主義のフェスティバルではなく、懐が大きくて、どんな人も受け入れてくれる場所であったということでした。質疑応答の場面でも休憩中のロビーであっても、誰もが誰とでも対等でオープンに話をすることができる雰囲気に包まれていました。それはドキュメンタリストが本質的に持っているもので、ドキュメンタリー表現の自由や民主主義といった思想まで繋がっているんだと思います」。その象徴的な出来事として、藤岡氏は1993年に台湾の短編（リトル・キング・コング（小金剛）［シュウ・リン・ヤオ／台湾／1992］）上映の際の質疑応答での印象的な一場面について教えてくれた。「この作品は、監督の弟が交通事故で亡くなった過去を、印象的につなぎ合わせたエッセイ的な作品でした。その上映後の質疑応答で、地元の女性とおぼしき観客の一人から手が上がって、こう言ったんです。"あなたが弟さんを亡くされて悲しい気持ちはわかりましたが、こうい

う映画を作るのではなく交通安全を強く訴えるような、安全運転を奨励させるような映画を作った方がいいんじゃないですか？"って。一見なんでもないこのやり取りに私は、"異文化・価値観のぶつかり合い"を感じたんです。この質問は、日常的に映画と関わりを持たない彼女のような人たちがあげる真っ当な声ですよね。映画の価値ってなんだろう？と考えさせられました。芸術表現を目指す台湾の監督とそんな合理主義的な地元の一般客とが1つの映画をめぐって話ができるなんて、すごく面白い場所だなと思いました」。それはYIDFFという映画祭が、作り手と観客が極めてフラットに繋がる場であるという証明でもあり、深い形で「共感」が起こり得る場でもあるということを証明している。誰かと誰かが同じ空間に立ち会えるということは、自分たちの頭が開かれる可能性の場所なのだと、その時藤岡氏は感じた。

YIDFFには、映画祭ゲストも観客も誰もが対等に語り合える飲み食いの場「香味庵クラブ」が象徴的な空間としてあるが、これができたのは1993年であった。「山形市は夜10時になると真っ暗になり、駅前にちょっと居酒屋があるような街でした。開催当初は世界中からやって来た監督たちが夜、交流する場がな

(左上)「DDS特別企画 イーッカさんとの対話！」(2012年) 提供：シネマトリックス　(右上)「独立映画鍋」
(下左より)「ドキュメンタリー・ドリーム・ショー」ポスター(2012年、2016年、2018年) 提供：シネマトリックス
(右下)『わたしたちに許された特別な時間の終わり』(日本 / 2010年 / 監督：太田信吾)

かったので、山形市民たちの"おもてなしをしたい"という気持ちからこの集いが始まりました」。作り手同士や観客たちが作品に対し厳しい意見を出しながら切磋琢磨していく。そういったフラットな関係性が自然と生まれゆく場所を共に作り上げていった藤岡氏にとって、「人を集わせたい」「そういう場を作りたい」という思いは活動の原動力にあり、それはドキュメンタリー・ドリーム・センター（DDC）や独立映画鍋のような活動へとつながっていく。
「ドキュメンタリー映画が世界で一番好き！という気持ちよりも、作っている人たちが面白い、という気持ちで動いてい

るところがあると思います。私はむしろ映画を観る時間より生きている時間の方が大事だと思う人間なので、だからこそYIDFFのバランスを取る役割としてちょうどよかったのかもしれません。ただ、それが現実的にできたのは、最初に先鋭的なプログラムがあったからだということは確かです。そこへ私は非シネフィルなものを持ち込んだということなんじゃないでしょうか」。藤岡氏は当時ミニシアターブームの先駆け的存在であったシネセゾンで宣伝や買い付けをし、また写真家のアシスタントなどを経験したあとYIDFFに参加している。当時シネセゾンでは『誰がビンセン

ト・チンを殺したか？』(1988 / クリス
ティン・チョイ監督) など、アメリカのイ
ンディペンデント作品紹介の流れでド
キュメンタリー作品も扱っており、その
当時から藤岡氏は、高い国際性と人間的
な豊かさを武器に日本の映画文化醸成
に大きく貢献していた。

競争ではなく、作品を育む場所を目指して

YIDFF は隔年開催されているが、開催
されていない狭間の年には、「ドキュメ
ンタリー・ドリーム・ショー(DDS) 山
形in東京」という、前年の映画祭の作品
をまとめて東京で見せる特集上映が行
われている。「DDS」という名前は、沖
縄映画特集で上映された高嶺剛監督の
ロードムービー『オキナワン・ドリーム・
ショー』から名付けられたそうだが、こ
のイベントでは上映以外にも数多くの
シンポジウムや公開講座が行われてい
る。2012年に企画されたオープンディ
スカッション「特別企画 イーッカ・ヴェ
ヘカラハティ氏がやってきた!!」では
フィンランドの名プロデューサーであ
るイーッカ氏が来日、完成前のドキュ
メンタリー企画を選抜して作家と意見

交換するというユニークなプログラム
が実現した。本書でも紹介している映画
監督の太田信吾が参加し、ここで『わた
したちに許された特別な時間の終わり』
(2013)を完成させるきっかけとなるヒン
トを得たと言う。現在、このオープン
ディスカッションは形を変え、2018年
秋より、アーティスト・イン・レジデン
ス「山形ドキュメンタリー道場2018」で
開かれるワークショップになった。4名
のアジアのドキュメンタリー制作者が
招かれて蔵王の温泉宿に4週間滞在する
中、そのうちの4日間、日本の監督5名と
講師を迎えたワークショップを行う。こ
こでは、出資者が集いお金が動く場所で
はなく、編集者や映画音楽家など、映画
を愛し専門性を持った人たちと未完成
の作品をめぐって対話する場を作ろう
としているのだと言う。「他のピッチン
グフォーラムを見ていて思うんですが、
人前に立って話すのが上手い人や、力強
いアピールができる人が必ずしも優れ
た映画作家というわけではないんです。
欧米だと特にそういう面が求められる
のかもしれませんが、人によっては考え
をまとめるのに時間がかかることもあ
ります。アジアの人が一生懸命英語を
使って下手なジョークを言ったりして
いる姿を見て心が痛くなることもあり

ますし、逆にうまくピッチできている人たちの完成した作品を観てがっかりすることもあります。そういった"競争"をさせるショーではなく、作品を"育む"場所があった方がいいんじゃないかと思って、山形ドキュメンタリー道場を始めたんです」。藤岡氏がここ山形で考えているのは、人に寄り添った優しい世界であり、監督ひとりひとりの人生をしっかりと見つめる大切さを教えてくれている。DDCが過去に配給した『長江にいきる 秉愛（ビンアイ）の物語』(2007年)のフォン・イェン監督は現在新作を仕上げようとしているが、いま中国では表現の自由が弾圧されている状態にあり、作ること、発表することが当局から厳しく制限されている状況にあると言う。「いろいろな冬の時代を迎えている監督たちを支援できないかなって思っているんです」。藤岡氏らが7年前より始めたNPO法人「独立映画鍋」は、ドキュメンタリーだけではなく独立映画全般に関する活動を行う団体である。映画監督の土屋豊氏と深田晃司氏をリーダーとして、260人ほどのメンバーが参加している。「製作者やCM関係者、俳優や演劇関係の人まで、いろんな人が参加しています。タコツボ化しやすいドキュメンタリーの業界をずっと見てきて、

世界が狭いなと思っていたので、この活動を始めてすごく視野が広がりました」。独立映画に関わっている人たちが連帯してひとつの声として呼びかけやインディペンデント映画の価値を訴えることもあれば、法律関係者を呼んで映画にまつわる法律の勉強会を行ったり、インドネシアとの上映者交流会、文化庁関係者による助成金に関するトークなど、その活動は多岐にわたっている。

ソーシャルインパクトドキュメンタリーと機能主義

「ここ5〜6年ぐらいの間、欧米を中心に、社会に直接的な働きかけをする作品こそが優れたドキュメンタリーであるという"ソーシャルインパクトドキュメンタリー"の考え方が強くなっていますが、それはひとえに出資者が納得しやすいからではないでしょうか」と藤岡氏は語る。トランプ政権など不安材料が募る今の潮流の中で、危機感を持った富裕層が文化や映画に投資を始め、ソーシャルインパクト関連の助成金も増えているという。だがそのことに対して藤岡氏は懐疑的な眼差しを向ける。「映画が持つプロパガンダ力みたいなものを信じ

Chapter 4　CHANGE

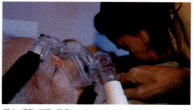

(左上)『わたしはここにいる』(ペルー・スペイン / 2013年 / 監督、脚本、撮影、編集、録音：ハビエル・コルクエラ)
(左下) 山形国際ドキュメンタリー映画祭2015『わたしはここにいる』上映後、会場ロビーでのコルクエラ監督と来場客との質疑応答
(右上) 山形国際ドキュメンタリー映画祭2017『ニッポン国VS泉南石綿村』上映後、会場ロビーでの原監督と来場客との質疑応答　提供：山形国際ドキュメンタリー映画祭　　(右下)『ニッポン国VS泉南石綿村』(日本 / 2017年 / 監督：原一男)

　るあまり、映画の価値を、その即効効果に還元する、という考え方に押し込められている気がします。でも映画って、何かの役に立っているから価値があるという機能主義的なものではない。映画を語る位相がそこに終始してしまうという危険性を感じています。確かに原一男監督の『ニッポン国VS泉南石綿村』はアスベスト訴訟にカメラを向け、この問題に世論を喚起しましたが、いわゆる社会問題を知らしめる意図だけなんてつまらないじゃないですか。ブータンの兄妹を描いた『ゲンボとタシの夢見るブータン』だって、「女の子がサッカーをして人生を変えていく」といういかにもアメリカン・ドリームな当初の企画のままだったら、もったいなかった。確かにLGBTなど社会的な流行のキーワードがいっぱい詰め込まれています。ソーシャルインパクト的なものを求める人にはぴったりなのですが、そのままだとあまりにも型通りのものになっていたかもしれません。でも完成した作品にはそれ以上の、予期せぬ人生の美しさがしっかりと描かれていました。人間って、いろんな障害を抱えながら、思うようにならない中、自分らしいものを生み出そうと生きています。映画を作ることも、同様

245

(左)『人間機械』(インド・ドイツ・フィンランド / 2016年 / 監督:ラーフル・ジャイン) 配給:アイ・ヴィー・シー
(中央)『鉱 ARAGANE』(ボスニア・ヘルツェゴビナ・日本 / 2015年 / 監督:小田香) 配給:スリーピン
(右)『乱世備忘 僕らの雨傘運動』(香港 / 2016年 / 監督:チャン・ジーウン) 配給:太秦

に、思った通りにならない現実と取り組みながらパターンを打破するからこそ、面白いと思うんです」。

映画祭から劇場、そして

2019年で30周年を迎えるYIDFFだが、デジタル化の変わり目でドキュメンタリーの多様性は明らかに増えていると言う。20年前まではある程度インテリ層やもしくは欧米の人間が制作陣を担っており、初年度である1989年の作品を見ても西洋中心の知的な印象のものが多かったと言う。今のようなデジタル技術が発達する前は、アジア発のドキュメンタリーは少なく、映画というものについて考える余裕のある国自体も決して多くはなかった。しかし2000年以降になると、手法ももちろんだが、主題のバラエティや語り口なども非常に多様化していったと言う。それでは映画祭での上映で終わる作品と、配給や劇場の展開まで話が進む作品の違いは、どのように感じているのだろうか。「配給会社や劇場主の人たちは、すごい映画と出会っちゃうと、上映したくなるみたいですね。例えばタイでも、ドキュメンタリーだけを配給するドキュメンタリー・クラブという会社があります。彼らは映画館でロングランはできないけれど、大学やカフェなどいろんなところで上映企画と組んでいます。インドネシア

Chapter 4　CHANGE

では、コミュニティで映画を上映したい人たちが各地にいて、そこへ映画を供給する活動を始めているプロデューサーがいます。映画館という出口だけでない、様々な方法があるのです。台湾でもオンラインのドキュメンタリー配信に動いている会社があります。地方に住んでいたり体が不自由で映画館に足を運べない人たちに対して、映画を観るアクセスを増やすべきだという発想です。これらの活動はいま、アジアで同時代的に動き始めています」。世界中の人たちを繋ぎ、日本のドキュメンタリー文化発展に優しく、根気よく貢献してきた藤岡朝子氏は、これからをどう考えているのだろうか。「映画祭などは、商業活動ではない文化事業として成り立つものでした。でもこれからは経営の自律といった発想も持たなくてはいけないと思っています。できるかどうかはともかく、やらなきゃという気持ちがあるんです」。人の気持ちで始まったYIDFFは、関わった人たちも大きく育て上げてくれるようだ。

山形国際ドキュメンタリー映画祭2019

2019年10月10日（木）〜17日（木）
https://www.yidff.jp
ポスター提供：山形国際ドキュメンタリー映画祭

映画の都 山形国際ドキュメンタリー映画祭'89
日本 / 1991年 / 監督：飯塚俊男 / 構成：小川紳介

これまでドキュメンタリー映画を作り続けて来た小川プロダクションが、ドキュメンタリー映画をもっと世間に根付かせるべく、そしてアジア発のドキュメンタリー映画を盛り上げるべく、山形市の市政百周年記念事業として開催した山形国際ドキュメンタリー映画祭の記録。

CHANGE
4-4

海外のドキュメンタリーフォーラム＆映画祭

ドキュメンタリー誕生の聖地カナダ、最先端をゆくアムステルダム、挑戦する台湾

- Hot Docs *p250*
- IDFA DocLab *p256*
- 台湾国際ドキュメンタリー映画祭（TIDF）*p262*

『スーパーサイズ・ミー』（2004）がファストフード業界の問題を訴え、『不都合な真実』（2006）が環境問題ブームを巻き起こし、また『Blackfish』（2013）が水族館のシャチ問題を世界的に知らしめたように、世界中で変化を起こそうと闘っているドキュメンタリストたちが今この瞬間もカメラを握りしめている。ここでは、世界へと繋がる、異なった3つのアクションを紹介しよう。恐らく世界一影響力を持ったドキュメンタリストたちの登竜門「Hot Docs」のシェーン・スミス氏、テクノロジーと思想家が集まるアムステルダムにて発信される「IDFA DocLab」のキャスパー・ソンネン氏、そしてドキュメンタリー・シーンの新参でありながら柔軟なアプローチで注目される「台湾国際ドキュメンタリー映画祭（TIDF）」のウッド・リン氏の3名に、世界のドキュメンタリズムについて伺った。

Chapter 4　CHANGE

Shane Smith
シェーン・スミス

オーストラリア生まれ。CFC Worldwide Short Film Festivalで6年間ディレクターを務めた後、トロント国際映画祭のパブリックプログラムを担当。その後プロジェクトディレクターとして『TIFF in the Park』や『Short Cuts』を手がけ、Inside Out Toronto LGBT Film Festivalやサンダンス映画祭向けのプログラムも作ってきた。Hot Docsのプログラムディレクターとしてだけでなく組織全体の運営にも関わっている。

Caspar Sonnen
キャスパー・ソンネン

1975年アムステルダム生まれ。Open Air Film Festival Amsterdamの共同創立、ジャーナリストなどを経てIDFAに参加。Head of New Mediaに就任。2007年、ドキュメンタリー・アートやライブ・パフォーマンス、デジタル・テクノロジーの新しいフォームのショウケースのためのプラットフォームとなるDocLabを、IDFAの内部に設立。またカンヌやSXSWなどのゲスト・プログラムのキュレーションも行い、サンダンスやWorld Press Photo、トライベッカの審査員も務めている。

Wood Lin
ウッド・リン

1981年台南生まれ、国立台南芸術大学修士課程卒。2012年に台湾のドキュメンタリー監督6人へのインタビューをまとめた著書『景框之外―台灣紀録片群像―』(遠流出版)を出版。2013年より台湾国際ドキュメンタリー映画祭のプログラム・ディレクターを務め、これまでにDMZ国際ドキュメンタリー映画祭、ロッテルダム国際映画祭、チェコのイフラヴァ国際ドキュメンタリー映画祭、イラン国際ドキュメンタリー映画祭、Dokufest、香港国際映画祭、台北金馬映画祭などで審査員も担ってきた。

Photo by Tuğhan Anıt

カナディアン国際ドキュメンタリー映画祭（Hot Docs）　ドキュメンタリー大国カナダが主催するドキュメンタリー文化を醸成する場

Hot Docs Forum 会場風景

自分だけが見つけた真実や視点を世界に問いかけたい人にとって、ドキュメンタリー大国カナダで開催されるHot Docsは、最重要のプラットフォームだろう。1922年、アメリカ人の映画監督ロバート・フラハティがカナダ北極圏で厳しく生きるイヌイットを活写した瞬間に誕生したと言われるドキュメンタリーは、豊かな文化として成長を遂げ、発祥の国カナダでは家族連れで楽しまれるほどになっていた。Hot Docsを通して、数多くの物語たちがピッチングやファンディング、映画祭など、様々な形で世に送り出されている。プログラムディレクターとして長年携わってきたシェーン・スミス氏へのインタビューより、Hot Docsの役割と、これからのドキュメンタリーについて考えてみた。

Chapter 4 CHANGE

『306 Hollywood』(アメリカ / 2018 / 監督：Elan Bogarin, Jonathan Bogarin)

ドキュメンタリーの聖地から生まれた Hot Docs

ロバート・フラハティがケベック州北部の村イヌクジュアクに住んでいたイヌイット家族の暮らしを写した『極北のナヌーク（Nanook of the North）』の製作が1922年。それから4年後、フラハティがサモアの島民たちを撮影した『モアナ』(1926)を紹介する新聞記事で、カナダ国立映画庁（NFB）の父であるイギリス人の記録映画作家ジョン・グリアソンが、映像作品に対して初めて「ドキュメンタリー」という言葉を使った。その瞬間からカナダはドキュメンタリーの聖地となり、Hot Docs はその核として大きな使命と責任を持っている。

1994年、当時のCIFC（The Canadian Independent Film Caucus。The Documentary Organization of Canadaの前身）によって設立されたHot Docs は、カナダ人のドキュメンタリストたちがそれぞれの作品を評価し合う場所として始まった。「当時からドキュメンタリーという文化がカナダ人の好みに合っていたらしく、観客と共に

『93 Queen』(アメリカ / 2018 / 監督:Paula Eiselt)

大きく成長することができました」と語るスミス氏。ドキュメンタリストやプロデューサーたちがアイデアを発表して資金援助や配給契約などを活発に行うプログラム「Hot Docs Forum」は、IDFAが既に始めていたピッチングセッションをモデルに作られており、設立から6年後に始めたこのフォーラムは今やドキュメンタリー業界における資金集めのコミュニティの定番となった。「ドキュメンタリーの芸術性を賞賛し進歩させること。そして作品を制作できる機会を生み出し、発表の場となり得ること。これがHot Docsの使命です」と語るスミス氏。国境を超え心を動かすストーリーを世界に届けようと作られる国際共同制作プロジェクトたち。そしてリサーチから撮影技術、資金捻出から配給メディアまで、たくさんのハードルを超えた作品たちを、私たちはテレビや映画館で観ている。Hot Docsはその全てにおいて、ドキュメンタリストたちを支えるノウハウを持っているのだ。

Hot Docsから生まれたドキュメンタリーたち

それでは、そんなHot Docsの努力が結晶して生み出されたドキュメンタリー作品には、どんなメッセージを観ることができるのだろうか。「最近では、NYのブロンクスに暮らす敬虔なユダヤ人女性たちが戦う医療問題を描いた『93 Queen』(2018)や、FBIに監視され続ける在米アラブ人たちを描いた『The Feeling of Being Watched』(2018)、とある兄弟が祖母の土地を考古学的に調べたことから始まる壮大な物語を描いた『306 Hollywood』(2018)など素晴らしいプロジェクトがHot Docs Forumを通して生まれました。そんな素晴らしいドキュメンタリーの多くに、Hot Docsが関わってきたことを誇りに感じています」。これらは2017年のHot Docsフォーラムでのピッチングで選出され、その後2018年のHot Docsで上映された。特に『306 Hollywood』はサンダンス映画祭でワールドプレミア上映され、ドキュメンタリー映画としては初めてSundance NEXT FEST で上映されるという栄誉に輝いた。「他にも注目の作品はたくさんあります。例えば、革命後のエジプトで育った反逆的なティーンエイジャーを描いた映画『Amal』(2017)はDocs-Blue Ice Group Documentary Fundから支援を受けて作られ、今年のHot Docsで上映されました。また日本からも『ラーメンヘッズ』(2017)と『リビング・ザ・ゲーム』(2016)という素晴らしい作品が、Made Inというプログラムの中で上映されました」。こういった作品たちはその後各国で配給契約が決まるなど、Hot Docsで上映されることの意味は大きいのだと言う。

Hot Docsからの支援

Hot Docsはどのようにドキュメンタリストたちを支えているのだろうか。「様々な資金援助や奨学金の形があります。例えば歴史的に過小評価されている団体などに焦点を当てて、ストーリーテリングを生み出すことを目的としたCross Currents Doc fund基金のようなユニークな基金があります」。ドキュメンタリストに限らず映画の世界において、作家それぞれのアイデアやプランのプレゼンテーションがピッチ形式で行われているが、Hot Docsにおいてもそれはとても重要な意味を持ってい

『Blackfish』(アメリカ / 2013 / 監督: Gabriela Cowperthwaite)

る。「フォーラムのような場は、映像作家たちが資金調達ができるように運営しているプログラムです。国際的な市場で資金援助を求めたいプロデューサーたちが1対1でピッチングできるHot Docs Deal Makerなど、作り手を援助する目的に各業界ごとに細かく分けられたフォーラムを用意してあります」。

ドキュメンタリーが届ける「チェンジング」の力

最後に、これからドキュメンタリーを志すクリエイターに対してスミス氏にアドバイスを伺った。「成功を手に入れたドキュメンタリストたちに共通する2つの要素は、情熱と、身も心も捧げる気持ち。ストーリーを紡いでゆく情熱、そして自分の作品を一人でも多くの人に届けるためにどこまで捧げられるか。描こうとしているテーマに共感してプロジェクトに情熱を燃やすことは当たり前のことですが、資金集めやストーリーを誠実に修正していくなど、心を配らなくてはいけないことはたくさんあります。何年も同じプロジェクトに時間を費やしていく必要もあります。その作品に世界を変える力があるとしても、ちゃんと観客に届かなければ意味はないんです」。そのためドキュメンタリストたちは、観てくれる人たちにちゃんと届けられるよう努力する

『RAMEN HEADS ラーメンヘッズ』(日本 / 2017 / 監督：重乃康紀)

責任があると述べるスミス氏。「観客と共鳴でき、世界に大きな影響を与えるほどの情熱と熱意で作られた映画はたくさんあります。例えばドキュメンタリー映画『Blackfish』(2013)はアメリカフロリダ州のシーワールドのシャチがトレーナーを殺した事故をテーマにしていますが、それは最終的にシーワールド側に、シャチのショーの停止と、シャチたちの自然への回帰を促すほど影響を与えました。また『The Thin 3lue Line』(1988)は冤罪事件について追いかけたドキュメンタリーですが、この映画がきっかけとなり、主人公は無罪を勝ち取り刑務所から出ることができました。『スーパーサイズ・ミー』(2004)はファストフードがどれだけ体に悪いのかを世界に知らしめました。『不都合な真実』(2006)は地球温暖化から環境問題を啓発し、炭鉱町ブルックサイドの労働者と鉱山主とのストライキを描いた『Harlan County, USA』(1976)ではカメラがそこに存在したことでストライキを大きく止める力が生まれました。数え切れないほどのドキュメンタリーがそういった力を持っています。忘れてはいけないことは、最高のドキュメンタリーとは変化を起こすだけでなく、それを観た人たちそれぞれに個人的な変化を促し、それぞれがそれぞれの力で世界を変えてゆく手助けになる、ということなんです」。

IDFA DocLab ヨーロッパ随一のアムステルダム国際ドキュメンタリー映画祭（IDFA）が運営する最先端のドキュメンタリー表現を追求する場

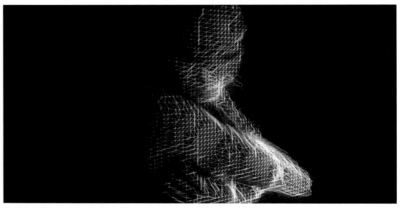

"In Limbo" Director by Antoine Viviani
https://www.doclab.org/2015/in-limbo-qa

アムステルダム国際ドキュメンタリー映画祭（IDFA）は、毎年オランダのアムステルダムで開催されている世界的に権威のあるドキュメンタリー映画のフェスティバルであり、そこでは上映から制作支援まで様々なプログラムが展開されている。中でもユニークなプログラム「DocLab」は、先端テクノロジーとメディアを活用した表現の場として科学者からアーティストまで、ボーダレスなドキュメンタリストたちの集うオルタナティヴなラボとしての役割を果たしている。ニューメディア部門リーダーのキャスパー・ソンネンが考えるドキュメンタリー表現の未来やインタラクティブ・ドキュメンタリーとは？

Chapter 4　CHANGE

"Die With Me" app by Dries Depoorter & David Surprenant.　Presented in collaboration with IDFA Doclab.　http://diewithme.online

インタラクティブ・ドキュメンタリーについて

映像に限らず、あらゆる技術を駆使して作るのがインタラクティブ・ドキュメンタリーである。「本当に面白い作品というのは定義不能です。Web2.0のように、ウェブ・ストーリーやマルチメディア・ジャーナリズム、分岐型ナレーション、ロケーション型ストーリーなど様々な概念が生まれています」とキャスパー氏は語る。「例えばDocLabアカデミーから輩出したベルギーのアーティスト、ドリス・デポーター（Dries Depoorter）が発表したアプリ『Die With Me(diewithme.online)』は、スマホの電池が残り5％になったときにだけ使えるという面白いコンセプトのチャットアプリです。また、古典となったアーロン・コブリンとクリス・ミルクによるインタラクティブMV『Wilderness Downtown』は、子供時代の住所を入力すると、昔歌った歌がGoogleストリートビューを組み合わせた映像の上に流れるという仕組みです。『Bear 71』では監視カメラを通して野生動物を見ることができますが、同時にこちら側も見られているんです」。

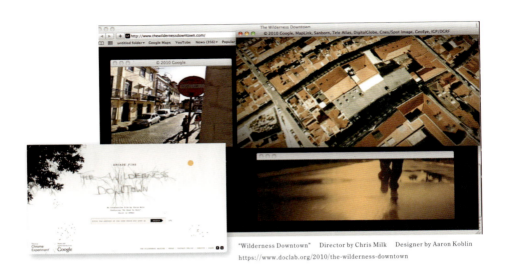

"Wilderness Downtown"　Director by Chris Milk　Designer by Aaron Koblin
https://www.doclab.org/2010/the-wilderness-downtown

DocLabが始まった理由

DocLab創設以前、「死んだらどうなる?」といったストーリー選択型の『Thanatorama』のような作品を扱った後、2008年から本格的にDocLabが始まったと言う。そうやって生まれたDocLabが目指したものは、アートとしてのインタラクティブ・ノンフィクションを探求することであり、実際の映画祭でどのように見せられるのか、その方法を模索することだった。それ以降、DocLabはIDFAの重要な柱となり、10日間にわたる展覧会ではロボットからVR、ライブまで様々な表現を体験できるプログラムとなる。

インタラクティブがドキュメンタリーに与えたもの

インタラクティブの素晴らしさは、経験者自身が主体になれることだ、とキャスパー氏は言う。クリックや、3D空間を擬似体験させるだけが目的ではなく、物語に仕掛けられたパズルを解いて進むことで「自分にとって価値のある」特別な体験を得ることができる。「例えばカット・チゼックがカナダ国立映画制作庁と製作した高層住宅生活の歴史をテーマにした『Highrise』(highrise.nfb.ca)や、Skindeepによる{The And}プロジェクト(www.theand.us)は、現代社会の人のつながりを考えさせてくれます」。

(上)"Highrise" Director by Katerina Cizek http://highrise.nfb.ca/

(下)"Thanatorama" Director by Ana Maria de Jésus http://thanatorama.com/

インタラクティビティとは、「塩」とよく似ている

「ほんの少しの隠し味で十分に美味しくなります。たとえば古典的なインタラクティブ・ドキュメンタリー『Alma, a Tale of Violence』というiPad用アプリでは、スワイプしていくだけでストーリーが進んでいきます。体験者自身に映像を"編集"させることで、その世界に没入させてゆく。例えば誰かが耐え難い話をカメラに向かって話し始めた時、スワイプするだけで映像を切り替えていけることが、普通の映像とは違います」。ではその逆に、高度にインタラクティブ性を取り入れたプロジェクトというものはどうい うものだろうか？「2006年にセップ・カンヴァーとジョナサン・ハリスにより作られた『We Feel Fine』(wefeelfine.org)という作品は、オンラインで見つかった何千もの個人的な話を集めて、人の感情を暦の形にまとめています。感情を探索しパターンを見つけ出し、深く入り込んでいくことができるというプロジェクトです」。

非人間的な時代におけるヒューマニズムの意味

これまでインターネットは単なる道具としか見られておらず、それが人間のつな

（上）"Robots in Residence" Created by Alexander Reben　https://www.doclab.org/2012/robots-in-residence

（下）"Emotional Arcade" Director by Brent Hoff, Alexander Reben　http://www.emotionalarcade.com

がりやアートを表現できるものとは誰も考えていなかったと言う。「だからこそIDFA DocLabでは、"愛"を表現したゴラン・レビンらによる『The Dumpster』や、"死"を表現した『Thanatorama』など、新しい技術を人間の経験のためのプラットフォームとして扱っている作品を好んで発表していったんです」。その後、iPhoneが登場したことで革命は大きく加速し、VRやARといった侵襲性のメディアの登場、機械学習やバイオメトリックテクノロジーなど、デジタルと現実世界の境界線は曖昧になってゆく。アレクサンダー・レベンが発表したインタラクティブドキュメンタリーインスタレーションの『Robots in Residence』(2012)やブレント・ホフが発表した『Emotional Arcade』(2013)など、テクノロジー世界への反ユートピア的メッセージだけではなく、非人間的になったデジタルな現実とどう向き合い行動するべきかを考えさせてくれるようなプロジェクトが登場していると言う。「顔認識プログラム、脳波解析ギア、機械学習…作ったアーティストさえも想像できないような様々な結果が生まれています。それらは現代社会における人間の在り方を示してくれたのであり、インタラクティブドキュメンタリーの手法によってしか実現できないこと」だったと言う。その昔、人類が初めて「ファストフード」を手にした時と同じように、安くて美味しく

Chapter 4 CHANGE

(左) DocLab Live: Bloodless – Guided by the Ghost of a Korean Sex Worker　Director by Gina Kim　https://www.doclab.org/2017/bloodless
(右) "Notes on Blindness VR"　Director by Arnaud Colinart, Amaury La Burthe, Peter Middleton, James Spinney　https://www.doclab.org/2016/notes-on-blindness-vr

(左)　website of IDFA DocLab　https://www.doclab.org
(中央)．website of MIT Open DocLab　https://momentsofinnovation.mit.edu
(右)　website of MIT Open DocLab　https://momentsofinnovation.mit.edu/immersion

てすぐに食べられる手軽さの反面、中毒性や健康への不安が生まれたのと同じように、テクノロジーが人間に何をもたらしてくれるのか、インタラクティブドキュメンタリーを通じて考える時が来たのだとキャスパー氏は指摘する。

IDFA DocLabのこれから

IDFA DocLabは2006年に10周年を迎え、新たに『IDFA DocLab Interactive Documentary Canon』というプロジェクトを開始。またMIT Open DocLabの中でもこれまでの歴史を眺めることができる。カット・チゼックやアレクサンドル・ブラッシェ、マルゴー・ミシカ（upian）、アーロン・コブリン、クリス・ミルク、ジョナサン・ハリス、ローレン・マッカーシーなど多彩なインタラクティブドキュメンタリストを輩出して来たIDFA DocLabはかつてのベネトンによるメディアラボ「Fabrica」のように、世界中から才能を募っている。「日本でクレイジーなインタラクティブ・アートを作っている人は誰でしょうか？ 新しい方法で物語を語っている人はいますか？ 新しいインタラクティブ・ドキュメンタリーの表現を見てみたいですし、アートとリアリティとテクノロジーを自由に遊べる素晴らしいアーティストがいましたら、どんどん私に教えてください」。

261

台湾国際ドキュメンタリー映画祭（TIDF）
台湾の若手ドキュメンタリストたちが挑戦する、自由な表現を追求するドキュメンタリー映画祭

Doc Cross Secret Screening at Grassroots (2018.05.10)

ドキュメンタリー産業が十分に成熟していないと言われる台湾という国で、どの国よりも過激な表現を追求しているドキュメンタリー映画祭が、台湾国際ドキュメンタリー映画祭（TIDF）である。ドキュメンタリーという表現の可能性や定義の拡張を目的とし、アートからファッション、音楽まで様々なメディアとのクロスプラットフォームをベースとした多彩なプログラムが魅力のひとつ。あらゆるアートの中に必ず含まれている「ドキュメンタリー」のエッセンスを探っている。TIDFの若きプログラム・ディレクターであるウッド・リン氏に、様々なスタイルで表現するドキュメンタリストたちの話を聞いてみた。

Doc Cross　Doc × Video Art　"(Not) Just a Historical Document: Hong Kong-Taiwan Video Art 1980-1990s" at Museum of Contemporary Art, Taipei

「リアリティと私たちの関係性」について考える

世界の優れたドキュメンタリー作品を台湾国内に紹介するという使命のもと、1998年より隔年で開催されている台湾国際ドキュメンタリー映画祭（TIDF）。2013年よりTaiwan Film Institute（國家電影中心）の一部門となり10年が経った今、中国語・台湾語圏や東南アジアから発信されるインディペンデントなドキュメンタリーのためのプラットフォーム作りに重点が移され、台湾ドキュメンタリー文化の再発見から可能性の追求までその文化における重要な役割を担っている。変わらぬ姿勢は、「リアリティと私たちの関係性」について考える場がTIDFであるということ。プログラム・ディレクターのウッド・リン氏は、ドキュメンタリーというものは単なる映画のジャンルではなく精神性のようなものではないかという。「大切なことは、新しいドキュメンタリーの表現として発表された作品が、普通のドキュメンタリーから考えた時にすごく抽象的であったりアート的に見えたとしても、よく見てほしいんです。それらは、歴史や政治や、私たちが住んでいる世界そのものに関係した表現なんです」。

Doc Cross　Doc × Video Art　"(Not) Just a Historical Document: Hong Kong-Taiwan Video Art 1980-1990s" at Museum of Contemporary Art, Taipei

慢性的な表現に変化を持ち込み、考えを解放する大切さ

TIDFは、2014年からスローガンとして「再見・真實 Re-counter Reality」という言葉を掲げている。よく見るとわかるが、これは漢字を使ったダブルミーニングになっている。「再見」とは中国語圏では「さようなら」と、同時に「もう一度（現実を）見る」という意味を持つ。人々がドキュメンタリー作品を見ることによって、それぞれ独自の世界を見る視野が広がり、それぞれのリアリティに出会えたら、という気持ちがこの言葉には込められているのだ。リン氏は語る。「映画祭として上映プログラムはもちろん大切ですが、他にもTIDFには、ドキュメンタリー関係者が驚くような仕掛けやプログラムが用意してあります。その目的は、もっと皆さんにドキュメンタリーの意味

Chapter 4　CHANGE

や成り立ちについて考え、話し合ってほしいからなんです。それがドキュメンタリーかどうかをジャッジすることが目的ではなく、ただでさえ慢性的になりがちなドキュメンタリー制作にちょっとした変化や混乱を持ち込むことで、考え方を解放してゆきたいという狙いがあります」。すべての種類のアートに「ドキュメンタリー」のエッセンスが含まれているとするならば、そのメタファーや精神性をTIDFは作ろうとしているのかもしれない。伝統的なドキュメンタリーにとらわれないTIDFのスタンスは、様々なプログラムを見ればすぐにわかる。その中でも、ビデオアートから音楽まで様々な可能性を追求している『Doc Cross』は特に挑戦的な内容である。2018年にTIDFが掲げたコンセプトは「人々が考えるドキュメンタリーというものをひっくり返そう」というものだが、これはドキュメンタリーの可能性や定義を広げようという宣言である。このテーマのもと、プログラムにはビデオアートや実験映画、ドキュメンタリー演劇などさまざまな表現が組み込まれている。「優れたドキュメンタリー作品は、様々な問いかけをしてきます。倫理観や考え方、新しい世界観など、常に疑問を投げかけてくるんです。もしあなたがドキュメンタリーについて真剣に考えているのなら、同じような問いかけに日々の生活の中でも出会うと思います。その瞬間に私は、現実を提示するアプローチにはたくさんの種類があり、ドキュメンタリーをライフスタイルそのものとして考えればいいのではないか、と気がついたんです」。それから彼

Poster wall of Venues A / B　　Shin Kong Cineplex

は、ドキュメンタリーが持つそういった
性質に注目していくようになった。

台湾の歴史的・政治的メッセージ
に対して、どのように機能するか

『(Not) Just a Historical Document:
Hong Kong-Taiwan Video Art 1980-
1990s』というユニークな上映プログラム
の名前を直訳すると、「それは歴史的なド
キュメンタリーだけではない」という意
味になる。国家とアイデンティティ問題
に悩まされている独立国家「台湾」にとっ
て、このプログラムは映画制作という意
味で素晴らしいテーマになった。ドキュ
メンタリー作家の多くは政治を扱った
繊細なテーマを真正面から受け止める
が、フィクションの作家はあまり政治や
歴史的なテーマに取り組まないという
台湾の現状を変えたかったと言う。「リ
アリティをクリエイティブに表現して
くれたアーティストたちに感謝してい
ます。歴史や政治がテーマである必要
はないのですが、(台湾で)作品を作ろう
とすると、どうしてもそういったテーマ
が入ってきます。そういう意味で歴史
的なテーマを扱ったこのプログラムは、
アーティストがリアリティを自由に表
現できる最高の機会でした」。

台湾のドキュメンタリー映画史を
眺める新鮮な視点

リン氏は、「台湾にはドキュメンタリー
業界はない」と言う。テレビや映画業
界からの資金援助はないので、政府か
ら支給される補助金だけがインディペ
ンデント映像作家にとって欠かせない
という。この状況はドキュメンタリー
作品の制作にとても大きな影響をもた
らしており、映像作家たちが大きなプ
ロジェクトに関わることは難しく、ま
してや国際共同制作なんてもっと難し
い。「毎年台湾の映画館で上映される
ドキュメンタリー映画は10本程度。こ
れは世界的に見てもとても特異な状
況です」。そこでTIDFは2018年に
『Imagining the Avant-garde: Film
Experiments of the 1960s』というプ
ログラムを開催し、1960年代に制作さ
れたアヴァンギャルド映画を2年かけて
調べ続けて19本の映画を見つけ出し、
上映したという。そのうちの2本『Today
(1965)』(ハン・シャオニング、HAN
Hsiang-ning監督)と『Modern Poetry
Exhibition/1966』(CHANG Chao-
tang監督)は、制作されてから50年の
時を経て、今年のTIDFがワールドプ
レミアだったという。また2018年の

Doc Cross　　Doc × Theater　　"Reading Hunger" at Fruit Wire Dance Studio (2018.05.09)

TIDFで上映したMOU Tun-fei監督によるフィクション映画の2作品『I Don't Dare to Tell You』(1969)と『The End of the Track』(1970)も発掘された作品であり、当時の政権により上映禁止とされていた作品であった。「私たちのプロジェクトを通して、台湾映画史を眺めるうえで新しい視点を提供できたと思っています。奇跡的な出来事や出会いをいくつも通したことで、この素晴らしいプログラムが実現しました。それは私にとても大きな意味を持っています」。

ドキュメンタリーは発展し続けるので、同じことを繰り返したくはないと語るリン氏。彼にとってチームワークはとても大切なものであり、これからのTIDFを作り上げるためには、様々なアイデアのもと、新鮮な視点を保ち続けることが重要だと言う。「あなた自身が最先端を目指し続ければ、自ずと新しい表現へとつながる道が見つかるはずです」。表現を超えて活躍し続ける若きドキュメンタリストたちに、リン氏はそのようにメッセージを残してくれた。

CHANGE 4-5

Docu Memento

若手ドキュメンタリストたちがドキュメンタリーの力で人と社会を繋ぎ直す、映像＋トークの新しい実験「ドキュ・メメント」

「社会の周縁に生きる人々の知られざる物語」をテーマに、繊細で雄弁な映像を撮る松井至と、人間の「生」の美しさに惹きこまれ息遣いさえ感じられる映像を生み出す内山直樹。彼らはそれぞれドキュメンタリー業界で仕事をしながら、全く同じ葛藤に苦しんでいた。それは、「なぜ、そのままのリアルを届けることは許されないのか」ということ。東日本大震災の最中、沿岸に住む耳の聴こえない人々がどう避難したのかを手話で語る証言ドキュメンタリーを制作していた松井氏は、「視聴者は耳の聞こえるマジョリティだから音声吹き替えにしよう」と言われたことに違和感を覚える。同じく、1年越しで中国残留孤児の番組を作っていた内山氏も「前科者を主人公にはできない」という理由で大幅に映像をカットされたことに憤りを感じていた。そこで彼らは仲間たちと「BUG」という集団を作り、共に被写体も撮影者も観客もひとつになった「ドキュメンタリーのための自由な登壇の空間」＝「ドキュ・メメント」を発起した。

Chapter 4　CHANGE

BUG

オルタナティヴ・ドキュメンタリスト・コミュニティ　バグ

BUG（バグ）は、ドキュメンタリーの作り手たちが自ら文化と環境を作り出すことをミッションに2016年から始めたコミュニティ。デザイナー・哲学者・編集者など多様なクリエイターと共に、ドキュメンタリーと社会を面白くつなぎ直すことを試みている。映像の外にもドキュメンタリーはあるという発想から、社会問題の当事者や作家が開発中のプロジェクトを自らの言葉で投げかける新しい祭典「ドキュ・メメント」を主催。代表は内山直樹と松井至。現在、ドキュメンタリーの社会貢献型ファンドを構想中。
http://docu-memento.ccm

「ドキュメンタリーをカルチャーにする！」

BUGの始まり

ドキュメンタリーを映像から解き放ち、映し出された"生身の人間"と出会える祭典「ドキュ・メメント」。江戸時代より東海道第一の宿場町として知られた品川宿を舞台に、テレビや映画業界の制約から離れ、それぞれの考えるリアルを発信したいという作り手の集団「BUG」によって、2017年秋から始まった。事の始まりは2015年。BUG発起人の一人、松井至がNHK東日本大震災番組に携わっていた時だった。迫り来る津波の危険を告げる「警報音」が届かなかった聴覚障害者たちがどう避難したのかを、松井氏は手話による沈黙の世界として証言ドキュメンタリーを作ろうとしていた。彼らの言語、手話に美しさを感じ、そのままを視聴者に届けようとしていたのだが、編集の段階でプロデューサーたちから「吹き替えをつけるように」と指示を受ける。マジョリティである聴者にとって沈黙は耐え難く、吹き替えをつけることは慣例である、というのが理由であった。しかし、「沈黙に耐え、向き合うことこそが、あの日に起きていたことだ」という松井氏の主張により、手話通訳者の言葉を使うことで吹き替え自体

はまぬがれることとなった。「声を変える、主体を変えることにはどうしても抵抗がありました。ありのままに届かないこと自体が差別であり、それは絶対にやりたくなかった」と、不完全燃焼のまま発表した気持ちを振り返る。テレビがありのままの声を届けないということに疑問を呈し、これから数十年は続くディレクター人生でこういう思いを続けるのは嫌だと強く感じたと言う。同時期、同じ会社でディレクターを務める内山直樹も同じジレンマを抱えていた。彼は、80年代日本に帰国を果たした中国残留孤児たちの3世代にわたる苦難の歳月を追った100分のドキュメンタリーを制作していた。しかし長い時間をかけて撮影していた汪楠（ワンナン／中国残留孤児の継母と共に1986年帰国）氏を巡り、局との対立が勃発した。ワンナン氏はチャイニーズマフィア「怒羅権」の創設メンバーとして2014年に刑務所から出所したばかりであったために「前科者の発言に寄り添った放送はできない」と判断され、シーンの大幅カットを迫られる。「犯罪に至った背景や、彼らの目から日本社会がどう見えるのかを描きたかった。ワンさんは包み隠さず過去の犯罪歴まで曝け出してくれたのに、批判を

恐れて中途半端な形に仕上げるのはおかしいと思いました。組織や制作側のルールを絶対視すると、一番大切な被写体を傷つけてしまう。どうしても納得できなかった僕は、後に横浜市にある教会でこの映像を上映し、自分の発意を包み隠さず伝えました。観客は更生支援団体ボランティアのおじいちゃんやおばあちゃんたちだけでしたが、よくこの映像を届けてくれた！と言ってくれました。その時、この人たちの反応の方が本物だと思ったんです。」この時の気づきや怒りがやがて制約の多いテレビ業界と違う道を模索する「BUG」創立へと結びつき、ワンナン氏の映像は2017年に始まる「ドキュ・メメント」へと繋がっていく。

登壇の発見 ～「Documentary NIGHT」から「ドキュ・メメント」へ

2016年4月、同じ憤りを抱えたディレクターたちが集結し、ドキュメンタリーについて語り合う「Documentary NIGHT in 秋葉原」が開催された。数分のドキュメンタリー映像を持ち寄り、普段テレビでは放送できないような映像を共有し

Chapter 4　CHANGE

ながら、ドキュメンタリー表現の可能性を考える熱気に包まれていた。この時には本書でも登場する太田信吾（『わたしたちに許された特別な時間の終わり』）や奥間勝也（『ラダック それぞれの物語』）が登場し、SNSで1週間ほど告知しただけの規模だったにもかかわらず、その参加者数は50名を超えたと言う。

それから半年後の9月、池袋にある閉校になった小学校「みらい館（旧 大明小学校）」ブックカフェで、第2回目となる「Documentary NIGHT 2 in 池袋」を開催する。この時初めて彼らは"登壇"というスタイルに挑戦した。参加者たちは自分の企画や映像を持ち寄り、作品に登場した人物も登壇して作品について語りあった。当事者が実際に現れ語ることで、カメラを通して間接的に感じられたドキュメンタリーというものを、もっと内側から描かれたものへと感じさせることができたと言う。内山氏はこの時「ドキュメンタリー限界集落」というプレゼンを行い、狭い業界だけのものづくりではなく、肩書きは外し、個人としてダイレクトに社会とリンクし直そうと訴えた。同じ場には、本書でも紹介している竹岡寛俊（『マザーズ オブ チェンジ』（仮））や関強（『ボクが見た、中国』シリーズ）、米本直樹（『四川大地震・李先生

と三十人の子供たち』）も参加していた。関はこの空間を体験して「こんなに言いたいことをはっきり喋る人間の集まりは初めて見た。まるで日本人じゃないみたいだ」という感想を述べたという。それから月一度ほどの集まりを重ね、徐々に母体を大きくしていった彼らは、いつしか「社会にBUGを起こす」という思いを込めた名前「BUG」を名乗るようになった。ちょうどその頃、山形で番組制作していた松井氏は、東京と山形を行き来する八百屋を営む鬼武氏から「野菜を売りながら知り合った品川宿という街があるんだけど、ここでドキュメンタリーを語り合う寺子屋のような場を作りませんか」という誘いを受ける。かつては賭博場や遊郭が立ち並び、アウトローたちで賑わったこの街に親和性を感じたBUGのメンバーは、品川宿にある明治期の古民家をリノベーションした「レンタルスペース松本」で、夜な夜な映像を携えて語り合うようになる。その様子を「何が始まるのか？」と半信半疑に見守る街の住民たちとコミュニケーションを取るうちに、松井氏たちは劇場のないこの街で、街そのものの力を活かしたドキュメンタリー体験を作りたいと考えるようになった。そして2017年8月、品川宿の屋形船の船着場「一龍屋台

273

村」で「BUG NIGHT」を開催。それが大成功を収めた彼らは11月、品川宿の街全体を使ったドキュメンタリーの祭典「ドキュ・メメント」へと突き進んでいった。ドキュメンタリーとメメント・モリ（死を想え）を合わせて名付けられたこのイベントは、街の人の紹介で結びついた、古民家・寺・居酒屋・カフェを舞台に、合計24名が様々な登壇を行った。パリ同時多発テロに遭遇した劇団、テーマを抱き世界を廻る旅人たち、ろうの写真家に本当の歌を感じた映像作家、アフリカの子供たちに映画を届ける活動家……。様々な当事者と観客が同じ空間を共有していった。「映像の向こう側にはこんな人生があるんだと示せることがドキュメンタリーの強さだと思います。当事者や製作者に会えるドキュ・メメントで行った、誰でも参加できる気軽な飲み屋風の登壇スタイルは、とても民主的なものだということに気づきました」。2日間にわたったこのイベントには、およそ600人が訪れた。

被写体と観客が同じ空間を共有すること

"登壇"は「ドキュ・メメント」の目玉となっているが、世界中のフォーラムで行われている「ピッチング」とは何が違う

のだろうか？ 松井氏は次のように考える。「世界でピッチングが始まってから30年ほど経ちますが、そこにはディシジョンメーカーや勝つための方程式が必ず存在していて、策略が必要になります。どこまでいっても、お金のない制作者が大手メディアに企画を買ってもらうという構図があるように僕には見えるんです。僕らがやりたかったのは、ビジネス的なものではなく、誰でも参加できる空間でした。ドキュメンタリーはフィクションと違い、そこに映っている人たちの人生の続きがあります。彼らの実際の声を聞き、話しかければいい。例えば、12階から飛び降り自殺をして生き残ったモカさんの登壇を見て、ある観客は自分の親友が自殺した話を語り出しました。こうして、同じ時代を生きる人が実際に起こした行動に驚き、他人事を自分事にさせるほどの共感を生み出すのが、ドキュメンタリーの強みなんだと思います」。また内山氏は、次のように述べる。「映像とは、当事者が持っている物語を倍増させるものであって、その人の物語を凝縮して可視化させたもの。僕はフォーラムやテレビや劇場の外にも、ドキュメンタリーが社会や個人の役に立つ方法は無数にあると思っています。ドキュ・メメントは、既存の枠組みから映

像を解き放ち、今まで積極的にドキュメンタリーを見てこなかったような人々と関わりを持つことで、次々と新たなプロジェクトを生み出すプラットホームの役割を担っていきたいと思っています。」

他者の体温を感じる場づくりを目指して

2018年の「ドキュ・メント」のコンテンツに、中国残留婦人二世の人たちや、中国出身の朝鮮族の女性たちが、人生を支えた歌をカラオケで歌う「移民カラオケ」という企画がある。隣近所で生活している移民の存在を知り、カラオケという誰もが愛する庶民的な娯楽を通じて共感が出来れば、他者への無関心が蔓延する現代日本に人種を超えたつながりを生み出せるのでは、と彼らは考える。「ドキュメンタリストとは他者への好奇心と共感があり、そこから"本当の何か"を感じ取ろうと時間を費やす人のことだと思います。でも実はすごく効率が悪い作業でもあって、僕たちが追っている出来事がその後どうなるのかなんて、誰にもわからない。いつ破綻するかわからないことに伴走する、ある種ギャンブル的なものなんです」と内山氏は語る。松井氏は次のように続ける。「ドキュメンタリストとは、人の人

生を最大限に見ることを唯一試みることができる存在だと思います。日常では、誰もが最小単位の演技をしています。仕事の時や、娘と遊ぶ時など、相手によって演技を変えています。それは人間の生理とか実存のようなものです。そうやって作られる人それぞれのドラマの細部を見つめていくことで、そこに社会を解読するためのヒントを見つけることができるんです。例えば、自殺を外から考えて善悪を言うのではなく、自殺者のメンタリティーの中から考えることができるかもしれない。一人の人を徹底的に見ることによって、撮影者の常識は崩れ、他者が入り込んできます。僕はその瞬間を共有したいと思っています。"世界は自分が思っている以上に複雑だ"と思い知ることが希望だと思うからです。そこから想像力を働かせること、自分に起きた変化を共に楽しみ、他者の体温を感じること。僕はドキュメンタリーを作ることと、登壇の場を作ることを同じ気持ちでやっているんです」。東京の片隅で燻っていた彼らの種火が、ようやく焚き火のように隣人を温めようとしているようだ。他者を受け入れ成長した彼らの眼差しは、個と社会を繋ぎ、循環を繰り返してゆく。その先を知りたい人は、全ての人に開かれた場へ実際に足を運んでほしい。

CHANGE 4-6

neoneo / Tokyo Documentary Film Festival

ドキュメンタリー雑誌『neoneo』の金子遊が企てる新たなドキュメンタリーの祭典「東京ドキュメンタリー映画祭」

映像表現も評論も独自のコメンタリーで大胆に文脈化する金子遊氏。世界中を旅した20代から映画批評と放送作家業を始め、その後自ら撮影した実験映画『ぬばたまの宇宙の闇に』(2008)は奈良前衛映画祭でグランプリを受賞、エッセイ的ドキュメンタリー作品『ベオグラード1999』が初めて劇場公開されるなど、映像作家として生きるかと思いきや、持って生まれた凝り性により評論においても頭角を表す。「批評の奪還 松田政男論」にて映画芸術評論賞、「弧状の島々 ソクーロフとネフスキー」で三田文学新人賞(評論部門)受賞、著書『映像の境域』ではサントリー学芸賞(芸術・文学)部門を受賞。その後のドキュメンタリー雑誌『neoneo』へとつながる映像研究への長い試みが始まった。現在日本で唯一存在しているドキュメンタリー専門雑誌『neoneo』はどこへ向かっているのか、そして金子氏らが新たに企む祭典「東京ドキュメンタリー映画祭」とは何なのか、言葉をもらうことにした。

Chapter 4 CHANGE

「誰かが指差すことで、ドキュメンタリーになる」

Yu Kaneko

批評家/映像作家　金子遊

ドキュメンタリー雑誌『neoneo』編集委員。「東京ドキュメンタリー映画祭」プログラム・ディレクター。「批評の奪還 松田政男論」で映画芸術評論賞・佳作、「弧状の島々 ソクーロフとネフスキー」で三田文学新人賞（評論部門）受賞。著書『辺境のフォークロア』『異境の文学』『映像の境域 アートフィルム／ワールドシネマ』『ドキュメタリー映画術』など多数。『映像の境域 アートフィルム／ワールドシネマ』（森話社）で第39回サントリー学芸賞（芸術・文学部門）受賞。共訳書『ヴァルター・ベンヤミンの墓標』（マイケル・タウシグ著）。共著に『アジア映画の森』『アジア映画で〈世界〉を見る』『アイヌ民族否定論に抗する』など。劇場公開ドキュメンタリー映画に『ベオグラード1999』『ムネオイズム』『インペリアル』などがある。

277

(左より)「異境の文学―小説の舞台を歩く」(出版:アーツアンドクラフツ)
「フィルムメーカーズ―個人映画のつくり方」(出版:アーツアンドクラフツ)
「映像の境域:アートフィルム/ワールドシネマ」(出版:森話社)
「ドキュメンタリー映画術」(出版:論創社)

ジョナス・メカスへの共感

アメリカ最初のオルタナティブ・ペーパー『The Village Voice』に連載していたコラムニストのジョナス・メカスに傾倒していたという金子遊氏。ジョナスの理論ある実践主義に共通点を感じていたという。「ジョナスはコラムを書きながら上映会を企画していました。盛り上がってきたアメリカのアンダーグラウンド映画の発信者の一人として周りから騒がれているうちに、じゃあ自分でも実験映画を撮ろうと思って、身の回りの日常を日記映画として撮り、そのなかにはジョン・レノンやオノ・ヨーコ、アンディー・ウォーホルも含まれていました」。実験映画に目覚めた金子氏は『ぬばたまの宇宙の闇に』などを制作後、松本俊夫ら巨匠にインタビューをしていくうちに第一線の批評家になっていたという。ドキュメンタリーも同じく、凝り性ゆえに一線の専門家になっていた。「去年森達也さんと対談した時に、金子さんほど今のドキュメンタリーを観ている人はいないよって言われました(笑)」。

誰かが指差せば、それはドキュメンタリーだ

巨匠小川紳介の時代からドキュメンタリー界に残る作家至上主義だけでは、ドキュメンタリー表現の多様性はカバーしきれないと言う。「優れた作家だけが作っているのではなく、セルフドキュメンタリーみたいな、一生で一本しか取れ

『混血列島論』(出版：フィルムアート社)

『ベオグラード1999』(日本 / 2009 / 監督：金子遊)

ないような作品があってもいいわけです。テレビのネイチャー・ドキュメンタリーでもいいですし、ミュージックビデオ出身の監督が作った5分のセンスある動画だって、決してドキュメンタリーではないとは言えない」。金子氏のドキュメンタリー観は実に明快だった。それは、「本人がその作品をドキュメンタリーだと主張すれば、それはドキュメタリー作品です。また、誰かがそれをドキュメンタリーだと指差すことで、それがドキュメンタリー作品にもなる」ということだった。金子氏が教鞭を執る大学の学生たちの間では、ユニークなYouTube動画などが話題に上ることが多いという。「それは仕込んではあるんですけれど、一種のドキュメンタリー的な撮り方でやっていたりするわけですよね。あれもこれもドキュメンタリーだと名指すことで多様性を作っていく。みんながドキュメンタリーはテレビ番組と映画館にしかないと思っていることを、そうじゃなくて、あれもこれもドキュメンタリーなんだよと広げていく必要がある」。映画祭や評論誌などキュレーター的な役目を持つ人たちが、もっと多様性を受け入れられるようになることが大切だと言う。

雑誌『neoneo』の始まりと、ドキュメンタリーへの想い

小川紳介プロダクションのプロデューサーだった伏屋博雄が年2回発行していたドキュメンタリー最前線メールマガジン『neoneo』を、プロデューサーの大澤一生氏、批評家の萩野亮氏、脚本家の若木康輔氏、金子遊氏ら5名で雑誌として立ち上げたのが2012年3月だった。「その時のメンバーは、原一男さんや松江さんや想田さんとか、森達也さんといったドキュメンタリーの一線で活躍していた監督たちとは違い、その周りでドキュメンタリー映画業界に食らいついていた、当時はまだまだ駆け出しの集団だったんです（笑）。それぞれが配給だったり宣伝だったり批評だったりをやっていて、みんなで集団になればドキュメンタリー界を盛り上げていくことはできるのでは、という気持ちで集まったのが始まりでした」。日本ドキュメンタリー界の権威となった山形ドキュメンタリー映画祭とも良い意味で刺激しあいながら、テレビや演劇も、写真やアート作品も取り上げるような媒体を目指して創刊。「ただ、気がつくと映画の話題ばっかりになっちゃっていて。それは反省点です」。文章を書いたり本を出したりという個別の表現だ

けでなく、ドキュメンタリー界全体を盛り上げようとボランティアで汗をかいてやってきた金子氏たち。すると最後は自分に返ってきたのだという。「最終的には、自分たちがドキュメンタリーに詳しい人みたいに見られていた、ということです」。

開かれたプラットフォーム、東京ドキュメンタリー映画祭

1989年に始まった山形国際ドキュメンタリー映画祭は2019年で30年。アジアの映画作家を紹介する国際映画祭の役割はひと段落したと金子氏は言う。「世界にはIDFAやHot Docsもありますし、台湾も盛り上がってきた今、アジアの中心は山形だけではありません。僕自身はYIDFFで脚本を担当した短編作品が上映されたこともありましたし、シンポジウムに出たこともありますが、これからは日本国内で作られたドキュメンタリーをもっと紹介すべきだという思いがありました」。　また是枝裕和監督作品などで撮影監督として活躍する山崎裕氏らが10年ほど前から始めた「座・高円寺ドキュメンタリーフェスティバル」についても、著名人が選別するスタイルであったり、コンペ作品の上映回数が限られていることなどを考えた時、『neoneo』ならもっと開

Chapter 4 　CHANGE

  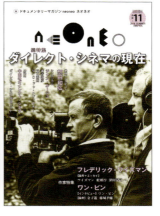

ドキュメンタリーカルチャーマガジン『neoneo』01〜11（出版　neoneo編集室）

東京ドキュメンタリー映画祭2018フライヤー

『日常対話』（台湾 / 2017 / 89分 / 監督：黃惠偵）

『映画になった男』（日本 / 2017 / 97分 / 監督：金子遊）

『破天荒ボクサー』（日本 / 2018 / 115分 / 監督：武田倫和）

かれたドキュメンタリー映画祭を作れるのではないか、と思いついたという。「国内の人たちが、自分たちの作品がかかるぞ！と言える映画祭を、東京でやりたいと思ったんです。劇場公開される映画の決まり方って不透明なところがあって、例えば東京の一部の劇場の支配人や番組編成の人たちが、これは世に出せると判断した作品が全国をまわっていくんです。でも本当に彼らだけに価値判断を委ねていていいのか、と思っていた。僕らはドキュメンタリー雑誌を10冊以上、ウェブマガジンを6年続けるなかで、テレビのオンエア、映画館での劇場公開、国際映画祭での上映から漏れてしまった作品でも、おもしろい作品は僕たちが審査をして世に送り出すべきではないか、って思うようになったんです」。金子氏によると、今の若者には、映画監督になりたいという人は全然いないらしい。「彼らの夢はYouTuberなんです。彼らには

バラエティとドキュメンタリーが合体したような面白い感性がある。それを学校やサークルの友達に見せるだけで終わらせるのではなく、まとめて東京で上映できないかな、と」。そう思いついた金子氏の頭には、90年代に日本中の若者を熱狂させた伝説の番組があったという。「僕にとって、これは『イカ天（三宅裕司のいかすバンド天国）』なんですよ（笑）。僕が評論家を目指したのも、中高生の時に『イカ天』を観ていて、音楽評論家の萩原健太が審査員として語るバンド紹介の言葉に感動して。萩原さんってすごいなあって思ったのが始まりだったんです。まるで『イカ天』みたいに、学生たちや全ての人たちがドキュメンタリーを共通言語に参加できる上映の場を作ろうと思いました。もちろん、自分の作品を上映する場を作ろうという気持ちもあります（笑）。今日カメラの使い方を覚えたような人が、たまたま道端で面白いおじさんを見つけて編集して5分のものを作ってYouTubeにあげたとします。それを東京ドキュメンタリー映画祭に送ってみたら、都心の映画館で上映されちゃうとか。そういう、明日にでも自分もスターになれるかもしれないというような夢がないと、ドキュメンタリー界全体が盛り上がっていかないと思うんですよね。『イカ天』の時代って歩行者天国からデビューするという夢があったじゃないですか。急に目の前の垣根がなくなって、もしかしたらスターになれるかもしれない。そういう場を作りたいんです」。

雑誌『neoneo』の未来

これまでは映画を紹介することが多かった『neoneo』だが、これからは創刊時の気持ちに戻って、演劇からアート、テレビ、文学までもっと広く「ドキュメンタリー」をとらえていきたいと言う。「森達也さんが書いたようなノンフィクション小説もそうですし、幅広いドキュメンタリーを紹介していきたいです。すでにみんなが既存のジャンルだと思っているところへ横断的にドキュメンタリーというものを通してゆく批評活動も必要なのかなと思っています。ただ、自分が忙しくなりすぎちゃって、自分たちの世代ではできなそうで。20代後半とか30代半ばの人たちを募って、『neoneo』に新勢力の人たちが集まってもらいたい。そのために常に書き手を募っており、年に一回「映画評論大賞」も開催してきました。ジャンル横断的なドキュメンタリーを発掘するような批評活動を本やサイトにしていきたいです」。

新しいドキュメンタリーの試み

誰もが撮影やデジタル編集ができる今、これからはどんなドキュメンタリーが求められていくのだろうか。「編集によって何か新しいものを生み出していくスタイルも始まっています。編集室だけで映画ができちゃうような。極端に言えば、自分で撮らなくてもいいじゃないか、というぐらいに（笑）。例えば山形でも大賞をとった『シリア・モナムール』では、YouTuberたちが撮影した映像を通して物語が展開していきます。監督は亡命してシリアを離れているので実際には現地にいなくて、向こうからシマブという女性が血を流しながら送ってくる映像を編集し、そこに自分の言葉をコメンタリーとして重ねることで、批評的なエッセイ映画を作っています。でも、それもアーティスティックなドキュメンタリーの営みなんです。僕も来週から、今教えている慶応大学の授業で学生20数人で1本のダイレクトシネマを撮ることを考えています。学生たちにある施設や場所に行ってもらい、それぞれ5分ずつくらい撮ってくるんです。ダイレクトシネマの四原則（ナレーション、字幕、サウンドトラック、インタビューを使わない、など）だけは決め

ておいて、ワイズマンの『ニューヨーク、ジャクソン・ハイツへようこそ』のような作品を20数人で作るんです。作品の監督が一人でなくてはいけないだとか、ディレクターがいるってこと自体も解体するという試みです」。

エッセイ映画という可能性

「ペドロ・コスタ監督の作品はほとんどフィクションに見えますが、『ホース・マネー』などで実際のカーボ・ヴェルデ出身の移民たちが自分自身を役として演じていくうちに、彼らの記憶の真実にたどり着いている、という意味では、"彼らの記憶"というものを記録している、という言い方ができるわけです。歴史上、最初のドキュメンタリーでフィクション的な手法を用いたフラハティに近いですよね。もしかしたら、フラハティがやっていた試みを今ペドロ・コスタがやっているのかもしれません。その方面での試みでは、まだまだ新しいことが、できると思います。いま可能性を感じているのは、"エッセイ映画"です。既にある現実を映したファウンド・フッテージを使いながら、言葉の力で映像素材を異なる文脈へと組み替えていき、本を書くように映画を撮っ

ていきます。本の批評や評論や研究論文を書くように、光と音で論文を書く、という感じです。最近そういう作品が結構ありますね。3年ぐらい前に山形で上映していたダニエル・フイ監督の『蛇の皮』やクリス・マルケルの映画もそうです。エッセイ映画と言い始めたのも、マルケルに影響を受けた人たちですしね。僕の作った『ベオグラード1999』もそういう映画です。10年間その時々撮り溜めていた映像を後で振り返って、こういう文脈にしてみようと考えて、あとで物語として再構成した映像なんです」。

ドキュメンタリーには何ができるのか

「原一男監督の『ニッポン国VS泉南石綿村』は、国家権力を描くことで、テレビ局や新聞のような大きなマスメディアができないような、そこから漏れているような弱い声あるいは叩かれてきた人たちの声をすくい上げて、それをスクリーンに映し出しました。国家権力と言っても、すみません、って頭を下げるだけの下っ端の役人みたいな人たちでしたけれど（笑）。また原監督は、作品で既存のメディアでは叩けないやり方で権力を暴いたり、鉄拳を食らわしたりしている。しかも意識的に作っていると仰ってました。個人に近い形でやっているドキュメンタリーは、そんな力を持っているんです」。

自身の未来について

「最近、映画とは違うところに興味がいっちゃって（笑）。民族誌学とアートが面白くなってきていると感じています。僕にとって、アーティストのアピチャッポン・ウィーラセタクンとの出会いが大きかったですね。暗闇で1つのスクリーンを見ることの不自由さを感じていて、写真を撮ったりオブジェを作ったりして、その一部として映像もある、というインスタレーションの方が自然なときもあるのではないか。作る方も批評を書く方も、自由を感じます。また、いまアルフォンソ・リンギスという旅する哲学者の翻訳もしています。そういう人たちの方に、今強く惹かれているところです」。

東京ドキュメンタリー映画祭 2018 ＠新宿 K's Cinema
2018年12月1日（土）〜14日（金）　http://tdff-neoneo.com

CHANGE
4-7

SUNNY FILM

クリエイティブ・ドキュメンタリーを配給するサニーフィルムは、映画を通じてあらゆる角度から世界を見つめ、多様性を伝える

映画を通して様々な生き方を届けてくれるのが配給の仕事であるが、その中でも若さと独特の「視線」で注目されている会社のひとつが、2017年に始まったサニーフィルムである。故郷シリアの戦禍を逃れ亡命した映画作家と政府軍に包囲された町に住む女性が生み出した映像叙事詩『シリア・モナムール』(2014)、レジャーとして野生動物を狩猟する人間たちを冷徹に描いた『サファリ』(2016)、2017年に逝去したナチス宣伝大臣ゲッベルスの秘書ブルンヒルデ・ポムゼルの独白『ゲッベルスと私』(2016)、そしてブータンの小さな村で異なる価値観や夢に葛藤する親子のドキュメンタリー『ゲンボとタシの夢見るブータン』(2017)など、全く違う背景の世界観でありながら、そこには共通する「視線」が感じられる。映画ひとつひとつの中には、そんなドキュメンタリストが命がけで刻んだメッセージが折り綴られていることを、代表の有田浩介氏は教えてくれた。

Chapter 4 CHANGE

「それは、見るという本能を刺激するものです」

有田浩介(左)、アルム・バッタライ(中央)とドロッチャ・ズルボー(右)

Kohsuke Arita

映画配給/宣伝/ライセンス事業　サニーフィルム/有田浩介

大学卒業後、2004年より株式会社ドリーミュージック宣伝部に入社。2007年にフリーランスへと転身。2007年から2010年までの3年間、約200タイトルの音楽契約、宣伝、流通業に携わる。2010年にサニー映画宣伝事務所名義で映画宣伝へと転職し、国内外のドキュメンタリーを中心にパブリシティー業務に従事する。2015年に『シリア・モナムール』を「テレザとサニー」名義で初配給する。2017年サニーフィルムへと改名し、ドキュメンタリー配給を専門にする。2019年3月にベイルートの超高層ビルの建設現場で働くシリア人難民を捉えた黙示録「Taste of Cement」(原題)をユーロスペースにて公開、配給予定。https://www.sunny-film.com

『シリア・モナムール』 © 2014 - LES FILMS D'ICI - PROACTION FILM　配給宣伝 テレザとサニー

『シリア・モナムール』耳を傾けないと聞こえてこない声

　映画業界には作家のメッセージを観客に届ける仕掛け人「配給」がいる。ここ数年、ドキュメンタリー映画を続けて配給している「サニーフィルム」の代表、有田浩介氏もその一人。彼はそれまでレコード会社での宣伝やライセンスなどを扱う業務に従事しており、その後フリーランスで映画宣伝業に携わり、『死なない子供、荒川修作』(2010)などのアートドキュメンタリーや、ユーロスペースで長らく映画宣伝を務めていた大竹久美子氏による「テレザ」とユニットを組んだ「テレザとサニー」名義で映画宣伝を数多く手がけるようになる。2015年の山形国際ドキュメンタリー映画祭 (YIDFF) で彼らは、シリア内戦を描いた『シリア・モナムール』に出会い、初めての配給を手がけることになる。故郷シリアの戦禍を逃れてパリに亡命した映画作家オサーマ・モハンメド、SNSを通じてオサーマとコンタクトするシリア政府軍に包囲された町ホムスに住む女性シマヴ、YouTubeに投稿された「1001人のシリア人」たちが撮影した断片的な映像が織りなす壮大な本作は、見事その年の優秀

Chapter 4　CHANGE

『サファリ』 WDR Copyright © Vienna 2016

賞を受賞した。「映画を選ぶ際、一番大切にしていることは、最も感情を揺さぶる作品を探すことです。怒りは好きではないので、楽しさ、悲しさ、切なさ、優しさのどれかの感情で自分に刺さるものを求めている気がします。ドキュメンタリーの良さは、気をつけないと見過ごしてしまうことがそこにあり、耳を傾けないと聞こえてこない声があること。世界の片隅で起きていることは、世界の中心を感じることができるからです」。『シリア・モナムール』の中に溢れる"静謐な寂しさ"に衝撃を受けた彼らは、プロダクションへ直接交渉を敢行。テキサス州で育ち、湾岸戦争真っ只中の時期をアメリカで過ごし、もともと中東の作品と関わりたかったという有田氏とミニシアター時代を支えてきた大竹氏の熱い想いはプロダクションへ伝わり、「パッションに感動しました。ぜひあなたたちと仕事したいわ」という言葉を勝ち取ったという。

『サファリ』映像を観ることで生まれる可能性

『サファリ』はオーストリアの鬼才ウルリッヒ・ザイドルが白人ハンターたちに

289

『ゲッベルスと私』 © 2016 BLACKBOX FILM & MEDIENPRODUKTION GMBH

追った作品である。幼少期からアメリカでの狩猟に慣れ親しんでいた有田氏は、2016年の東京国際映画祭で出会った瞬間から、狩猟を通じて人の内面を描いたこの作品に魅入られ、配給を決意した。観光目的で野生動物の狩猟を楽しむトロフィー・ハンターと、獲物の毛皮を剥ぎ肉を食べる現地人の描写など、過激な表現は映画祭の会場でも賛否を生んだ。「最初に観た印象は、白人ハンターたちが何を自己弁護をしているのか理解できない、ということでした。この作品は食肉や解体の残酷なシーンが本質ではなく、ハンターという人間の内面にある愚かさを冷徹に追うことだったんです」。実際に有田氏が劇場へ公開を交渉した際、「こんなもの観たくなかった」と言われることがあったというが、目を背けたくなるような映像の向こう側にあるメッセージを知らせることがはるかに大切だと思い、東北から九州まで上映を決行。「ドキュメンタリー作品を観て考えさせる機会には、大きな可能性があるんです」。

『ゲッベルスと私』 自分が変わることで世界は変わって見える

2018年に公開した『ゲッベルスと私』は、ナチス宣伝大臣ゲッベルスの秘書ブルンヒルデ・ポムゼルの独白をモチーフにしたドキュメンタリーである。ゲッベルスが指示した虐殺について彼女は「何も知らなかった」と重ねる。その後にワルシャワの虐殺場面がインサートされ、再び彼女の美しい皺が刻まれた表情が映される。彼女の言葉が真実か嘘かは本質ではなく、「その場にいたら人はどうなるか。そういう彼女が背負ったものや知らなくてはいけないものを届けることに意義があるのだ」と有田氏は語る。「自分程度の映画配給で人や社会を変えることを声高々に語るのはおこがましいですが、僕は自分自身が変わることを目標に仕事をしています。人や社会を変える前に自分が変わることで、世界はおのずと変わって見えるからです。そういう意味で、サニーフィルムの配給は自分自身のムーブメントであり、そこに何かしら感じてもらえたら幸せなことです」。本作と同じくナチス政権の時代を問う、アイヒマン裁判の記録フィルムを編集した『スペシャリスト ～自覚なき殺戮者』(1999)が話題になったのも、アイヒマン

の発言が真実かどうかではなく、戦争という時代から生まれた"悪の凡庸さ"の恐ろしさを浮かび上がらせ、「恐怖」という本能を喚起するからであろう。有田氏は続ける。「ドキュメンタリーはトレンドではなく、観るという欲求を刺激する本能的なものなのです」。

『ゲンジとタシの夢見るブータン』 変わることで生まれること

2017年のアムステルダム国際ドキュメンタリー映画祭(IDFA)で有田氏は『ゲンボとタシの夢見るブータン』と出会い、その場で共同監督のアルム・バッタライ(ブータン)、ドロッチャ・ズルボー(ハンガリー)と日本での配給を約束した。有田氏は世界各国から300作品以上集まるIDFA滞在中に、40本以上の作品を観たが、センセーショナルな作品が多い中、なぜかずっとこの小さな映画が脳裏をよぎり、主人公である兄妹の人生に思いを馳せていたという。「近代化のブータンを生きる若者たちを描いたこの作品から、兄弟の関係の美しさに感銘を受けました。ちなみに英題は『The Next Guardian』でしたが、僕は作品の印象から邦題を『夢見るブータン』としまし

た。これは偶然だったのですが、原題の
ゾンカ語のタイトルにも"夢"という言葉
が入っていたんです」。アルムとドロッ
チャは欧州3カ国（ポルトガル、ハンガ
リー、ベルギー）から成る大学間連合が
始めた国際修士過程Docs Nomadsの
第一期生。国籍も宗教も違う学生たち
が3カ国をまわって協働する「他者を認
める姿勢」に、有田氏はいたく感動した
という。2015年にIDFAでおこなった
ピッチで見事賞金を獲得後、世界7カ国
のDocピッチングイベントに参加し、合
計6つの財団から資金を獲得。2016年
には6カ国目として日本のTokyo Docs
にも参加。数多くのピッチ行脚を重ねる
中で様々なアドバイスをもらい、初期の
構想では『STORIES FROM FIELD』と
いう英題でブータン人少女によるサッ
カー青春物語だったものが、3度の変遷
を経て兄妹に主軸を置いた現在の物語
になった。有田氏は本作を公開するにあ
たって、"視線"をどこに持っていくべき
か悩んだ時、自身の母親に本作を見ても
らったという。すると母親から「いつの
世も、どこの国の親も、子どもの幸せを
願ってる」という言葉が届いた。母の暖
かい視線が詰まった言葉が疑問への答え
となり、そのままメインコピーとして全
国の映画館を飾ることとなったという。

最近のドキュメンタリーの傾向

有田氏が配給者として大切にしているの
は、「常に新しいテーマにチャレンジ
すること」。興行なので自分本意になっ
てはダメだけれど、新しいテーマと出会
い刺激を受けないと始まらないという。
「ドキュメンタリー配給の傾向は、業界
ではなく配給者自身にあるのだと思い
ます。僕はプロデューサーではないの
で製作の傾向は専門的には語れません
が、肌感覚として近年では東ヨーロッ
パのドキュメンタリー製作に勢いがあ
る気がします」。有田氏によると、映画
祭でよく見る良作映画にはハンガリー
を拠点とする「HBO EUROPE」のロゴ
が入っているという。YIDFF2018で優
秀賞のアンナ・ザメツカの『祝福～オラ
とニコデムの家～』(2016)、IDFA2017
グランプリの『The Other side of
Everything』(2017)、『ゲンボとタシの
夢見るブータン』、その共同監督ドロッ
チャの新作『Easy Lessons』(2018年ロ
カルノ国際映画祭批評家週間にてプレ
ミア上映)は全て東ヨーロッパ製作の作
品である。「共通していることは、とに
かく撮影が綺麗でポスプロが優れてい
ること。例えば『ゲンボとタシの夢見る
ブータン』の編集と音楽は、『心と体と』

（2017）のエニェディ・イルディコー監督らのチームによってポスプロされています。最近のクリエイティブ・ドキュメンタリーはとにかく洗練されています」。今後は国際共同製作で誕生する世界のドキュメンタリーを注意深く見ていきたいという有田氏。「国をまたいで資本を募り、国籍や文化が違うクリエイターやプロデューサーがタッグを組んで作る作品には普遍性があると思います。不寛容や自国最優先を掲げる社会において、国境を越え、他者性を認めて製作されることに魅力を感じますしメッセージ力があります。日本のマーケットだけでなく、映画祭をはじめ世界のマーケットでビジネスをしてもよいと思います。少なくとも、そのようなことをやっている会社は少ないのでチャンスだと思っています」。

シリア・モナムール　配給：テレザとサニー

シリア・フランス合作 / 2014 / 監督：オサーマ・モハンメド、ウィアーム・シマブ・ベデルカーン

フランスに亡命したオサーマ・モハンメド監督と、シリア内戦の激戦地ホムス在住のクルド人女性ウィアーム・シマヴ・ベデルカーンの共同作業による異色ドキュメンタリー。山形国際ドキュメンタリー映画祭2015インターナショナル・コンペティション部門優秀賞受賞。

サファリ

オーストリア / 2016 / 監督：ウルリッヒ・ザイドル

野生動物を狩猟するトロフィー・ハンティングに密着したドキュメンタリー。アフリカの草原で群れをなす野生動物たちを嬉々として狩猟するハンターたち。値段が付けられた野生動物を殺すことを趣味や娯楽とするオーストリア人とドイツ人のグループ、案内するナミビアのリゾートホテルのスタッフ、狩猟した動物の毛皮を剥ぎ、余った肉を食べる現地人。そんな人間たちにカメラが肉薄していく。

ゲンボとタシの夢見るブータン

ブータン・ハンガリー合作 / 2017 / 74分 / 監督：アルム・バッタライ、ドロッチャ・ズルボー

「世界一幸福な国」ブータンを舞台に、親子の葛藤を描いたドキュメンタリー。寺院を継ぐことを思い悩む16歳の少年ゲンボ、自らを男の子だと考えサッカー代表チームを夢見る15歳の妹タシ、子どもたちの幸せな将来を願う父親。子どもたちの思いと親の願いは、静かに衝突する。

※『ゲッベルスと私』の作品情報はp125を参照

CHANGE 4-8

ドキュメンタリズムの解剖学
竹岡寛俊 / 太田信吾 / 日向史有

第4章の「ドキュメンタリズムの解剖学」では、今活躍する3名の若手ドキュメンタリストたちを分析する。テロリストを多く輩出するパンキシ渓谷の人たちを8年以上追い続け、欧米とは違った日本人の視点が評価されて2017年 Tokyo Docs 最優秀企画賞受賞した竹岡寛俊。世界的に社会問題となった移民というテーマに「在日クルド人」という切り口で真っ正面から取り組み、Tokyo Docs ショート部門で優秀賞を受賞、その3ヶ月後に記録的なスピードでテレビ放映が決定した日向史有。友人であるミュージシャンの挫折と死を撮影し、命がけで届けようとしたメッセージをどのような形にすればいいのか、悩み続けた太田信吾。彼らはみな、映画祭やフォーラムに参加した経験によって、世界への繋がりや作品完成へのヒントを得ることができた。

Chapter 4　CHANGE

Hirotoshi Takeoka
竹岡寛俊

1984年、大阪生まれ。2010年からパンキシ渓谷の人々の取材を始め、深い信頼関係を築く。2016年、チェチェン紛争からの復興を目指すパンキシ渓谷の人々を描いたドキュメンタリー『カメラマン渡部陽一がたどる再会の旅路 秘境大コーカサス山脈 チェチェン人の心と暮らし』(BSジャパン)でATP優秀新人賞を受賞。2017年には『Mothers of Change』でTokyo Docs 最優秀企画賞を受賞。

Shingo Ota
太田信吾

『わたしたちに許された特別な時間の終わり』がYIDFF2013アジア千波万波部門に選出。ニッポンコネクション（ドイツ）をはじめ、世界12ヶ国で公開。他『解放区』『Candle For Minority』『大津city今恋心』等を監督。2017年にはTVドキュメンタリー『旅旅しつれいします。』(NHK総合)の演出も担当。俳優として「チェルフィッチュ」や「劇団、本谷有希子」に出演。2019年には自身の演劇ユニット「ハイドロブラスト」の第1回公演『領土』を予定。http://hydrob ast.asia

Humiari Hyuga
日向史有

ドキュメンタリージャパン所属。東部紛争下のウクライナで徴兵制度に葛藤する若者たちを追った『銃は取るべきか（NHK BS1）』や在日シリア人難民の家族を1年間記録した『となりのシリア人（日本テレビ）』を制作。2017年、18歳の在日クルド人青年のひと夏を描いた『TOKYO KURDS／東京クルド』で、Tokyo Docsショートドキュメンタリー・ショーケース優秀賞受賞。2018年、Hot Docs正式招待作品に選出。ギャラクシー賞選奨、ATP賞奨励賞を受賞。

『マザーズ オブ チェンジ』(仮)　竹岡寛俊

コーカサスの国、ジョージアとチェチェン国境近くにあるパンキシ渓谷を舞台に、IS戦闘員だったパンキシ渓谷を乗り越え、「テロリストの巣窟」と呼ばれた故郷を変えようと行動する母たちの姿を追った。主人公は二人の息子をシリアで亡くした母、レイラ。彼女はチェチェン紛争で当時十代だった息子たちと難民となり、パンキシ渓谷へと逃れてきた。しかし、息子たちは凄惨な紛争体験によってジハードへの憧れを抱いてしまう。911を皮切りに「テロリスト」と「正義」、二つの大義に分断されていった世界。

シリア内戦が始まった時、レイラの息子たちはシリアでの戦いを選んだ。村からはレイラの息子と同じようにシリアを目指す若者が後を絶たず、二百名を超える若者がISや他のテロ組織に加わった。息子たちの死後、「テロリストの母」として糾弾され、一度は人生に絶望してしまうレイラだが、残された家族や故郷のため再び立ち上がることを決意。一人の母親の変化は、他の母親やパンキシ渓谷全体の未来を左右する大きなうねりとなっていく。今も世界で続くテロリズムの根源と、人間の再生を見つめた。

変化を生むための時間、母親の時間

　力強いメッセージを繊細に織り込んでゆく注目の若手ドキュメンタリスト、竹岡寛俊。少年時代に祖父から聞いた「戦争の大義」に感じた疑念は、大学時代に訪れたコソボでハッキリと形となった。そこで目の当たりにした「嘘臭い正義感」で続く戦争の連鎖に翻弄されながらも命を輝かせる人々の姿に、竹岡はいつしか魅了されていった。それから過激派イスラム教徒が多かったチェチェンをもっと知りたいと思い、出身地として知られていたパンキシ渓谷に旅する。そこで彼を待っていたものは、銃撃戦でもテロでもなく、優しさに溢れた純粋な村人の愛だった。2017年度の Tokyo Docs 最優秀企画賞を受賞した竹岡の『マザーズ オブ チェンジ』(仮)は、そんなパンキシで「テロリストたちの母親」となった女性たちが村を変えようと奮闘するドキュメンタリーである。戦争を描いているにもかかわらず一切過激なシーンが登場しない彼のスタイルは、ベルリン国際映画祭で金熊賞を獲得したジャンフランコ・ロッシ監督の『海は燃えている〜イタリア最南端の小さな島〜』と近いものを感じる。そこに生きる人たちにとっては日常が全てであり、テロも大義名分も意味はない。『マザーズ オブ チェンジ』(仮)は日本以外の海外放送局との国際共同制作により、中東、ヨーロッパでの放映を目指している。彼の作品を観た世界中の人たちにどんな「変化」が訪れるか楽しみだ。

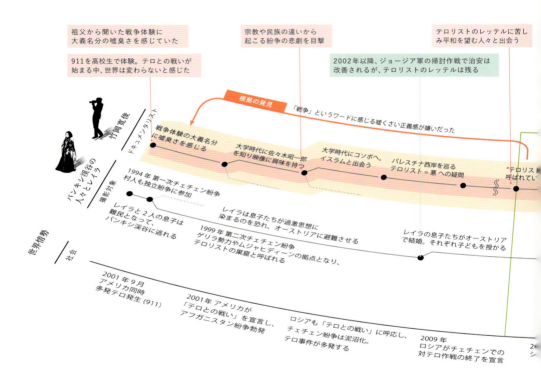

パンキシ渓谷
ジョージア東部カヘティ州の山岳地帯に位置する渓谷。イスラム信仰が盛んで、チェチェン系のキスト人を主な住民とし、第二次チェチェン紛争時にはロシアから逃亡したチェチェン人ゲリラの潜伏先となる。IS司令官の一人であるアブー・オマル・アル＝シシャーニーの出身地。

佐々木昭一郎
映像作家、映画監督、元NHKドラマディレクター。立教大学経済学部卒業後、1960年、NHKに入局。ラジオの録音構成などを担当後、ラジオドラマで才能を開花させる。1967年、テレビに転じ、『明治百年』プロジェクトに参加。テレビドラマ第1作の『マザー』(1970)からは独自の感性でオリジナリティ溢れるドラマを次々に制作、熱狂的な指示を得る。1995年にNHKを退職後、文教大学教授に転じ2005年まで教壇に立った。2014年秋、初めての映画『ミンヨン 倍音の法則』を発表、フリーの映像作家、演出家として活動を続ける。1971年芸術選奨新人賞、1976年テレビ大賞個人賞など。

IS
「イスラム国家」樹立運動を行うイスラム過激派組織。ISIL、IS、ISIS、ダーイシュと呼称される。2006年にアルカイダ系のイスラム過激派組織から派生し、シリア領内のラッカを「首都」と宣言。2017年10月には首都ラッカがシリアの反体制派シリア民主軍によって完全制圧された。

コソボ
ユーゴスラビアのセルビアに属していた自治州の1つで、2008年2月17日にコソボ議会により独立を宣言。国民の9割以上はアルバニア人で、大半がイスラム教を信仰している。

Chapter 4 CHANGE

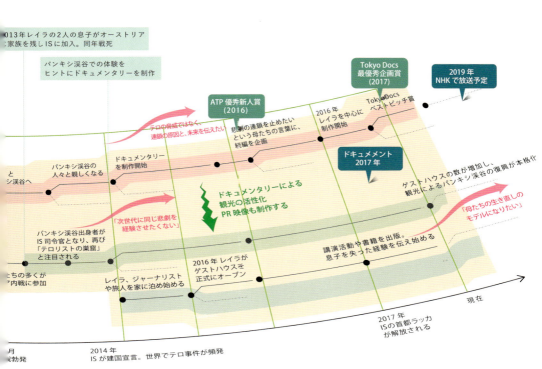

セルビアからの独立を巡る紛争で、数十万のアルバニア住民が難民となった。

パレスチナ
地中海東岸のシリア南部に位置するパレスチナ人による自治機関。第1次中東戦争で難民となったパレスチナのアラブ人が「パレスチナ解放機構」を組織し、闘争の末、オスロ合意によって1994年に「パレスチナ自治区」が設立された。2000年以降再びゲリラ戦が再燃し、和平交渉が停止状態に。

ムジャヒディーン
ジハードに参加する戦士たちのことを指す。チェチェン紛争では中東や旧ソ連圏内から、多くのムジャヒディーンがチェチェン紛争に参加。チェチェン民族の独立を目指した紛争は、次第に宗教戦争の色味を増していく。

チェチェン紛争
チェチェン共和国がロシア連邦内から独立した際に起きた紛争。ロシア軍の侵攻に対する独立派武装組織によるテロ活動が激化し、ソ連解体後のロシアで起きた民族紛争で最も激しい戦闘となった。09年までに未解決のまま戦闘は終結した。

シリア内戦
シリアで2011年3月15日より始まった政府軍と反体制派らによる武力衝突。2011年3月に起きた「アラブの春」が飛び火。40年以上続いたアサド独裁政権に対して改革を要求するも軍・治安部隊の力で激しく弾圧。「自由シリア軍」など、民主化を求めて武器を取る者たちが現れるようになった。

299

『わたしたちに許された特別な時間の終わり』 太田信吾

私はこれまで覚えている限り、自殺未遂を二度しています。一度目はフランスのトゥーロンという街で、失恋の果てに大量の薬を服用して。二度目は自宅マンションのベランダから、就職活動に失敗した困難の果てに飛び降りようと。いずれも失敗に終わって今も生きているのですから、どうやら私には、自殺の才能が、とにもかくにも欠けているのでしょう。そんな私を尻目に、自殺で早々とこの世を去っていった親友の、残された人間への思いやりに満ちた自覚的な生き様（死に様）に触れ、そのことを痛感した次第です。それじゃあいったい、私には何の才能があるんだ？　何の才能もないかもしれません。でも、もはやそんな言葉遊び、私にはどうだってよいのです。だって、私が、あなたが、感じたこと、それだけでもうすでにフルスロットルの真実じゃないですか？　才能があろうとなかろうと、真っすぐに信念を貫き通した人間の、無様な美しさを伝えたくて、そしてもうひとつ、なぜ人は自ら死を選ばなければならないのか、その理由を探りたくて、命がけで作ったので、命がけで観てください。

『わたしたちに許された特別な時間の終わり』（日本 / 2013 / 119分）

Chapter 4　CHANGE

『わたしたちに許された特別な時間の終わり』(日本／2013／ :19分)

命をかけた、信念の美しさについて

卒業制作でイメージフォーラムフェスティバル優秀賞・観客賞を受賞し、チェルフィッチュの俳優としても活躍する太田信吾は、ドキュメンタリーと演劇を繋ぐ才能として高く評価されている。そんな彼にLIVEを撮影してほしいと連絡してきた増田壮太は、高校時代から華やかな音楽のキャリアを持つ憧れの先輩であった。やがて太田は増田のドキュメンタリーを撮り始め、そこへ高校の友人であった冨永蔵人と増田がバンドを組んでそれを太田が撮るなど、ささやかな青春時代のやり直しが始まる。「カメラをコミュニケーションのツールと捉え、人間関係が変化してゆく様を描きたい」と語る太田にとって、撮影という行為はコミュニケーションであると同時に、成功を夢見る途中で情緒不安定になってゆく増田と寄り添う手段でもあった。しかし太田に突きつけられた現実は、あまりにも残酷であった。「映画を完成させてね」と遺書を残し増田壮太は自殺。太田はその後映画を完成させようと3年以上苦悩することとなる。自殺で途切れた映像を持って途方にくれた太田は、DD Centerが主催するイベントで、フィンランド人プロデューサーのイーッカ氏から「亡くなった彼にどう立ち向かうか、君の主観を大切にしなさい」という言葉をもらい、フィクションを織り交ぜたレクイエムを完成させることになった。本作はやがてYIDFFをはじめ12ヵ国で上映され、全身全霊で音楽にぶつかり続けた増田の歌声は世界中に届くこととなる。

イーッカ・ヴェヘカラハティ　フィンランド公共放送ＹＬＥのドキュメンタリー・プロデューサー。『ダーウィンの悪夢』、ヴェルナー・ヘルツォーク監督が盟友クラウス・キンスキーとの交流を描く『キンスキー、わが最愛の敵』など、数々のドキュメンタリーの傑作を生み出した名プロデューサー。

チェルフィッチュ　劇作家、演出家、小説家である岡田利規が主宰を務める演劇ユニット。チェルフィッチュ主宰。岡田利規が全作品の脚本と演出を務める演劇カンパニーとして1997年に設立。自分本位という意味の英単語セルフィッシュ（selfish）が、明晰に発語されぬまま幼児語化した造語。01年3月発表『彼等の希望に瞠れ』を契機に、現代の若者を象徴するような口語を使用した作風へ変化。07年5月ヨーロッパ・パフォーミングアーツ界の最重要フェスティバルと称されるKUNSTENFESTIVALDESARTS2007（ブリュッセル、ベルギー）にて『三月の5日間』が初めての国外進出を果たす。

ドキュメンタリー・ドリームショー2012　隔年で開催されるドキュメンタリー映画の祭典、山形国際ドキュメンタリー映画祭。その翌年に東京で行われる恒例イベントが「ドキュメンタリー・ドリーム・ショー」であり、その年の良作と独自プログラムを加えて開催される。

Chapter 4 CHANGE

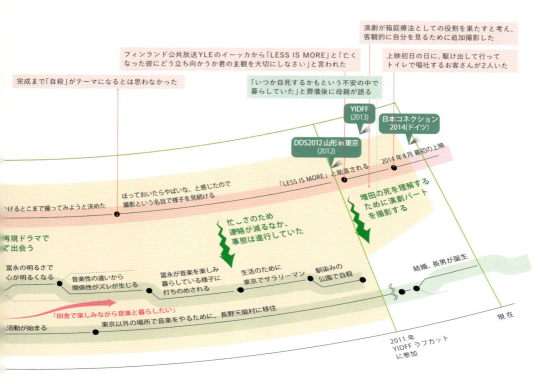

ニッポン・コネクション ドイツ、フランクフルトで開催される世界最大の日本映画祭。第17回映画祭での上映作品数は100を超え、16,000人を超える来場者数を記録した。

河瀨直美 日本の女性映画監督。奈良県在住。1997年「萌の朱雀」で、第50回カンヌ国際映画祭で、カメラ・ドール(新人監督賞)を史上最年少27歳で受賞。2007年「殯の森」が第60回カンヌ国際映画祭でグランプリを受賞。2013年には、審査員としてカンヌ国際映画祭に参加。最新作は生まれ故郷である奈良県を舞台にジュリエット・ビノシュと永瀬正敏をダブル主演に迎えた『Vision』。

増田壮太 類稀なるソングライティング力を持ち、2000年にはロックバンド「おきゃんぴー」に参加して「YAMAHA TEENS' MUSIC FESTIVAL」で全国優勝を成し遂げるも、2010年12月に逝去したシンガーソングライター。彼が作った楽曲は生前には世に出ることはなかったが、タニザワトモフミが所属するバンド・SPACE LIKE CARNIVALによってカバーされたりと、死後も各方面で影響を与えている。

303

日向史有 『東京クルド』

2016年、日本での難民申請者数は過去最多を記録した一方で、認定者数は28人。世界でも類を見ない少なさである。トルコ系クルド人となると難民認定されることはほとんどない。20年ほど前から埼玉県川口市を中心にコミュニティを作り、今では1500人を超えるという彼らの多くは、難民ではなく「不法滞在者」だ。定期的に入国管理局に出頭することを条件に、滞在がかろうじて許されている。いつ入管に収容されるかわからない状況。トルコに帰国すれば拘束され、処刑される可能性も

ある中、彼らは日本で生き続けている。本作の主人公・オザン（当時18歳）もそんなクルド人の一人だ。12年前に来日したオザン一家は、同じ境遇に生きる人々と共に、自分の存在意義について自問する日々を送り続ける。就労ビザは与えられず、いくら努力をしても、どんなに将来を思い描いても、チャンスすら与えられない。2017年、夏。彼は密かに抱いていた夢を口にする。クルド人としての居場所のなさに葛藤しながら、一歩踏み出そうともがくクルド人青年のひと夏を見つめる。

(上) オザンの仮放免許可書
(下) 芸能事務所での面談に向かう前のオザン

『東京クルド』より

夢見ることさえ許されない青年の姿に、何を思うか

「国家を持たない世界最大の民族集団」と呼ばれるクルド人。日本で不法滞在者として生きる彼らに、ドキュメンタリスト日向史有が寄り添い、カメラを回す。学生時代に世界を放浪し、民族のアイデンティティについて強い関心を持った彼が、居場所を求め続ける在日クルド人の青年オザンに惹かれたのは必然的なことであった。タレントを夢みる「普通」の若者の夢と挫折を追ったこの作品は、Tokyo Docsショートドキュメンタリー・ショーケースで優秀賞を受賞後、約3か月という記録的なスピードで放映が決まる。その後も躍進は止まらず、北米最大のドキュメンタリーフェスティバルHot Docsでの発表を遂げた今、オザンの姿を通して在日クルド人の現実は世界中に知られることとなった。「BS世界のドキュメンタリー」で放映された『山の民クルドの孤独』は、イギリスに亡命したクルド人映画監督ケイ・バハールが同胞たちの苦難に触れてゆく物語だったが、日向が撮影したクルド人青年オザンは、むしろ日本で育ちながらこの国を故郷と思えないフラストレーションに苦しめられていく。「イスラム国と戦う彼らは俺の憧れです」と語るオザンの姿には、「山の民」にさえなれず、アウェイの現実を生きる新世代の持つ心の葛藤が、生々しく映し出されている。

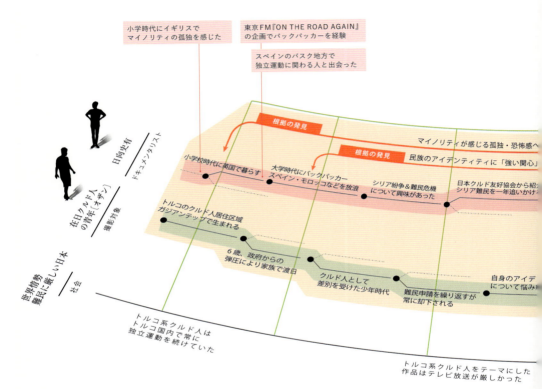

在日クルド人
日本に一定期間在住するクルド人。帰化や亡命した人、およびその子孫が居住している。日本クルド文化協会によると難民などで構成される在日クルド人の数はおよそ2000人とされる。特に埼玉県蕨市や川口市を中心とした埼玉県南部には、90年代にトルコ政府の迫害を恐れたクルド人たちが来日し、トルコ国籍のクルド人の難民約1300人が集住している。

ガジアンテップ
シリアに隣接する、トルコ南東部の街。川口在住のクルド人にはガジアンテップ出身が多い。イラン・イラク戦争によって多くのクルド難民がトルコに流入した。

トルコでのクルド人独立運動
トルコ政府は「トルコはトルコ人の国家」と自負し、クルド人を「山岳トルコ人」と呼び同じ民族であると主張した。そのためクルド人は公的空間で自分たちの文字を使用することやクルド人であるといった主張をすることが禁じられた。

山の民
クルド人居住区はおもにイラク北部・北西部・トルコ東部・シリア・アルメニアの一部にまたがり、まとめてクルディスタンと呼ばれるが内陸の山地が多いので、しばしば「山の民」と呼ばれる。イラクからイギリスに亡命したクルド人の映画監督ケイ・バハールのドキュメンタリー『山の民クルドの孤独』はスレイマニヤ国際映画祭でグランプリを受賞した。

Chapter 4　CHANGE

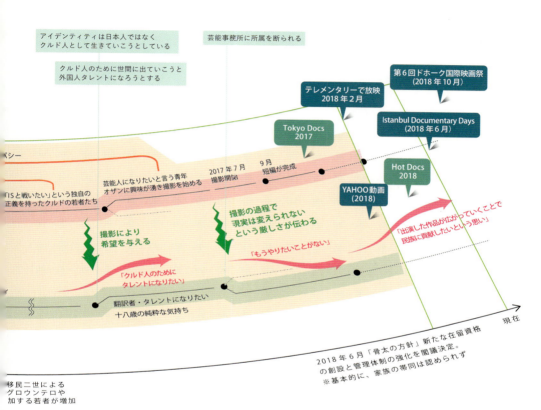

骨太の方針
経済財政運営の指針として、外国人労働者の受け入れ拡大に向けた新たな在留資格の創設を盛り込んだ方針。農業、建設、宿泊、介護、造船の5分野を対象に、業界ごとに実施する技能試験と日本語試験に合格すれば最長5年の新たな在留資格を取得でき、計10年間の滞在が可能となるケースもある。

移民局
日本における出入国管理、外国人登録、難民認定という外国人関連の行政事務を併せて管轄する法務省の内部部局。一般的な略称は「入管」。2019年4月より入国在留管理庁に格上げする。日本政府は一貫して親日のトルコ政府側に立つため、クルド人を日本政府は難民と認めていない。

テレメンタリー
ANN系列のドキュメンタリー番組。1992年から開始し、系列各局が週替わりで製作を担当し、地域性を重視した独自の社会派ドキュメンタリー作品を毎週30分放送している。

日本クルド友好協会
日本とクルディスタンの経済協力並びに文化交流を目的に2009年に設立された協会。日向はここで在日クルド人2世のオザンと出会う。http://www.jpn-krd.org/jpn

ホームグロウン・テロリズム
国外の組織が起こすテロリズムではなく、国外の過激思想に共鳴した、国内出身者が独自に引き起こすテロリズムのこと。

『Digital Me, Who Are You?』 http://digitalme.heliosdesignlabs.com/

ポリフォニーな未来：
複雑なものを複雑なまま、扱うこと。

アフリカ難民救済を目的に行われた20世紀最大のチャリティーコンサート『ライヴエイド（LIVE AID）』から、AppleコンピュータやBBCとの共同プロジェクトまで、インタラクティブ・ドキュメンタリーの第一人者としてi-Docsを共同設立し、変わりゆく世界を見つめ続けるジュディス・アストン。ポスト・トゥルースの時代に、新しい地平線で生きるドキュメンタリストは社会とどのように繋がってゆくのだろうか。変化の中で確かな「未来」を見つけるために、どう生きればいいのだろうか。この本を閉じる前の最後の言葉として、ドキュメンタリーの可能性について考え続けるアストン女史の言葉を書き記したい。

Judith Aston
ドキュメンタリー研究者　ジュディス・アストン

インタラクティブ・ドキュメンタリーのフォーラム「i-Docs」の共同ディレクター。イギリス国営放送BBCやAppleコンピュータ、Virginパブリッシングなどと共にインタラクティブ・ドキュメンタリーの草分け的な作品を作りながら、コミュニティの発展に誰よりも深い理解とビジョンを持つ。2003年には「インタラクティブ・ドキュメンタリー」をテーマに博士号を取得。その後2011年に第一回目のi-Docsシンポジウムを開催。i-Docsの戦略的な発展など様々な形で貢献しながら、西イングランド大学の主任講師として学生の指導と様々なリサーチプロジェクトを展開している。http://i-docs.org

インタラクティブ・マルチメディアは新しいリテラシーを作り出す

「信じられるリアリティ」さえ、それぞれが選ばなくてはいけないポスト・トゥルースの時代がいつのまにか到来している。現代的な方法論でドキュメンタリーを捉え直すインタラクティブ・ドキュメンタリーの先駆者として、ジュディス・アストンは急速に変化する世界をどう見ているのだろうか。「この20年間で大きく変化したことを1つ挙げると、携帯電話やパーソナルコンピュータ、インターネットの登場が世界を席巻したことです。文明批評家マーシャル・マクルーハンがこれらを "私たちの意識を拡張するテクノロジー" と称したように、新しい技術の産物たちは、私たちがどのように行動し、どのように世界を知覚するかについて、影響を及ぼしてきました」。

　Appleのコンピュータを誰よりも早く使い始めたというアストンは、コンピュータやインターネットが知識へのアクセスを民主化し、人生をより良くするというユートピア思想を持ち続けてきたという。彼女は1987年にAppleコンピュータのビル・アトキンソンが開発したハイパーテキストを実現した最初の商用ソフトウェア『HyperCard』を愛した一人でもあり、インタラクティブ・マルチメディアがアイデアや新しい方法論を生み出す可能性を秘めたものだとすぐに気が付いていたという。「そこは上下関係のない世界で、クリックひとつで様々な視点で世界を探索できる可能性が溢れていたんです。そういった技術はまた、あらゆる種類のメディアをシームレスに融合させ、コミュニケーションと思考を豊かにする新しいリテラシーを作り出してくれました」。

学部修了後にアストンは、AppleコンピュータとBBC（英国国営放送）、そしてケンブリッジ大学の共同による、ビデオディスクを利用した新しいコミュニケーション方法の開発に着手。その後、ミュージシャンのボブ・ゲルドフが主催していたアフリカ難民の救済を目的とした20世紀最大のチャリティーコンサート『ライヴエイド（LIVE AID）』の一環として、サハラ砂漠で生きる人たちへの教育プロジェクトに携わった。「約30年前にテッド・ネルソンが初めて "ハイパーメディア" という言葉を使ってXanaduプロジェクトによるインターネットの実用化を始めた時、彼は世界中の叡智を全ての人の手に届くようにしたいと考えました。しかし時が流れ、いつしか美しい

知恵の樹は一攫千金の舞台へと形を変え、企業と政治目的で利用する大人たちに植民地化されてしまいました」。それは、Appleのような神話を作ってきた会社のビジョンさえも超えてゆく出来事の連続だった。『銀河ヒッチハイク・ガイド』で知られるイギリスのSF作家ダグラス・アダムスはこのような現代を予言するかのように、テレビ番組『ハイパーランド』の中でテクノロジーがもたらす未来の姿をユーモアたっぷりに描いていた、とアストンは言う。「インターネットの開発者と称されるティム・バーナーズ＝リーは、今でも自分が思い描いた夢を形にしようと模索しているんです」。

個々のアクションが新しい未来の可能性を生む

アストンはここで、自分が予見できなかった2つの未来について語ってくれた。1つ目は、世界のグローバル化によって地球全体がひとつの村のように密接な関係を持つようになったというマクルーハンが提唱した「地球村」という概念が、巨大化する企業のグローバル資本主義と衝突したという現実だった。「体系的な民営化を進めようとしても、協力ではなく競争だけが生まれ、イギリスのEU離脱のように“自分たちだけで全てできる”という、助け合いとは正反対の精神性が生まれてしまっているのです」。彼女が予想できなかったもう1つの未来は、インターネット上にあげられた個人情報が政府や企業によって監視されるという現状であった。「人間のコントロールを超えた後戻りできない状況が訪れているのではないかという不安を感じています。人工知能やロボットの登場によって少しずつ人間の仕事が奪われたり、そんな社会の変化に世界は本当に適応できているのかどうか、そんな不安も芽生え始めています」。そんな個々のアクションの声が危うくなっている今の社会において、危機感を持った人たちの新しい活動も生まれている。主に西洋社会において、気象変動や環境汚染など生活を脅かす深刻な環境問題に抗うような草の根の政治活動が始まっているというのだ。「地域住民たちがみんなで助け合って自家製野菜を栽培する“コミュニティガーデン”の活動やヴィーガン思想の普及、また車の使用を控えて自転車を選択したりデジタルメディアを避けて昔ながらのレコードを復権させようとする人々が増えるなど、ひとつひとつの小さな変化が繋がり合って、新しいカウンタームーブメント

のネットワークが生まれているんです」。そこには古い権威に縛られず新しい秩序を作ろうとする努力があり、過去へ後退するのではなく、複雑化した世界を広い心で受け止めることが大切なのだとアストンは言う。「問題を解決するために知恵を集結できなければ、すべてを失うのは私たち全員です。i-Docsの役割は、競争し合うのではなく、お互いに助け合いながら新しい経験を生み出してゆくことにあるのです」。

変化とは「進化するプロセス」である

アストンは博士課程の学生であった頃、オックスフォード大学人類学者ウェンディー・ジェームズ教授と共に、変化や戦争、生存をテーマにした研究を行なっていた。それはインタラクティブ・ドキュメンタリーという手法を使い、常に変化するこの世界の視点を反映したアーカイヴに、「文脈」を与えてゆく作業であったという。「もともとジェームズ教授の研究には、スーダンとエチオピアの国境に暮らす人々を追った民族学的アプローチのものがありました。1960年代に彼女はこの地域で人類学者エドワード・エヴァン・エヴァンズ＝プリチャード博士の学生として働き始めたのですが、この頃の民族学のフィールドワークでは構造的機能主義が全盛を迎えていて、研究のために1年間対象の文化に身を置いてそこで得た経験を大学に戻って書いてゆく、というやりかたが主流だったのです」。そこには、"文化がどのように複雑化し形成されていったのか"を理解するためには、1年もあれば十分だという考えが根底にあった。しかしジェームズ教授はこの理論に真っ向から戦い、「長期的に続ける観察がなければ、民族学的な研究は不可能である」という趣旨の博士論文を書き、書籍まで出版した。彼女は、構造主義ではなく、「変化は連続的なもの」と捉える伝統的な人類学のアプローチの有用性について訴えたのである。「この頃私はビデオディスクを使ってサヘル地帯の研究を続けていました。そこで博士号審査教官であるケンブリッジ大学のアラン・マクファーレン教授から、ジェームズ教授に共通する"エスノグラフィ"という新しい観察手法について教えてもらいました。人類学的なアイデアや議論を伝えるためにインタラクティブ・マルチメディアの使用を検討していた私と、オープンリールやSuper-8フィルムなどさまざまなツールを使いこなしていた1960

年代からフィールドワークで活動してきた映像人類学者のジェームズ教授が、協同で
ケーススタディを行うことになったのです」。それは、インタラクティブな新しい方
法論で世界を捉えようとしていたアストンと、膨大なフィールドワークの遺産を正し
く追ってきた人類学者が"エスノグラフィ"というアプローチで繋がった瞬間であっ
た。「ドキュメントするということは、戦争などで自分の土地を追われた人々が、自分
たちの過去に触れることのできる機会を生み出すことを可能にしてくれます。政治
や宗教やイデオロギーによって、20世紀後半から世界中の人々がどれほど犠牲になっ
たのか、ミクロコスモス（小宇宙）の視点から眺めることもできます。人類学者がこ
の世界を見るように、マルチレイヤーにアーカイブされた映像や智慧へのアクセスを
可能にすることで、今と未来に対する様々な解釈が生み出されるんです」。変化とは
「進化し続けるプロセス」だと捉えるためには、この世界は流動的で開かれたものであ
ると認識することが大切だ、と彼女は語る。

「全てのものは変化し続けている」という現実に気づいた瞬間

イギリスの街レスターで白人中産階級の家に生まれたアストンは、安定と伝統という
言葉がよく似合う小学校で最初の教育を受けた。しかし中学校に進学する頃にレス
ターの教育制度が大きく変わり、多国籍の男女が集まる差別のない学校へ変化して
いったのだという。「イディ・アミンがウガンダから追放された1970年代のこの頃、
レスターにはアフリカやアジアから多くの人たちが流れ込んできました。しかし教
師たちはなかなか受け入れる心の準備ができていなかったようで、この地に偏在して
いた人種差別に不快感を抱いた私は大学で地理学を専攻し、多文化主義について正し
く知ろうと思うようになりました」。以前は白人中産階級が占めていたレスターには、
当時多くのグジャラート系の住民が流入していた。アストンはレスターに住むイン
ドのグジャラート出身者のコミュニティと知り合い、彼らの母国インドの生活がどう
違うのかを実際に現地へ行って比較調査をすることで、彼らへの差別意識を打ち消す
ことができたのだという。この子供時代の経験が、彼女をi-Docsでの人類学や多文
化交流のプロジェクトへ向かわせたとだとアストンは自ら語った。

インタラクティブ・ドキュメンタリーが与えてくれる多声的な「視点」

アイルランド国立大学ユニバーシティ・カレッジ・コークのFilm & Screen Media学科が発行するオンラインジャーナル『Alphaville』に、旧ロシアの哲学者ミハイル・バフチンが唱えた「ポリフォニー論」から見たインタラクティブ・ドキュメンタリーの新しい可能性に関する論文をアストン女史は寄稿している（『Alphaville』第15号。http://www.alphavillejournal.com/Issue15/EditorialAstonOdorico.pdf）。ポリフォニー論とは、ルネサンス期を中心に栄えた多声音楽のことで、各声部に異なる詩や言語、メロディーが対等に割り当てられ、複雑なカノンを構築するという考え方である。ではそれとインタラクティブ・ドキュメンタリーがどう関係するのだろうか？「インタラクティブ・ドキュメンタリーは、ポリフォニー的な深い議論を可能にしてくれます。ひとつひとつのメロディが複雑に絡み合うことで高度に精緻化されたテクスチャや構造が生まれるというポリフォニー論からの視点は、インタラクティブ・ドキュメンタリーへ複雑化した問題に取り組むための多様な視点を与えてくれ、広く参加することを可能にするコラボレイティヴなプロセスを可能としてくれます」。このことについてバフチンは、こう説明している。「小説には1人の著者がいるかもしれませんが、ポリフォニー論上では多くの文化から語り手が引き出され、対話の相互関係に入る複数の文章で構成されます。それは、いくつかの意識の相互作用によって全体が形作られているのです」。アストンの同僚ステファノ・オドリコはこのコンセプトをi-Docsへ取り入れ、インタラクティブ・ドキュメンタリーが持つ対話的で多声的な本質を、多面的でオープンな形のコミュニケーションであると考えた。「インタラクティブ・ドキュメンタリーは、流動的で不確実性が高い今の世界において、それを相反するものとみなすのでになく、取り入れて新しい解釈を与えます。技術的なことも大切ですが、そこにある哲学やアプローチこそが大切なのであり、単純には繋がらない非線形で多面的な視点へのアクセスすることを可能にしてくれる、ポリフォニーな視点が重要なのです」と語るアストン。複雑化してゆくこの世界で何かを変えるためには、複雑なものを複雑なままに、そしてそこに調和とメロディーを見つけ出そうとするポリフォニー的な視点こそが、ドキュメンタリストたちにとって意味があるのかもしれないと、ジュディス・アストンとの対話で感じることができた。

おわりに　　　　ドキュメンタリーの夢は続く

ドキュメンタリストたちの精神を追い求める長い旅も、そろそろ終わりを迎えようとしている。それは例えるなら、長い夢を見ているような時間だった。

ドキュメンタリーに宿る「イズム」とは、どこから生まれてくるのか？ ドキュメンタリーを繋ぐ「シップ」は、どこへ運んでくれるのか？ ドキュメンタリーの中にある「ドラマ」は、現実をどのように伝えてくれるのか？ ドキュメンタリーは世界の見方をどう変化（「チェンジ」）させてくれるのだろうか？ 私たちは、東京、台北、マニラなどを奔走しながら多くのドキュメンタリストたちを取材するなかで、先陣を切って走る彼ら彼女らがどのようにして"出来事"と出会い、"運命"と向き合っているのかを、知ることができた。

アピチャッポン・ウィーラセタクンの映画『光りの墓』のラストシーン近くに、心地よいロングテイクの場面がある。ゆっくりと映画的没入に浸っていた観客は、突然画面いっぱいに映されるジェンの異様な形相に、ハッと我に返らさせられる。「そうか、現実だと思っていたこの場所は、アピチャッポンによって精密に計算された、作られた世界なのだ」と、その瞬間思い知らされるのだ。"現実"という危うい場所は、それがリアルか虚構（夢）かを断言しきれないあいまいさから生み出されたものにすぎないと、彼の作品は教えてくれる。

心のままにそれぞれの"現実"を感じながら複雑な世界を生きる私たちにとって、「ドキュメンタリズム」というものが世界を捉える指針となると信じている。

最後に、この本を製作するにあたって多大なるご理解と熱意をいただいた、BNNの村田純一さんなくしてはこの本はあり得ませんでした。そして取材にご協力いただいたドキュメンタリー作家、関係者のみなさまへ、ここに厚く御礼申し上げます。

サムワンズガーデン
2018年、新宿にて

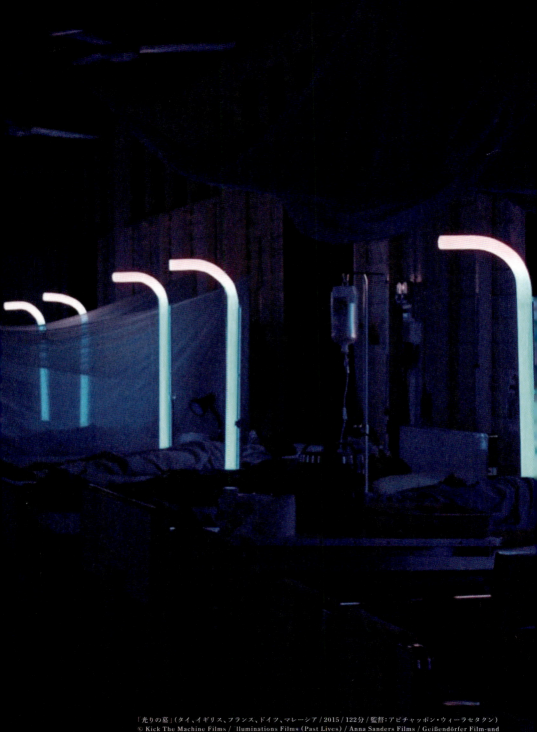

「光りの墓」(タイ、イギリス、フランス、ドイツ、マレーシア / 2015 / 122分 / 監督:アピチャッポン・ウィーラセタクン)
© Kick The Machine Films / Illuminations Films (Past Lives) / Anna Sanders Films / Geißendörfer Film-und Fernsehproduktion /Match Factory Productions / Astro Shaw (2015)　　提供・配給:ムヴィオラ

APPENDIX

Docs & Pitch Forums

AIDC（The Australian International Documentary Conference） *www.aidc.com.au* オーストラリア

メルボルンにあるオーストラリア映像博物館（ACMI）で開催される国際的なドキュメンタリーのイベント。
非営利団体AIDCが運営している。

Asian Side of the Doc *asiansideofthedoc.com* アジア

Sunny Side of the Docのアジア版として2010年に創設され、香港、ソウル、東京、クアラルンプール、成都、アモイ
などアジア各地を巡りながら開催されるドキュメンタリーの国際制作を目的とするプラットフォーム。

CCDF（CNEX CHINESE DOC FORUM） *www.cnex.org.tw* 台湾・中国・香港

台湾、中国、香港で活動するドキュメンタリー支援団体CNEXが企画、運営するドキュメンタリー・イベント。
毎年9月に開かれ、ドキュメンタリー製作を支援し国際共同製作を推進している場。

IDFA Forum *www.idfa.nl/en/info/idfa-forum* オランダ

質の高いプログラムで世界のドキュメンタリーシーンを牽引するIDFAが主催するフォーラム。
資金援助を受けたい映画制作者やプロデューサーに様々な可能性を与えてくれる場。

DocedgeKolkata *www.docresi.org* インド

Asian Forum for Documentary(AFD)が毎年インドのカルカッタで開催する国際的なドキュメンタリーメーカー
が集結する共同制作などを生み出す場。

Docs By The Sea *www.docsbythesea.org* インドネシア

東南アジアにフォーカスした国際的なドキュメンタリーフォーラム。ファンディングから
ネットワークまで様々な可能性を提供する場。In-Docsとパートナーシップを結んでいる。

Good Pitch *goodpitch.org* アメリカ・ヨーロッパ

イギリスの非営利団体Doc Societyにより運営されるフォーラム。アメリカとヨーロッパで年に数回開催され、
ドキュメンタリストから社会起業家まで新しいパートナーシップの可能性を生み出している場。

DOCS PORT INCHEON *www.idocs-port.org* 韓国

ピッチング・セッションに特化した、韓国の国際的なドキュメンタリーのイベント。ピッチングセッションの
最優秀企画には約300万円が与えられるなど、資金的にもしっかりと制作者を支援してくれる。

DOCU-MEMENTO *docu-memento.com* 日本

2017年に始まった、「製作者・被写体・観客」のボーダーをなくした新しいドキュメンタリーのイベント。
毎年「品川宿」と呼ばれる北品川エリアで開催され、ピッチングセッションをメインとしている。

Docu Rough Cut Boutique *www.sff.ba/en/category/123*　　　　　　　　　ボスニア・ヘルツェゴビナ

西サラエボ映画祭とバルカンドキュメンタリーセンターによるジョイントプログラム。
主に南東ヨーロッパやコーカサスから発信されるドキュメンタリー作品の育成を目的としている。

FEST - Pitching Forum *site.fest.pt*　　　　　　　　　　　　　　　　　　ポルトガル

ポルトガルのエスピーニョで開催されるピッチング・フォーラム。プロデューサーや配給会社などに対して、
28名のファイナリストが5分のプレゼンを行う。最終プレゼンでは3日間のトレーニングプログラムも行われる。

Hot Docs Forum *hotdocs.ca/i/hot-docs-forum*　　　　　　　　　　　　　　　カナダ

北米最大のドキュメンタリー映画祭Hot Docsが主催する最も活発な国際的なドキュメンタリー市場。
様々なピッチプログラムが催され、ドキュメンタリストにとって最重要な場となっている。

KKIFF (THE KOTA KINABALU INTERNATIONAL FILM FESTIVAL) *www.kkiff.com*　　マレーシア

ボルネオで最初で最も長い期間開催されている映画祭。
Sabah Pitching Training & Awardsなどドキュメンタリー企画のピッチセッションも行われる。

Sheffield Doc/Fest *sheffdocfest.com*　　　　　　　　　　　　　　　　　　イギリス

イギリスのシェフィールドで5日間の日程で開かれるドキュメンタリー映画祭。
2010年から6月に開催されており、ヨーロッパを中心とした企画やドキュメンタリー関係者が集まる。

Sunny Side of the Doc *sunnysideofthedoc.com*　　　　　　　　　　　　　　フランス

フランスの大西洋沿岸の美しいラ・ロシェルの街で毎年6月後半に開催される、60カ国以上から集まった
ドキュメンタリー業界専門家による国際的なドキュメンタリーのマーケット。ピッチング・セッション、
ワークショップ、プレゼンが行われるほか、活発な意見国際共同製作に向けた話し合いが行われる。

Talents Tokyo *talents-tokyo.jp*　　　　　　　　　　　　　　　　　　　　日本

ベルリン国際映画祭(ドイツ)の一環として開催されている人材育成プログラム「ベルリナーレ・タレンツ」
の、海外展開における唯一のアジア版。ドキュメンタリーの作品も応募できる。

The Edinburgh Pitch *cottishdocinstitute com/opportunities/edinburgh-pitch*　　スコットランド

スコットランドで唯一のピッチングフォーラムがある映画祭であり、エディンバラ国際映画祭と
並行して運営されている。イギリスを中心に国際的なドキュメンタリーの共同制作を行なっている。

Tokyo Docs *tokyodocs.jp*　　　　　　　　　　　　　　　　　　　　　　　日本

ドキュメンタリーの国際共同製作により、日本とアジアの企画を放送/配信/上映などを通して
海外の人たちにみてもらうことを目的に、企画を提案するイベント。

Documentary Film Festivals

インド	ケララ国際ドキュメンタリー＆短編映画祭	idsffk.in
韓国	全州（チョンジュ）映画祭	www.jiff.or.kr
	ソウル・インディペンデント・ドキュメンタリー映画祭	www.sidof.org
	EBS国際ドキュメンタリー映画祭	www.eidf.co.kr
台湾	台湾国際ドキュメンタリー映画祭（TIDF）	www.tidf.org.tw
日本	山形国際ドキュメンタリー映画祭（YIDFF）	www.yidff.jp
	Tokyo Docs	tokyodocs.jp
	座・高円寺ドキュメンタリーフェスティバル	zkdf.net
	東京ドキュメンタリー映画祭	tdff-neoneo.com
フィリピン	Cinemalaya	www.cinemalaya.org
カナダ	カナディアン国際ドキュメンタリー映画祭（Hot Docs）	www.hotdocs.ca
	DOXAドキュメンタリー映画祭	www.doxafestival.ca
	モントリオール国際ドキュメンタリー映画祭	www.ffm-montreal.org
アメリカ	AFI DOCS	afi.com/afidocs
	フルフレーム・ドキュメンタリー映画祭	www.fullframefest.org
	ホット・スプリング・ドキュメンタリー映画祭	www.hsdfi.org
ブラジル	イッツ・オール・トゥルー国際ドキュメンタリー映画祭	etudoverdade.com.br
メキシコ	アンブランテ・ドキュメンタリー映画祭	www.ambulante.org
イギリス	Open City Docs London Fest	opencitylondon.com
	シェフィールド国際ドキュメンタリー映画祭	www.sheffdocfest.com
オランダ	アムステルダム国際ドキュメンタリー映画祭（IDFA）	www.idfa.nl
	シャドー・ドキュメンタリー映画祭	www.shadowfestival.nl
クロアチア	ZAGREBDOX	zagrebdox.net
スイス	ヴィジョン・デュ・レール：ニヨン国際ドキュメンタリー映画祭	www.visionsdureel.ch
ドイツ	ミュンヘン国際ドキュメンタリー映画祭	www.dokfest-muenchen.de
	DOK Leipzig	www.dok-leipzig.de
	カッセル・ドキュメンタリー映画＆ビデオ祭	www.kasselerdokfest.de
チェコ	イフラヴァ国際ドキュメンタリー映画祭	www.dokument-festival.cz
デンマーク	コペンハーゲン国際ドキュメンタリー映画祭（CPH:DOX）	cphdox.dk
フィンランド	DocPointヘルシンキドキュメンタリー映画祭	docpoint.info
フランス	マルセイユ国際ドキュメンタリー映画祭	fidmarseille.org
ロシア	サンクトペテルブルグ国際映画祭	www.filmfest.ru
ポルトガル	リスボン国際ドキュメンタリー映画祭	www.doclisboa.org
ギリシャ	テッサロニキ国際ドキュメンタリー映画祭	www.filmfestival.gr/el
イスラエル	テルアビブ国際ドキュメンタリー映画祭（DocAviv）	www.docaviv.co.il
イラン	イラン国際ドキュメンタリー映画祭	www.irandocfest.ir
トルコ	イスタンブール・ドキュメンタリー・デイ（Documentarist）	www.documentarist.org
南アフリカ	南アフリカ国際ドキュメンタリー映画祭	www.encounters.co.za

編 著 & デザイン

サムワンズガーデン | 津留崎麻子＋西村大助のユニット。雑誌・書籍の編集＆デザイン、アプリ、映像制作、イベントなど手がける。著書に『世界の．アーティスト・イン・レジデンスから』（BNN）、編集デザインに『Visual Thinking with TouchDesigner』（3NN）他。犬式『手芽口土』（ビクター）MV、『CLEAR』（Unilever）TVCM、Tower Records『LIVE LIVEFUL』WebCM、『SOCIAL 0.0 LAB』（Motorola Japan）WebCM、『旅 旅しつれいします。』（NHK 総合）映像デザインなど。六本木アートナイト 2018 出演。2017 年、ドキュメンタリスト集団 BUG と共にドキュメンタリーの祭典『ドキュ・メメント』立ち上げに関わる。
http://someonesgarden.org

津留崎麻子 | 日本大学芸術学部評論学科卒業、早稲田大学大学院映画学科満期終了。学生時代よりユーロスペースで働き、その後もフィルムセンター（現 国立映画アーカイブ）、SPIRAL、UPLINK などで宣伝やイベントなどに関わる。KENZO Parfums とのコラボ「FLOWER BY YOU」ではヨーロッパを旅しながらアーティストをつなぎ、雑誌『QUOTATION』でも海外の若い才能を紹介するなどアーティストネットワークを築いている。

西村大助 | 東京大学大学院総合文化研究科 で脳内グリア細胞の研究で修士号取得。博士 1 年目でアーティストビザを取得し NY に渡米。ギャラリー CAVE で毎月展覧会を開催。雑誌『TOKION』の創刊に関わり、帰国後 TOKION JAPAN 編集責任。北野武、是枝裕和、三池崇史、若松孝二、黒沢清、アラーキー、草間彌生、灰野敬二、内田裕也、黒川紀章、UA、楳図かずお、水木しげる、茂木健一郎、他インタビュー多数。

編 集 協 力

BUG　本書 269 ページを参照。

協 力 　（順不同）

Andrea Smitko / Cinematrix Co., LTD. / CNEX Studio / Dale Custodia / DIGITAL SKIP STATION, INC / ÉCLIPSEFILM / Final Cut for Real / Hazel Orencio / i-Docs / Kick The Machine Films / KRO-NCRV / Lao New Wave Cinema Productions / L ttle Ease / MOVIOLA / neoneo編集室 / PAONETWORK. Inc / Port B / PS-Perfect Services Co., Ltd / SCAI THE BATHHOUSE / SOUND PICTURES / Tokyo Video Center / Wotienke Vermeer / WOWOW ♪ アイ・ヴィー・シー / アドバスターズ・メディア財団 / クロキシュン / スリーピン / ドキュメンタリー・ドリームセンター / トモ・スズキ・ジャパン有限会社 / 安 ウンビョル / 株式会社 ドキュメンタリージャパン / 株式会社オルタスジャパン / 株式会社シグロ / 株式会社テムジン / 竹下敬 / 永井愛子（Angat）/ 山形国際ドキュメンタリー映画祭 / 山上徹二郎 / 疾走プロダクション / 森美術館 / 星弘明 / 宋暁佳 / 太秦株式会社 / 大竹久美子（テレザ）/ 田中沙季 / 島野千尋 / 特定非営利活動法人アジア太平洋資料センター（PARC）/ 特定非営利活動法人（NPO法人）Tokyo Docs / 飯塚俊男 / 有限会社アップリンク /李淼 / 蜂賀亨

ゲームチェンジング・ドキュメンタリズム
世界を変えるドキュメンタリー作家たち

2018 年 11 月 16 日　初版第 1 刷発行

編著	サムワンズガーデン
編集協力	BUG

発行人	上原哲郎
発行所	株式会社ビー・エヌ・エヌ新社
	〒 150-0022　東京都渋谷区恵比寿南一丁目 20 番 6 号
	E-mail：info@bnn.co.jp　Fax：03-5725-1511
	http://www.bnn.co.jp/

印刷・製本	日経印刷株式会社
デザイン	サムワンズガーデン
カバー写真	クリス・ケリー
編集	村田純一

※本書の内容に関するお問い合わせは弊社 Web サイトから、またはお名前と
ご連絡先を明記のうえ E-mail にてご連絡ください。
※本書の一部または全部について、個人で使用するほかは、株式会社ビー・エヌ・
エヌ新社および著作権者の承諾を得ずに無断で複写・複製することは禁じられ
ております。
※乱丁本・落丁本はお取り替えいたします。
※定価はカバーに記載してあります。

ISBN978-4-8025-1113-1
© BNN,Inc.
Printed in Japan